U0512210

海德格尔和语言的新形象

王颖斌◎著

人民出版社

目　录

导　言

一、海德格尔对语言形象的重塑

语言问题是自古希腊以来的西方哲学的重要课题，也是海德格尔毕生尤其是后期思考的关键问题，是其整个思想历程中具有建构性作用的一环，在其解决西方哲学的根本问题即存在问题的路径中占据着重要的地位。与传统形而上学的语言观迥然相异，海德格尔独辟蹊径，以存在本身为视域和基础，对语言做了本体论的思考，得出了与众不同的见解，塑造了语言的新形象。

第一，海德格尔对整个传统形而上学的语言观进行了批判。海德格尔着眼于柏拉图以来传统形而上学的运思及言说方式，对其做了深刻而彻底的反思，发动了一场总体性的批判。古希腊哲学对世界本体的追问方式造就了理性的思维方式，哲学家们把世界看作认识的对象或客体，和作为主体的人相对立，认为哲学的任务就是认识客体世界，而且认识的不是现象，而是现象背后的本质，这种主客对立的科学思维方式是整个传统形而上学的基本思维方式。与此相关，传统形而上学的语言观认为，语言是人区别于其他所有动物的独特功能，是人表达思想的工具，语言本身是和作为主体的人相对立的客体，由此有了逻辑语法、语言哲学、语言科学等研究和认识作为对象的语言的学问。海德格尔认为这种语言观完全遗忘了语言之所从出的本源，只从效用的展现方向上看待语言，因而是一种被异化了的语言。为了使语言返归其本质和本真，海德格尔颠倒了人和语言的关系，摧毁了传统的主客二元框架，在根本上动摇了建立在对象性的科学思维模式上的西方哲学大厦。这成为西方哲学史上的一个里程碑，具有划时代的意义。

第二，海德格尔在重建本体论哲学及其语言方面做了积极的探索。海德格尔终生思索形而上学的危机和出路，认为尽管形而上学一再追问存在，却遗忘了存在，而这恰恰是造成危机的根源所在。由于存在本身在传统形而上学中悄然隐匿，因此，首要的任务是让存在展现出来，而语言则是解决这一问题的重要路径。他的语言视域，自始就是在对存在的追问中展开的，最终又回到对语言的追问，他并不是让人获得某种关于语言的知识，而是让人经验作为语言的语言，进而通达存在。海德格尔以一种全新的视角重新审视传统语言观的局限，重新审视并引申存在问题，进入到对本真语言的沉思中。他认为语言不是僵化的产品和纯粹的工具，不是描述与理解对象的中介，主张回到语言的本源即存在及其和语言的关系中，由此沉思语言之为语言，让语言以本真的面目显现。海德格尔后期诉诸诗化语言，不但认为语言可以通达存在本身，还把语言提升到存在本身的地位而本体论化，将语言看作存在从而也为人提供居所的家园，以此挽救形而上学的危机。

第三，海德格尔的语言思想就是他发展了的真理观。传统形而上学高扬理性，理性化的语言成为唯一合法的语言。这样的语言是对现实或非现实的东西的表象和再现，即主体对事物认识的陈述。作为有声的表达，语言表现为说的活动。这样，声音表达对象，文字记录声音，表达和被表达者的关系是符号和所指的关系。在这里，语言和真理的主体—客体符合论是相对应的。海德格尔认为，真理不像形而上学的科学思维认为的那样是主体和客体的符合，而是存在的澄明和显现，是无蔽和敞开，是存在论上的，而不是认识论上的。存在的语言就是真理，语言让存在说话，让"事情本身"显现出来。"作为道说，语言本质乃是居有着的显示，它恰恰要撒开自身，才得以把被显示者释放到其显现的本己中去。"①"语言如何说，也就是大道本

---

① ［德］海德格尔：《在通向语言的途中》，孙周兴译，商务印书馆2004年版，第264页。

身如何自行揭示或自行隐匿。"①这样就把语言和存在的真理从根本上联系在一起：真理不是命题与陈述的符合，而是语言让事物如其所是地显现。

第四，海德格尔的语言思想表现出对人的终极关怀。海德格尔认为，形而上学语言的流传与发展加剧了人对万物的统治欲望，从而使人和物的本质都发生异化，进而危及人在大地上的栖居。形而上学从主客二分的模式出发，把人看作主体，把语言作为主体的表达工具，使人成为语言的主宰。随着技术的深入发展和广泛运用，人被技术的效应所蒙蔽而异化，无限扩张自己在自然界的活动领域，以主宰者的姿态看待自然，把自然作为征服的对象，加剧了人和自然之间的冲突。人认为技术可以征服一切，语言也不例外，被看作征服自然的工具。而且技术越发展，语言的工具作用越明显。因为技术时代的人的所有活动都受技术需要的牵引和限制，他们完全抛弃语言的原初本质，参与技术时代语言的预定，使语言服从技术的需要。他质疑技术时代的语言：语言到底是存在的家还是人的工具？在技术时代，语言在被作为工具使用的过程中被迅速地荒疏，而且，人在运用工具性语言的过程中，自身也被工具化，成了被算计的对象，导致其本质的丧失，成为无家可归者。海德格尔在分析技术时代的语言的时候，不仅分析了这种语言的危害，更重要的是，他从语言的本质方面找到了危险的根源即人的主体性的膨胀。对此，海德格尔给出了相应的拯救路径，认为当务之急是改变人和自然的对立关系，恢复二者间的和谐关系。而要达到这点，人必须放弃对技术的狂热追求，用本源的思和诗的语言取代技术的语言，回归自身的本质，从非本真状态返回本真，从而克服形而上学。所以，海德格尔的语言思想意在警醒人，使人倾听存在的语言，和语言结成自由而本质的关系，让人在语言所敞开的存在世界中得到拯救，踏上归家之路，返回诗意的栖居之所。

第五，海德格尔的语言思想对后来的哲学产生了深刻的影响，开辟了一片广阔的新天地。伽达默尔继承并发展了海德格尔的语言思想，将语言进

---

① ［德］海德格尔：《在通向语言的途中》，孙周兴译，商务印书馆 2004 年版，第 264 页。引文中的"大道"即"存在"，我们将在有关章节详细阐述。

一步本体论化；罗蒂在研究分析哲学及实用主义时，将其和海德格尔的语言思想结合起来；德里达经由海德格尔的语言思想，形成了自己特有的解构哲学；另外，许多别的后现代主义哲学家如福柯、巴尔特等，都从海德格尔的语言思想中汲取养分发展了自己的学说。因此，海德格尔的语言思想是现代西方语言学转向的一个重要组成部分，是后现代思潮特别是人文主义思潮的重要源泉，可以说是西方哲学史上的一场革命。

总之，语言问题是西方哲学史上的重要问题，是现代西方哲学的主要问题，自古及今，哲学家们以各种方式致力于解决这一问题，却屡屡陷入困境，成为后来者批判的靶子，对这样一个问题的研究无疑具有非常重要的意义。海德格尔从存在的角度去理解语言，同时从语言的角度去通达存在，赋予语言以崭新的独特面貌。而我们要想深刻地把握海德格尔的语言思想，穿透其语言思想的主题，就必须像海德格尔一样，努力去正确地提出问题，而不是简单地得出结论。

二、语言的存在：存在的语言
——走上语言之路的引导词

在演讲《逻辑是对语言本质的追问》中，海德格尔就语言提出了一系列问题："询问语言的目的何在？语言是怎么样的？语言具有哪种存在？语言实际上被记录在字典中或者是别的什么地方？有一般的普遍的语言这种东西吗？有某人自己的语言吗？有历史的语言吗？有本质的语言吗？如果有，那么，为什么和在多大程度上有？"[1]"语言这种东西归属于哪里？某个地方有语言这种东西吗？"[2]事实上，对语言的追问并不是一个新课题，而是古已有之，并以不同的形式一直持续着。

语言问题很早就进入到人们的视野之中，古希腊的哲学家赫拉克利特、

---

[1] Heidegger, *Logic as the Question Concerning the Essence of Language*, Translated by Wanda Torres Gregory and Yvonne Unna, State University of New York Press, 2009, p.16.

[2] Heidegger, *Logic as the Question Concerning the Essence of Language*, Translated by Wanda Torres Gregory and Yvonne Unna, State University of New York Press, 2009, p.21.

高尔吉亚、柏拉图、亚里士多德等都谈到了语言问题。其中，高尔吉亚在探讨存在问题时认为，人们不能认识和思想存在，更不能言说存在，退一步讲，即使能够通过各种感觉认识存在，也不能用语言把它们传达给别人，因为认识存在靠的是感觉，而告诉别人靠的则是语言，语言不同于感觉，更不同于存在，人们却想用语言来传达感觉甚至存在，这显然是不可能的。在此，高尔吉亚谈到的是语言问题中的一个重要方面即私人语言的重要因素——私人感觉及其不可传达性，这是海德格尔质疑的问题之一。

到了现代，西方哲学发生了"语言的转向"，其研究从近代对认识内容的关注转向对认识的表达和语言形式的关注，认为一切认识都是某种表达和陈述，最终都存在于语言之中，因此，哲学的任务就是对语言本质的揭示。在这一过程中，思考语言的本质代替了研究人类的认识能力，并主要形成了两个传统，即英美分析哲学的传统和欧洲大陆现象学—解释学的传统，海德格尔则属于后者。

海德格尔认为，要理解语言，首先必须领会其本质。在他看来，"关于本质的问题是一个前问题"①，"每一个本质问题都具有前问题的特征"②，而前问题是其他问题的基础和根据。作为前问题，语言的本质问题表现在三个方面：第一，本质问题必须真正地发起，它将开启一个问题域，为追问语言具有哪种存在、语言存在于何处、语言和人处于什么关系等铺设一条道路；第二，本质问题向前跳跃入本质整体中，并通过对其追问而向着其与众不同的特性进发，由此揭示语言的根本结构，如什么属于语言、什么使得语言内在地成为可能的、其可能性的基础是什么、这个基础在什么地方变成了深渊；第三，本质问题先于一切具体问题，比一切具体问题要充分而且强大，它将问题向前推进，不会被危险的答案压倒，并决定着具体领域的问题，而具体领域如某门哲学、语言学、人的交流和举止中个别的、支离破碎的追问，都不能给予语言本质的问题以独特的答案。在海德格尔看来，问题怎么样和以

---

① Heidegger, *Logic as the Question Concerning the Essence of Language*, Translated by Wanda Torres Gregory and Yvonne Unna, State University of New York Press, 2009, p.31.

② Heidegger, *Logic as the Question Concerning the Essence of Language*, Translated by Wanda Torres Gregory and Yvonne Unna, State University of New York Press, 2009, p.16.

什么方向发起不是无关紧要的，问题的方向是否被保持、是否我们从一开始就满足最初的目的或者问题、是否在问题的构想中做了充分的说明，这些也不是无关紧要的，它对我们是否能够进入到对语言的真正追问起着决定性的作用。

由此，海德格尔确立了自己的语言思想的主题，即存在及其意义。他深入研究了语言的产生和发展，将重点放在何谓语言、何谓存在、语言和存在是否以及如何相互归属这些问题上，揭示了其中深刻的迷误，并在前苏格拉底的古希腊人那里溯及语言的源头。当然，海德格尔没有停留在古希腊人对语言的解释上，而是对这一被遮蔽了两千多年的源头重新加以挖掘，既对语言做了恢复性的解释，又做了发挥性的阐释。具体而言，海德格尔重新追问存在的本体论渊源，把它作为其语言思想的基础，认为有存在才会有展现存在的语言，从而建构了存在论的语言观。海德格尔通过对传统形而上学及其语言观的批判，以及对技术、艺术、思和诗等的独特分析来探求他所思的独特语言，由此克服和超越传统的形而上学。

在题为"语言的本质"的系列演讲中，海德格尔提出了"语言的存在：存在的语言"这一论题，探讨语言的本质问题。这个看起来仅仅是简单而空洞的颠倒，却恰恰是海德格尔对语言进行沉思的关键所在，被认为在通向语言的途中发挥着路标的作用。海德格尔说："向我们说话的整个东西——语言的存在：存在的语言——不是一个标题，也完全不是对某一问题的回答。它称得上是一个指引我们上路的引导词。"[①]海德格尔试图通过这一论题来摆脱传统形而上学的语言观，并由此而实现一种转向，从而获得一种新的非形而上学的本真的语言。海德格尔认为，语言的真正存在绝不可能在形而上学的概念中表达出来，它对人们通常的观念拒绝给出它的存在。"但因此，我们也就不能再说，语言的存在是存在的语言，除非第二个短语中的词语'语言'指的是某种不同的东西，实际上就是那个在其中拒绝给予语言之说的存在的那个东西。由此，语言的存在就以其最本己的方式将自身置于语言

---

① Heidegger : *On the Way to Language*，Translated by Peter D.Hertz，New York:Harper & Row Publisher，1972，p.72.

之中。"①

　　海德格尔进一步对"语言的存在：存在的语言"这一论题做了解说。在他那里，在这一论题的前半部分即冒号前的短语"语言的存在"中，作为主词的是"语言"（Sprache），它是需要被规定的东西，规定的方向就是其"存在"，而某物的存在又被从终极性上归结为其"本质"（Wesen，essensia）。那么，"本质"在这里的含义又是什么呢？"按照古老的学说，某物的本质被看作某物所是的那个什么（was）。"②自柏拉图以来，传统形而上学就从名词性的角度来理解"存在"或"本质"，认为"存在"或"本质"就是一切事物都内在地具有的普遍性的东西，它被限制在概念、观念和精神的表现中，被规定为永恒的确定不变的现在性在场之物，被看作决定着变动不居的现象的东西。正因为这样，此处的这个"什么"实际上就把问题及其答案引向了确定的存在者，而不是存在。因此，追问"语言的存在"也就是追问语言"是什么"的属性，给出一个"关于"语言之存在的观念，即借助语言的概念或观念来获得和把捉语言的"是什么"，把语言的存在归结为某个概念，并且恰如其分地把这一概念和其他概念区分开来，从这个概念中获得一个普遍有效的语言观念。这样的语言可以通过陈述加以表述，即可以通过知识加以阐明。由此可以看出，这一短语中的"语言"和"存在"都是从形而上学的角度被理解的，这样的理解和追问都被束缚在形而上学的范围之内。

　　而在这一短语的后半部分即"存在的语言"中，作为主词的是"存在"，即"本质"，但是，这里的"存在"或"本质"所指的不再是从名词的角度理解为某物的"是什么"，而是被理解为一个动词，和"在场着"、"不在场着"中的"达到存在"（wesen）相近。"达到存在"的含义是"持续"（währen）、"逗留"（weilen），但又比单纯的"持续"、"逗留"更为丰富，指的是在场和持续之际关涉人并为人开辟道路。其实，存在本身是持续者，是在一切事物中关涉人类的东西。"语言"是用来说明存在本身的，它归属

---

① Heidegger : *On the Way to Language*，Translated by Peter D.Hertz，New York:Harper & Row Publisher，1972，p.81.

② [德] 海德格尔：《演讲与论文集》，孙周兴译，商务印书馆2001年版，第372—373页。

于存在这一本质现身者，指示着存在本身的基本特征，是存在本身所特有的，因为存在本身是一切事物最本己的特性。这样，在这里，沉思的是语言本身，也就是"从"语言而来思考语言，追问语言如何成其本质，语言被和存在本身相关联，从存在本身那里获得自身的规定性，语言的本质由此而被导向存在的既澄明又遮蔽的呈现。

"两个短语被一个冒号分开，一个短语是另一个短语的颠倒。如果整个句子是一个引导词，那么这个冒号必定指示出，冒号前的内容是在冒号后的内容中公开出来的。在整个引导词中发生着一种开启和暗示，这种开启和暗示指向我们根据第一个短语而没有在第二个短语中猜度到的东西；因为第二个短语绝不仅仅是对第一个短语的单纯词序上的变换。如果是这样，那么，不但冒号两边的词语'存在'和'语言'说的不是相同的东西，而且短语的形式也是各不相同的。一种在语法观念（也即逻辑和形而上学观念）视界内的解说可以使我们稍稍接近事情本身，尽管这种解说绝不能达到那个引导词所命名的事情真相。"①

综合来看"语言的存在：存在的语言"这一短语，"冒号前面的这个短语表明：一旦我们进入可以说是由冒号在我们面前开启出来的东西之中，我们就会理解语言是什么。而这样的语言就是存在的语言"②。在海德格尔看来，形而上学一味地追问语言的存在，表现出其狂妄和陈腐，结果适得其反，"语言的存在"无论在哪里都没有作为"存在的语言"把自己带向语言而表达出来。他认为，要谈语言的存在，并不是要给出一个关于语言的确切可靠的信息，在这里，"语言"和"存在"两者及其关系都被置于问题之中。语言自身言说，它以自己的方式向人们允诺其本身，并在允诺中成其本质。语言在允诺中给出一条源始的消息：语言的存在：存在的语言。思这样的语言，以形而上学的语言和概念方式是达不到的，因此，必须拔除形而上学的藩篱。可以看出，海德格尔的论题"语言的存在：存在的语言"以形而上学

---

① ［德］海德格尔：《在通向语言的途中》，孙周兴译，商务印书馆 2004 年版，第 194 页，有改动。

② Heidegger：*On the Way to Language*，Translated by Peter D.Hertz，New York:Harper & Row Publisher，1972，pp.94-95.

的概念词语提出，所包含的内容却超出了形而上学的范围。

"语言的存在"和"存在的语言"表达了形而上学的和非形而上学的两种不同的语言观点，而存在的语言作为非形而上学的语言是海德格尔所要追求的目标，这两种对语言所持的观点是鲜明对立的，而这一对立关涉的是人自己的此在和存在本身。因此，海德格尔此处的这一颠倒意义重大，是对语言的追问方向的改变，他使我们的思维方式发生了一种根本的变革，即从形而上学转向非形而上学，使语言展现出新的面貌。

海德格尔的语言思想正是由此展开的。

三、本书的行文结构及主要内容

本书以"语言的存在：存在的语言"为主线，依照存在的历史性命运展开，贯穿以语言和人、存在之间的关系，即对语言的不同理解是由对人和存在的不同理解规定的，语言在历史中的不同显现就是存在和人在历史中的不同显现，因而每一部分都或隐或显地表现出从不同角度对语言和人、存在的不同理解及其相互关系，目的在于将不同视域中的语言展现出来，构建什么曾在、什么当前在和什么将在的整体关系，由此梳理海德格尔的语言思想，勾勒海德格尔对语言问题的思"路"。

本书结构及主要内容如下：

导言：简述海德格尔对语言形象的重塑及海德格尔语言思想的主题和主要内容。

第一章：对曾在之传统形而上学语言的历史性沉思。本章展现海德格尔对传统形而上学语言观的批判，开始走上对语言的本质进行追问的道路。传统形而上学从一种特有的提问方式"是什么"出发，把一切包括语言、人和存在等都置于这一问题之下，追寻语言、人和存在的普遍性的抽象概念，认为自己达到了对语言、人和存在的本质理解。海德格尔对这种理解进行了考查，得出的结论是：处于形而上学视野中的一切，无论是语言，还是人和存在，实际上都没有以其本真的面目出现。具体而言，形而上学从"是什么"这一问题出发，认为语言的本质作为人表达思想的工具和手段而存在，表现在声音和文字等符号系统中，被固定在语法和理性化的命题中，指向某一个确定的对象，这样的语言和固定的存在者联系在一起，在既定的概念中作为存在者而被对象化、凝固化。与之相应，形而上学视野中的人被从会说话的有理性的动物这一本质来认识，并最终被看作是包括语言在内的一切存在者的主体，而一切别的存在者都被看作与主体相对的客体，它们的存在与否要看其是否在人的理性思维中显现，从而由作为主体的人来决定，人因之成为世界的主宰，一切存在者则都成为人的表象物并为人服务。而从终极的角度看，形而上学对语言的这种认识归根结底在于，存在被看作一切具体存在者的抽象本质和根据、本原和载体，一切具体的存在者仅仅作为存在的派生物存在。由于这一理解，存在被实体化，被置于另一个更高的、超越于所有具体存在者之上的、但却实实在在存在的世界。也正因为如此，存在成为一个空洞的东西，一个疏远甚至背叛和反对存在本身的阴影。在这样做的时候，传统形而上学并没有意识到，它已经把存在和存在者混淆了，存在本身已经在不知不觉中被作为存在者来理解和处理，而存在本身却被遗忘了。因此，在传统形而上学的视域内，不仅语言，而且和语言相关的存在和人，都只能作为异于自身的确定不变的存在者身份而存在。

第二章：当前技术化语言的完成。海德格尔将形而上学的语言观进一步推向前，展现其在当代表现出的极端性。存在的历史发展到当前的技术时代，形而上学由于耗尽了自身的一切继续向前的可能性，最终走向终结和完成的历史命运，与之相伴的形而上学的语言也走向其顶峰和完成，即走向占统治地位的技术化的语言。其中蕴藏着深刻的危险，同时也预示着转向，从而走向新的开端。进一步说，技术的本质"座架"将一切聚集于单一的技术展现中，在形而上学史开端中形成的主体和客体的关系转变成持存物和持存物的预定者的关系，即存在者整体的本质展现为持存物，而人的本质则成为持存物的预定者。在技术时代，语言也被座架所预定，走向技术化，形成了技术时代特有的科学语言、信息语言。在这里，形而上学语言的符号化和工具性发展到了无以复加的地步，信息语言以标准化、单义性、精确性等为特征，被贯彻于一切领域，沦为技术统治的工具。而之所以会产生这样的语言，其根源除了技术座架的作用外，更深刻的原因还在于语言自身遮蔽的本质，以及形而上学的科学思维方式。在它们的共同作用下，特别是在座架的支配下，技术化的语言走向其极端，形成"语言的语言"，即一种能够自我复制、自我指涉的"元语言"，形而上学的语言就此走向完成。在技术化的语言中，语言本身被深深地遮蔽着，存在本身的到达也在其中被遮蔽而受到威胁，并危及人的生存，而人们对这一危险却浑然不知，甚至极力掩蔽，使危险本身也被遮蔽着，这是危险中之最危险者。但危险之中也隐含着拯救的发生，因为危险警醒着人，从而产生获救的可能性，使得转向本真语言的可能性展现出来。

第三章：将在的存在之语言。海德格尔认为，在形而上学的语言完成后，必将转向源自将来的真正的存在的语言。他挖掘了古希腊早期和古德语对语言、存在的理解，即 φύσις、λόγος、Ereignis、Sage，赋予其新的含义，给予语言、存在和人以新的理解。他以"如何在"这一不同的方向对存在、语言和人进行了新的追问，从形而上学偏离的领域和不应该被看作孤立的人之特征的语言走向了新的结论。他将存在和时间相关联，并追寻一种返回的步伐，更源始地思存在的两个"开端"。第一个开端是前苏格拉底的早期希腊思想中的 φύσις，φύσις 指的不是"自然"，而是出于自身原因的"涌现"。另一个开端被海德格尔看作他自身所处的时代，在这里，他把存在思作 Ereignis，Ereignis 具有源初的引发作用，可以引发事件，成就事物，是一切存在的本质渊源。φύσις 和 Ereignis 都不是静态的确定范畴，而是处于动态的变化中。它们既显又隐，在给出存在者的同时，将自身隐去，是在场和在场者的双重体，因而是二重性之纯一性。语言就是存在本身的动态运作，是谓语言说话。除生存论的此在之说话外，φύσις 和 Ereignis 的运作分别表现为 λόγος 之聚集着的说和 Sage 之给予着的道说。λόγος 和 Sage 作为存在的语言，表现为寂静之音，寂静不是绝对的无声，它把一切召唤入天、地、神、人四重性之世界整体之中，使一切聚集而到来，所以，聚集之召唤就是轰鸣。作为寂静之音的语言使存在本身在显现的同时又隐去，给出存在者的存在，并使存在得以保藏，因而是存在的家。这样的存在和语言赋予人以真正的本质。和本真存在和语言相关联的人是"此在"，他作为具有时间性和历史性的绽出的生存出离自身，站到存在的澄明中，向存在开放。这样的人没有固定的本质，充满了可能性，并向着一种不可能的可能性存在，即作为终有一死者存在，以这一身份出现的人没有作为主体的无限意志，而是凸显出面对死亡时的自身的有限性。由此，人不能规定存在，而是归属于存在，倾听存在的语言，看护存在，让存在本身自由显现。

第四章：本真的道说。本章探讨海德格尔所说的两种本真的道说即诗和思及其关系。海德格尔为了寻找克服形而上学的出路，不断地走向诗化哲学，希望从纯粹学究式的思辨转向对现实关注和拯救的运思方式，提出诗和思的对话等思想。他对传统形而上学关于诗和思的观念进行了批评，重新界定了诗和思，认为诗不是某种文学的样式，思也不是理性化的、表象的、计算性的思维，并从存在的角度阐释了它们的新的内涵。在他看来，语言本身就是根本意义上的诗，诗因此被看作是最纯粹的语言，是出自存在本性的生成方式，是存在之真理的创建。与此相关，艺术作为真理之自行置入作品，它在创建世界的同时确立大地，展现出存在的无限丰富的内容，因此在本质上也是诗。在作诗中，人们获得度量自身的本真尺度，使人能合乎本质地作为自身存在，诗意地栖居在大地上。海德格尔把思看作对存在的应合，在其归属于存在之际获得规定性，因此，思就是对存在本身的思。这样的思被称作沉思之思，它是对存在的泰然任之和虚怀敞开，使人们改变对存在任意支配的态度，让事物自立、自足地安于自身。沉思之思是对本真存在的回溯，是对开端的存在本身的追忆和思念。因为存在给予一切以本质，因此，对存在的思也就是对存在的感谢。诗和思是两种不同的道说方式，因而是有区别的，但同时，它们又有着共同的本质要素，即都归属于存在及其道说，都意在使人获得诗意的栖居，因此，两者是亲密的区分，是近邻关系，存在的语言只有在诗与思的共属领域才能真正地如其所是地显现出来。

结语：上述探讨被看作是向语言本身迈进的一小步，人永远只是在走向语言的途中，只能获得一些语言的经验，而达不到语言本身。

第 一 章

对曾在之传统形而上学语言的历史性沉思

　　海德格尔认为，对语言的追问是历史的，必须把历史上关于这一问题的提法重新予以追问，将其纳入到自己所提的原初问题的视域中，由此探求一种本真地提出语言问题的路径，并在问题的路径中保持追问的东西即语言，以免使得问题及其回答走入歧途而失落。因此，首先要把语言的历史即语言在传统习惯中的通常看法展现出来，解构其对存在本身的遮蔽，表明传统理论的不足与限度，从而为真正的语言奠立其之所以可能的基础。

　　一般而言，人们是根据科学、哲学的观点看待语言的，相信语言是由科学、哲学决定的，因而思考语言的主要样式和主导观念是科学—哲学的形而上学。虽然引导词"语言的存在：存在的语言"给出了暗示，从中透出语言之本质的原始消息，"但一个暗示也可能这样来暗示，即：它首先并且久久地把我们引向可疑的东西，它离开那里来暗示，反而仅仅让它所暗示的东西被猜度为值得思的东西……因为语言之本质是通过如此多样的规定性而为我们所熟悉的，以至于我们很难摆脱这些规定性的纠缠。而另一方面，这种摆脱容不得任何暴力，因为传统始终是富于真理的。因此之故，我们理当首先对我们通常的语言观念有所思索"①。而这"并不是为了获得一种新旧对照，而是为了让我们回想到，恰恰是在我们所尝试的对语言之本质的沉思中，我们的对话才作为历史性的对话来说话。……才出于一种对曾在者

---

① [德] 海德格尔：《在通向语言的途中》，孙周兴译，商务印书馆2004年版，第196页。

（das Gewesene）的承认来说话"①。海德格尔称这一对形而上学语言的思考为
"重演"。

在科学—哲学的形而上学的考察方式中，语言赖以建基的东西是人（没
有人就没有语言），更深层次则是存在。在这里，语言只是一种存在的东
西，是和其他存在者一样的一种存在者。这样被规定的语言表明了"语言
之荒疏"（Verördung der Sprache），而"这种语言之荒疏根本上来自一种对
人之本质的戕害"②。传统形而上学把人规定为会说话的理性动物和主体，从
对人的本质的这种规定来理解语言。语言本身被遮蔽了，长期被形而上学
统治。"在现代的主体性形而上学的统治之下，语言几乎不可遏止地脱落于
它的要素了"③，被作为专属于人的工具使用。这就不仅掩蔽了语言的真正本
质，而且掩蔽了语言本身和人的关系。之所以出现这样的结果，根本原因
在于传统形而上学遗忘了存在，从存在者的维度来思考语言，从而使语言
本身失落了。科学—哲学的形而上学是按照占统治地位的对存在本质的认
识来理解一切的，包括对语言的理解。也就是说，形而上学对语言本质的
寻问和确定，始终是由关于存在本质的科学—哲学的统治概念决定的，即
按照存在者的本质去追问和规定语言的本质，同时，存在及其本质也总是
通过相应的语言表达出来。因此，在探讨形而上学对语言的认识和规定时，
就必须先考虑，形而上学究竟是怎样领会存在者的存在的，因为对存在本
身的、被毁坏了的关联是我们对语言的全部错误理解的真正原因。在这里，
我们不仅要指明，形而上学对语言的标准经验、看法和解释是从对人和存
在的完全确定的领会中产生出来的，而且，我们还要指明，这种情况是如
何发生的。

---

① ［德］海德格尔：《在通向语言的途中》，孙周兴译，商务印书馆2004年版，第122页。
② ［德］海德格尔：《路标》，孙周兴译，商务印书馆2001年版，第373页。
③ ［德］海德格尔：《路标》，孙周兴译，三联书店2001年版，第373页。

第一节　关于语言的知识性把握

人们通常对语言的追问方式是："语言是什么？"其目的是获得关于语言的知识，人们带着这一问题仓促地向前行进。在他们看来，语言总是要"说"些"什么"，但重点不在于"说"，而在于"什么"。人们将语言看作语言科学和语言哲学的对象，而把涉及语言本质的问题归于语言哲学的任务，并认为本质的确定总是需要概念，从而以相关的陈述去规定语言的本质，使语言降低到如表达工具、交流手段等这样的特殊领域，由此进入语言的确定概念之中。之所以如此，是"因为那种概念性表象太容易潜入到每一种人类经验方式中盘踞起来……形而上学的表象方式在某个方面是不可避免的"①。"欧洲科学和哲学只有通过概念来寻求对语言之本质的把捉。"②而当我们被这一视域中的语言本质占据时，"我们正在冒险进入确定的知识领域，即语文学或一般的语言学的领域"③。

具体而言，"一旦人有所运思地寻视于存在之物，他便立即遇到语言，从而着眼于由语言所显示出来的东西的决定性方面来规定语言。人们深思熟虑，力图获得一种观念，来说明语言普遍地是什么。……对语言的思考和论述就意味着：给出一个关于语言之本质的观念，并且恰如其分地把这一观念与其他观念区别开来"④。在通常语言观的视域中，"语言很明显只是交流的方式、沟通的方式、交换的工具、再现的工具；语言永远只是其他某个东西的手段，永远只是后起的东西，是处于次要地位的东西，是事物的外壳，而不是事物的本质本身。这就是语言表现出来的样子"⑤。因此，语言长期以来被规定为表达思想的工具和手段，它主要表现在物质性的声音和文字中，而声

---

① ［德］海德格尔：《在通向语言的途中》，孙周兴译，商务印书馆 2004 年版，第 112 页。

② ［德］海德格尔：《在通向语言的途中》，孙周兴译，商务印书馆 2004 年版，第 134 页。

③ Heidegger, *Logic as the Question Concerning the Essence of Language*, Translated by Wanda Torres Gregory and Yvonne Unna, State University of New York Press, 2009, p.13.

④ ［德］海德格尔：《在通向语言的途中》，孙周兴译，商务印书馆 2004 年版，第 1—2 页。

⑤ Heidegger, *Logic as the Question Concerning the Essence of Language*, Translated by Wanda Torres Gregory and Yvonne Unna, State University of New York Press, 2009, p.14.

音和文字等可感觉的东西以物化的符号形式，来表现思想等精神性的东西。在约定俗成的符号和它所描述的东西之间的关系中，对某个对象的表象被指向另一个对象，这样，存在者的存在就和存在者的固定在场相联系。于是，语言和对语言的追问进入语言科学和语言哲学的框架，语言被推入特殊的对象领域，被逼入到被预先规定了的掌握中，其本质被归结为特定的概念，实现其对概念系统的追求，从而在其中获得一个普遍有效的、满足一切表象活动的语言观点。总之，语言是音义结合的符号系统，是人类最重要的交流工具，是根据语法联结而成的东西，是具有逻辑合理性的东西，是特殊的社会现象。从亚里士多德到现代传统语言哲学都在这一范围内思考语言。

一、符号化的语言

海德格尔认为，"人们把语言的形象特征和符号特征推到突出的地位上。于是乎，人们致力于生物学和哲学人类学，社会学和精神病理学，神学和诗学，以期更为广泛地描述和说明语言现象。"[①] 科学—哲学的形而上学即如此，按照它的观点，语言表现为声音和文字，是以声音和文字为物质外壳、以意义为内容的、通过语法将词语、句子（陈述）等基本因素联结起来的符号系统。语言作为符号系统，是人为了掌握客体世界而设计出来的，是从感性事物中抽象出来的具有稳定性的东西，其功能只是传达现成的观念和意义。简单地说，语言主要表现在声音（"听"）和文字（"看"）中，声音和文字等可感觉的东西以符号这一物质性的形式，来表现思想等精神性的东西。就声音而言，语言被把握为语言器官即嘴、唇、牙齿、舌和咽喉的活动。而文字则是就语言的视觉形式而言的，它被认为具有突破声音所受的时间和空间限制的优点，能够发挥更大的作用。

从关于语言的理论来看，亚里士多德在《解释篇》的开头写道："有声的表达（声音）是心灵的体验的符号，而文字则是声音的符号。而且，正如文字在所有的人那里并不相同，说话的声音对所有人来说也是不同的。但它

---

① 〔德〕海德格尔：《在通向语言的途中》，孙周兴译，商务印书馆 2004 年版，第 5 页。

们（声音和文字）首先是符号，这对所有的人来说都是心灵的相同体验，而且，与这些体验相应的表现的内容，对一切人来说也是相同的。"①

亚里士多德所强调的是：人说的声音是心灵体验的展示，写的文字则是说的声音的展示，声音和文字因人、因地、因民族等而各不相同，但它们在都是心灵体验的展示这一点上则是完全相同的，它们都是某些内容的表现。亚里士多德的这段话后来发展为关于语言的经典观点，它向我们表明了语言所具有的结构，即文字是声音的符号，声音是心灵的体验的符号，心灵的体验是事物的符号。依据亚里士多德的这一思想，形而上学形成了自己的语言观，它是这样把握语言的，即从文字、声音、心灵体验和事物的关系视域中理解语言，这几者形成了一个等级第次的结构关系，即事物→心灵体验→声音→文字。换句话说，文字表现声音，声音表现心灵的体验，心灵的体验表现心灵所关涉的事物（这里的"表现"一词明显地带有形而上学的性质，这种语言观遮蔽着语言本身）。也就是说，亚里士多德的那段话显示了语言的经典结构，即一种二分方式：文字—声音、声音—心灵体验、心灵体验—事物，其中，后者总是显示前者，语言则作为一种形式而表现了事物和心灵的一致。

对此，海德格尔认为，亚里士多德的观点使语言的经典结构明确起来。在这里，符号关系构成了整个结构的支柱，我们要从根本上看清符号关系的整个结构，因为语言的符号特征在传统语言观中占有突出的地位，它对后世的一切语言研究来说始终是决定性的。可是，如果我们不进行更深入的考察，而只是泛泛地谈论符号，谈论某个标志着另一个事物的、并且在某种程度上显现另一个事物的东西，那么，我们得出的结论就太过武断了。符号一词在亚里士多德那里是 σημεῖα，亚里士多德在明确使用 σημεῖα 这个词的同时，也谈到了另外两个词，即 σύμβολα（相互保持者）和 ὁμοιώματα（相应者）。亚里士多德在谈这些词的时候，是从"显示"出发，在"让显

---

① ［德］海德格尔：《在通向语言的途中》，孙周兴译，商务印书馆 2004 年版，第 198 页。另可参见 1986 年商务印书馆出版的、由方书春翻译的亚里士多德著作《范畴篇解释篇》第 55 页。

现"——这种让显现本身依据于去蔽（αλήθεια）的运作——的意义上来理解它们的。海德格尔指出，显而易见，显示是亚里士多德语言观的支撑点，"显示以多样的方式——或揭示着或掩蔽着——使某物得以闪现，让显现者获得审听、觉知，让被审听者得到审察（处置）"①。亚里士多德就是这样理解显示并由显示来理解语言的。从这一角度来理解，亚里士多德上面那段话的意思应该是：文字显示声音，声音显示心灵的体验，心灵的体验显示心灵所关涉的事情。总之，在亚里士多德那里，在声音的表达中发生的东西是对以体验的方式存在于心灵中的东西的一种显示（Zeigen），因此，语言所直接显示的是心灵的体验，而说到底显示的是引起心灵体验的东西。在希腊文化的鼎盛时期，符号（Zeichen）是从显示（Zeigen）方面来经验的，是通过显示并为显示而被创造出来的。

随着时间的推移，"在对符号的理解和使用上，我们已经变得十分的漫不经心、十分的机械刻板了"②。在人的作用下，显示和显示的东西之间的关系演变为符号和符号所指的东西之间的关系。海德格尔认为，在古希腊时代，符号还是根据显示来理解的，而自泛希腊化即斯多亚学派时代以来，通过某种固定而形成了人制定的作为描述工具的纯粹标记意义上的符号，符号就被变成了指号，而不再是让显现意义上的显示。符号原本是一种显现者，由于显现和它们所显现的东西的关联没有从其本身及其本源方面得到理解，所以这种关联不再是指示和被指示的关系，而是转变成约定俗成的符号与它所描述的东西之间的关系。于是，对某个对象的表象就被调准和指向另一个对象。

海德格尔说，符号从作为某物的显示者到作为某物的描述者的变化的根据在于真理的本质的转变，即在于对真理的本质的看法的改变，这种转变是这样发生的：真理原本是存在者存在的去蔽，但现在，真理的本质不再是去除遮蔽，而是作为和事实相符合的认识，即关于事情判断的正确性。符号变成指号或标记，正是和对真理的看法的这种改变相应的。在对真理的无限追寻中，语言和"逻各斯"（λόγος）分离了。从这里看，形而上学语言中的

---

① ［德］海德格尔：《在通向语言的途中》，孙周兴译，商务印书馆2004年版，第242页。
② ［德］海德格尔：《在通向语言的途中》，孙周兴译，商务印书馆2004年版，第151页。

很多基本观念，和形而上学真理观中的很多基本观念是一脉相承的。"语词和对象相应，语词表达对象。语言哲学中的很多基本观念，和传统认识论中的很多基本观念一脉相承，无论在指示论里还是在观念论里，意义的符合论差不多就是经过语言哲学改装的认识的反映论。"①进一步说，符号的反映论几乎就是经过形而上学语言改装的真理的符合论。语言标志客观事物，而所有词语都是现实世界客观事物的反映与标志。现实的客观世界中存在着事物，它被人感觉，进而概括成事物的表象，作为表象普遍化的结果，就形成了事物的形象与概念，语言就是事物的形象与概念的再现。符合论只关注现成的语句和事态是否吻合，而对语言的源始意义即语言本身为现实的显现提供了空间这一点却根本没有考虑。形而上学的语言观又可以被叫做"表象"(representation) 的语言观，它把语言看作世界上万事万物的再现，其意义在于表现语言系统之外的现成东西，反映和再现客体（不管是精神的还是物质的，也不管是现实的还是非现实的），成为人们进行交流的符号象征。形而上学语言观把语言看作在本原上和世界及其心灵体验最终合一的"逻各斯"，是典型的表象性语言观。

这样的语言被看作现成的东西，是对从现成事物而来的陈述。"人们在那里首先把一切陈述与自古以来起决定作用的语言显现方式联系起来。人们因此强化了语言之本质整体已经凝固的方面。"②这种作为陈述理解的语言在形而上学的意义上只是存在和思想的特定"符号"，是用来描述对象的。希腊思想所开创的这一结构被后来的思想家们进一步发展。不仅亚里士多德在形而上学历史的开端处，而且威廉·洪堡在其终结处也把语言看作陈述，虽然他从另外一个视角看待陈述："语言绝不是产品（Werk[Ergon]），而是一种创造活动（thätigkeit[Energeia]）。因此，语言的真正定义只能是发生学的定义。"③但仍然改变不了这一性质。

---

① 徐友渔、周国平等：《语言与哲学——当代英美与德法传统比较研究》，三联书店1996年版，第287页。

② [德] 海德格尔：《在通向语言的途中》，孙周兴译，商务印书馆2004年版，第5—6页。

③ [德] 威廉·冯·洪堡特：《论人类语言结构的差异及其对人类精神发展的影响》，姚小平译，商务印书馆1999年版，第56页。

在形而上学的历史中，显示的意义变成了符号的意义，显示与被显示的东西之间的关系变成了符号与被标志的东西之间通过约定所形成的关系。在这一转变中所表明的是：显示的本质是在让听和让看意义上的让显现，与此相应，它也是"让标志"，即它显示了相应的声音和文字。进一步说，显示和被显示的东西之间的关系是让存在，而符号和被标志的东西之间的关系则符合于存在者之间的关系。所以，这一转变是存在到存在者的转变。与此相应，存在是根据，而语言则是对根据的说明。形而上学把存在解释为存在者的根据，而语言要说明这一根据，也就成了存在者。进一步说，存在是语言建立的根据，存在的特性也就是语言的特性。此外，语言只能成为关于存在者的语言，因为人们不能言说虚无。基于这一理由，语言作为符号始终是存在者。这正是为什么显示遮蔽自身，而符号却显现出来的原因。为了把存在本身带向语言，符号必须回溯到显示的本原的本质，这一本质在根本上是让显现。根据其本质，显示并不需要符号，也就是说，显示不仅不是符号的使用，而且相反，显示作为让显现使得符号的产生及运用成为可能。

二、语法化的语言

形而上学语言并没有止步于符号化的概念，而是通过订立语法规则，进一步将符号连接在一起。它研究语言的形式及其规律，安排词语的结构，通过自我同一原则、不矛盾原则、因果顺序原则、三段论等构成句子的规则、词的句法即词在句子中的出现方式、句型，它要求人们对语言作机械的剖析和词性的分析，"创造了词语、句子、名词、动词、谓词、形容词、陈述句、条件句、结果从句等等之间的差别"①，最终以"主词"和"宾词"的结构关系或者说主谓关系为基准取得了对语言解释的支配地位，形成了对语言的逻辑—语法内容进行研究的语言科学。科学—哲学的形而上学语言的发展是以语法的发展程度为标志的，将标准的对语言的考察看作对语法的考察。美国语言学家乔姆斯基就认为，语法是语言现象产生的原因与根据，只有对语法

---

① Heidegger, *Logic as the Question Concerning the Essence of Language*, Translated by Wanda Torres Gregory and Yvonne Unna, State University of New York Press, 2009, p.14.

作出充分的描述，才能达到对语言的科学解释。海德格尔认为，只要人们试图以科学—哲学的形而上学方法去追问语言，就必然会紧紧地向语法靠近，语言便因此而运行在语法之中，被展现在语法中。

　　按照海德格尔，西方语法的出现和形成，自始就是和希腊人对存在的理解和解释密切相关的。可以说，只有在形而上学形成之后，人们有了片面的存在理解，这时语法才有可能产生。古希腊人执着于"显处"，从"持存"维度出发，经常把存在看作在场的现成东西，而这些东西首先向视觉显现。人们总是习惯于要"看"出一些"什么"来，要"见"出所有的东西，所以，在他们眼里就只有各种各样的存在者，随之而来的就是存在从存在者那里的消失。当涉及语言时，希腊人也就自然地把语言作为某种存在者去理解。语言原本是使存在者显现的领域，在这一意义上，语言是存在者的存在，语言是在"存在"之中的。而古希腊人却还要"见"出语言，并且倾向于由书面语言出发来看待语言，让口头语言驻停于书面语言中。这样就产生了语法，使语言驻留于书写下来的字词即 γράμματα 中。起初，γράμματα（语法）指的是见诸书面的语言，即书写下来的词、符号和字母。"语言在，这就是说，语言居停于词的文字图象中，居停于字形中，居停于字母中，γράμματα 中。所以语法就表象出在着的语言。"[①] 这样的语言无非就是词语的总和，它作为现成的东西，可以像物一样摆在人的面前。在这些现成的词语和语言材料中，人们可以寻找它们的一般规律，由此创造出语法学。语法显现出语言这种存在者，从形而上学的角度来看，就是语法表象存在着的语言，这其实是说，语法将语言作为存在者来表象和认知。因此，语言就逐渐地变成了可得而"见"之的存在者。

　　传统语法的根本特征是从希腊逻辑中派生出来的，在关注现成存在的逻辑中有其基础，或者说，形而上学语言的所有基本语法，包括名词和动词的分野，都始于希腊人对存在和语言的思考。"词语的基本形式之标准区别（名词和动词，Nomen 与 Verbum），在希腊文之形态中即 ὄνομα 与 ῥῆμα 之标准区别，是通过与对在的见解和解释的最直接与最内在的联系才整理出来并

---

　　① ［德］海德格尔：《形而上学导论》，熊伟、王庆节译，商务印书馆1996年版，第64页。

第一次建立起来的。"①"动词和名词属于西方语法产生时首先被认识到的形式，但也在今天还作为一般词组与语言的基本形式起作用。因而我们就从追问名词和动词的本质的问题陷入追问语言的本质的问题之中。因为究竟词的原始形式是名词呢还是动词，这个问题与究竟哪一个是说与语言的原始性质这个问题其实是同一问题。"②

海德格尔认为，名词（ὄνομα）和动词（ῥῆμα）这两大词类的区分是形而上学时代的事情，而在柏拉图之前，就已经有了 ὄνομα 和 ῥῆμα 这两个名称，但是在那个时候，人们还没有用这两个名称来区分两大词类。那时，这两个名称用于所有被使用的词语，表示所有的话语活动，所以，动词和名词表示的范围完全相同。

后来，ὄνομα 和 ῥῆμα 的意义逐渐变得狭窄，变成全部词中两个主要词类的名称。古希腊人把语词分为 ὄνομα 和 ῥῆμα。ὄνομα 是人与物的名称，进而发展为 ὀνόματα，狭义地指称实体。与之对应的 ῥῆμα，则意指言说、传说、用词把它说出来，后来转义为说话。这种分法和古希腊人对存在的理解有紧密联系。ὄνομα 作为事情的敞开状态，和 πράγματα 即人们与之打交道的事物相关，所以又叫 δήλωμα πράγματος，即事物词类。ῥῆμα 指某种行动的敞开，因此和 πρᾶξις 即行为相关，又叫 δήλωμα πράξεωι，即动作词类。柏拉图最早在《智者篇》中对这一区分进行了解释和论证。首先，他认为广义的 ὄνομα 就是存在者的存在通过宣告的途径而在关涉范围及其周围敞开和进行揭示的活动，接着，他在存在者范围内区分出人们所关涉的事情和广义的行为。因此，词语就分作两类：ὄνομα（名词）专指对事物的揭示，ῥῆμα（动词）则专指对行为的揭示。事物与行为的区分体现出对存在及其方式的领会。

有了对这两种基本词类的区分之后，就进一步有了对动词和名词的不同形式即动词变位和名词变格的区分。起初，古希腊人用同一个词即 πτῶσις 表示动词的变位和名词的变格。自语词被分成两类之后，他们便用 ἔγκλισις

---

① ［德］海德格尔：《形而上学导论》，熊伟、王庆节译，商务印书馆1996年版，第56页。

② ［德］海德格尔：《形而上学导论》，熊伟、王庆节译，商务印书馆1996年版，第55页。

指动词的变位，用 πτῶσις 指名词的变格。变格和变位的说法表明，语言已经被作为存在者来看待。这一点和古希腊人将存在者作为现成存在的东西是一致的。按照海德格尔，πτῶσις 与 ἔγκλισις 这两者的意思都是指下落、倾斜和偏向，也就是从直立发生歪斜。古希腊人把直立、常驻不动理解为存在，而 πτῶσις 和 ἔγκλισις 作为从常驻者的偏斜，就具有从常驻者分离出来的意义。如希腊语有词形变化（accidence）：名词有性、数、格之分，动词有时、体、态、式之别。

从形而上学语言的角度看，词语的某些形式被看作是由另一些基本形式派生而来的。名词的基本形式是单数名词；动词的基本形式是单数第一人称的现在时直陈式，而"不定式"则被确定为一种特殊的动词形式。例如，在古希腊语、拉丁语及至现代的英语、德语等欧洲主要语言中，一个动词的词形总是呈现出有规律的变化，依照句子表达的人称、性、数、时态、语态、语气等各有不同的形态，或者说，句子的人称、性、数、时态、语态、语气等性质是借助动词的不同变位和变形实现的，而且动词通过变形还可以改变词性。以英文为例，在动词 to say（说）的词尾加上 -ing，形成新的形式 saying，就有了表示这个动作的名称的动名词。还有所谓"分词"也是从动词变形而来的，在英文中，分词有现在分词和过去分词之别，它除构成不同的时态外，本身具有由动词变化而来的形容词的性质。"分词"（participle）一词出于拉丁文 participium，它的意思是"分有"（participate），最初是柏拉图哲学中的重要范畴，用在现实世界因分有理念而得其成立的意思中。推而广之，分有即指一物分享他物的特点、性质之意。引申为语法术语分词，遂指兼有动词及表示该动词意义的名词这两种意义而成的形容词。在德语中，当把分词第一个字母大写时，分词又变成了名词。也就是说，从同一个动词可以演变出与之相关的动名词、分词等，分词又可变为名词，只是在词形上有一些区别。[①] 名词也同样如此，在同一词的基础上，可以有不同的人称和数，在希腊语、拉丁语、德语等语言中还有不同的格，如主格、宾格、

---

① 参见俞宣孟：《现代西方的超越思考——海德格尔的哲学》，上海人民出版社 1989 年版，第 4—5 页。

属格等。词的结构的分析也很严密而具体，已经明确地分出词根、词干、词尾、前缀、后缀、派生词、复合词等。

动词和名词两种词类的"结合"、"聚集"构成了最短的话，而"聚集"这个词就是 λόγος。"对于哲学考察来说，λογος 本身是一存在者：按照古代存在论的方向，λογος 是一现成存在者。当 λογος 用词汇和词序道出自身的时候，词汇和词序首先是现成的，也就是说像物一样摆在面前。人们在寻找如此这般现成的 λογος 的结构之时，首先找到的是若干词汇的共同现成的存在。……诸语词着眼于在 λογος 中公开的存在者而合成一个语词整体。……任何 λογος 都既是 συνθεσις[综合] 又是 διαιϱεσις[分解] ……展示就是合成与分离。'连结'的形式结构和'分割'的形式结构，更确切地说，这两种结构的统一，在现象上所涉及的东西就是'某某东西作为某某东西'这一现象。按照这一结构，我们向着某种东西来领会某种东西——随同某种东西一起来领会某种东西；情况又是：这一领会着的对峙通过解释着的分环勾连又同时是把合在一起的东西分开来。……判断活动即是表象与概念的连结和分割。连结与分割还可以进一步形式化，成为一种'关系'。"① 而系词则是"关系"的纽带，"系词这一纽带摆明了：首先是综合结构被当作自明的，而且综合结构还担负了提供尺度的阐释功能"②。亚里士多德在其《形而上学》中将 λόγος 解释为陈述，在陈述的意义上对 λόγος 作出了较明白的形而上学的解释，将其消解到"格式化"的体系中。这一对 λόγος 本质的解释和看法对于之后的逻辑学及语法学的形成起了标准和典范的作用，有着决定性的意义，后来，希腊和罗马的语法学家就是由此来制定语法的。肇始于亚里士多德的一些逻辑语法概念一直被沿用至今，基于这一点，语法学成为西方人对语言进行考察的决定性的东西，它在词语及其变形中探寻其对基本形态的偏离和变异，并从中找出语法规律。

亚里士多德把事物的存在方式分成十种，即实体、数量、性质、关系、何地、何时、所处、所有、动作、承受。亚里士多德依据关于事物存

---

① [德] 海德格尔：《存在与时间》，陈嘉映、王庆节译，三联书店 2006 年版，第 186 页。

② [德] 海德格尔：《存在与时间》，陈嘉映、王庆节译，三联书店 2006 年版，第 187 页。

在方式的理论建立起他的逻辑范畴学说。他认为，十种存在方式中，实体（substance）居于本质的地位，而另外九个范畴则只是偶性（accidents），被用来表述实体。偶性是可变的，而实体是不变的。实体在陈述中的主要特征是主体（subject），而从判断的结构来看，主体也就是主词（subject），所有其他的范畴都是用来述说主词的，起主词之宾词（predicate）的作用。也就是说，九个偶性范畴都是用来述说实体的，而实体则不述说任何其他范畴。进一步而言，偶性范畴以主体为载体，存在于主体中，所有的数量、性质和关系等只能从属于主体，而不能离开主体独立存在。亚里士多德进一步以他的逻辑范畴学为基础展开了他的语法理论，在他那里，充当主词的词是名词，而充当宾词的词则是动词，句子的结构和陈述相对应，句子的主语（subject）就是处在主词位置上的词语，而句子的谓语（predicate）则是处在宾词位置上的词语。主语与主词，谓语与宾词，在印欧语系中本就用同一个词表示，主语与主词都是 subject，而谓语与宾词则都是 predicate。

人们现在所说的最基本的句子即"简单陈述句由主语和谓语构成"[①]，也就是说，简单陈述句的结构是主语和谓语的联结，其中充当主语的主要是名词即人与物，陈述的是基体或实体 ὑποκείμενον（subjectum），而充当谓语的则是动词，它所陈述的是人与物的特征即属性 συμβεβηκός（accidens）。在这里，主语是被研究的对象，是要予以说明的对象，而谓语则是反映主语的，是作为研究对象的主语的属性或特征的。形而上学语言的语法研究，是以亚里士多德的逻辑和语法思想为基础去分析语句的结构，进而得出名词、动词、主语和谓语等概念。传统形而上学的语法理论，包括词类的划分、词类和语句结构成分的对应关系等，大致就是按照这一理论构建起来的。需要强调的是，无意义的词语排列似乎满足了通常的语法规则，但实际上是由一些空洞的声音组成的，因为它违背了分析方法所发现的逻辑句法的深刻内在规则。海德格尔认为，形而上学对于语言的语法解释，是以关于物的陈述为取向的，形而上学把物解释为客体，语言也就联系于客体。简单陈述句的结构被看作是物的结构（实体和属性的统一，物是其特征的载体）的反映，最

———————

① ［德］海德格尔：《林中路》，孙周兴译，上海译文出版社 2004 年版，第 8 页。

后人们又把自己在陈述中把握物的方式转嫁到物自身的结构上去，如此这般展现出来的物的结构是按陈述框架被设计出来的。"这些'含义范畴'的基本成分过渡到后世的语言科学中，并且至今还从原则上提供尺度。"①

海德格尔认为："设置主语、设置述语以及相互设置两者，这些句法上的构造完完全全是为了展示而设的。"② 因此，语法不是掌握语言的首要的、决定性的方式，相反，语法构成了语言的荒疏。科学—哲学的形而上学语言具有一种规范的力量，它"能在一种明确的秩序中把相关的对象表象为相互包涵和隶属的对象"③。具体而言，形而上学是从语法如主语和谓语、名词和动词以及句子中认识语言的，它运用语法的"分析"方法来研究语言，而这种"分析"实际上是对语言的"支解"，语言通过支配语法而被看作命题的交流复合体，被作为僵死的材料来处理，语法反过来也禁锢了存在，在其中，事物就在其纯粹的现成在手中而被谈论，因为存在被在语法中表达。存在在语言中显现，语法是什么样的，语言中所显现的存在就是什么样的，人们所述说的世界就是什么样的。陈述只表现了关于某物的状况，却不知道存在本身，反而遮蔽、伪装并最终遗忘了存在本身。这样的语言被记录和保存在字典中，字典中各个词语的形式就源于语法。在字典中，词语不是完全孤立的，也不是处于混乱的无序状态中，而是按照字母顺序整齐地排列着，但那只是僵死的残骸的集合，表现为语言的大量个别部分和碎片。我们绝不可能在那里掌握活的语言，相反，通过这一严格的安排，整个毁灭变得明显了。语言因遗忘存在而蜕变为一种仅仅合乎语法的陈词滥调，把语言的深层结构固定为语法关系，就把存在的意义降低到了一个狭窄的维度。

三、理性化的语言

如何理解传统形而上学语言的存在性呢？我们可以理解为语言的理性化。因为在形而上学的视域中，语言和抽象的理性思维是不可分的，语言参

---

① ［德］海德格尔：《存在与时间》，陈嘉映、王庆节译，三联书店 2006 年版，第 193 页。
② ［德］海德格尔：《存在与时间》，陈嘉映、王庆节译，三联书店 2006 年版，第 181 页。
⑤ ［德］海德格尔：《在通向语言的途中》，孙周兴译，商务印书馆 2004 年版，第 87 页。

与并渗透于人的理性思维之中，而且，就本体论而言，理性建立起了语言的根据。在《语言》一文中，海德格尔借用哈曼的话以说明通常语言的存在状态："理性就是语言，就是逻各斯 [λόγος]。"[1] 后来出现的逻辑就是关于逻各斯的，是关于说话的，严格地说，是关于语言的科学。海德格尔在其著作《存在与时间》的第 34 节中，把人的说话方式叫作"话语"（Rede）。语言作为话语，就是把话语所及的东西公布出来。在原初的意义上，语言指的是一种"聚集"（λόγος）活动，它将各种杂多的东西汇集在一起并加以展现，因而含有超越杂多东西的意思，以这种方式将某种东西展现出来给人看。语言让人看某种东西，同时也就是让人"觉知"这一东西，而"觉知的能力被叫做理性"[2]，所以这样的语言也就必然在理性的意义上被理解，并为理性所用。

传统形而上学通过语法关系，把"字"与"句"即概念和命题不可分割地联系在一起，以使语言接近思想的结构，描述一种普遍的思想。进一步说，通过语言的语法化，传统形而上学把语言与概念、判断、命题等联系在一起，使得语言和人的理性相关，认为语言作为人的工具是被思想规定的。因为，"按流行之见，一般地把普遍有效的东西表象出来，乃是思想的基本特征"[3]。传统哲学家都表现出把语言理性化的倾向，如洪堡认为语言是构成思想的工具，是连续的精神活动；黑格尔认为语言是理性活动的外貌，因而是狭义的理性活动；施莱赫尔认为语言是思想的有声表达，语言通过声音表现出思维的过程；等等。

而且，在形而上学的视域中，"语言本身植根于那种感性与超感性之间的形而上学区分之中；支撑着这种语言的结构的基本要素就是二分的，一方面是声音和文字，另一方面是含义和意义"[4]。"在其含义整体中被理解的说（Sprechen），始终超出了声音的物理—感性方面。作为发声的、被书写的意义（Sinn），语言本身就是超感性的，是某种不断地超越纯粹感性因素的东

---

[1] [德] 海德格尔：《在通向语言的途中》，孙周兴译，商务印书馆 2004 年版，第 3 页。
[2] [德] 海德格尔：《演讲与论文集》，孙周兴译，三联书店 2005 年版，第 148 页。
[3] [德] 海德格尔：《在通向语言的途中》，孙周兴译，商务印书馆 2004 年版，第 1 页。
[4] [德] 海德格尔：《在通向语言的途中》，孙周兴译，商务印书馆 2004 年版，第 101 页。

西。这样来理解，语言本身就是形而上学的。"①

同时，形而上学语言观总是将在场者和不在场者割裂开来，并且只盯住个别的在场者，固执于普遍的永恒的在场者，即概念、理念、同一性等诸如此类的东西。在漫长的形而上学传统中，语言已经被高度抽象化，它无限抬高抽象同一性，抬高理论概念，通过抽象的概念方法把握语言的本质，这一语言是通过普遍性概念和推理进行的，是客观描述性和知识性的，它以科学的概念体系来把握存在。形而上学语言形成了一套专门的语词和范畴，以及在这一基础上进行思辨论证的方式，最终被形而上学看作判断，被作为抽象的"精神"和"思想"。

作为判断的语言要使人得以理解，就必须具有某种条理和规则，这就是语言的逻辑（logic，源于希腊词 λόγος）结构，"逻辑对任何科学的以及思维的人们来说是有利的"②。海德格尔认为，在科学—哲学的形而上学中，对语言的掌握是通过逻辑预先形成的，上述的语法问题也和逻辑密切相关。因此，"我们所熟悉的语言的整个安排都源于逻辑的根本确定性，它源于某种特殊语言如希腊语的排列方向，源于某种特殊的思维方式。达到语言的路径是由逻辑决定的"③。即，希腊逻辑决定着言和说的根本概念和规则，逻辑的方式被看作是唯一严格的方式。语言符号是一种抽象，任何语词都有普遍、概念的意义，蕴含着抽象的概念，其语法关系体现了抽象概念之间的逻辑关系。

形而上学语言的思考首先将判断置于首位，将其在句子中予以表达，根据这一主导线索来清理语言的形式和语言成分的基本结构。在古希腊，λόγος 这个词本身兼有语言和理性的双重意义，很多哲学家由此而强调语言和逻辑的关系。按照最一般的理解，所谓 λόγος，就是本质规定、理性精神，λόγος 的终极目的就是对于本质和根源的理性追问。形而上学语言以

---

① [德] 海德格尔:《在通向语言的途中》，孙周兴译，商务印书馆 2004 年版，第 123 页。

② Heidegger, *Logic as the Question Concerning the Essence of Language*, Translated by Wanda Torres Gregory and Yvonne Unna, State University of New York Press, 2009, p.13.

③ Heidegger, *Logic as the Question Concerning the Essence of Language*, Translated by Wanda Torres Gregory and Yvonne Unna, State University of New York Press, 2009, p.14.

λόγος 的一种分化样态即逻辑为基础，语言在作为逻辑的 λόγος 中寻找其基础，逻辑则以现成存在者的传统形而上学为基础。语言本身或 λόγος 本身被看作判断，也就是被看作"逻辑"。这种判断被逻辑所支配而逐渐固定下来，在语言上表现为通过把主语与谓语区别开来而进行再现的设定，由此来把握存在者的在场。正因为希腊人总是以外在的现成存在者为取向，而存在本身却被遗忘，所以他们在解释 λόγος 时才会误入歧途，把 λόγος 的结构归结为一种外在的进行推理的判断理论。由于 λόγος 的命运总是和传统形而上学的历史命运连在一起，所以传统形而上学的迷误伴随着 λόγος 的沉沦，因为 λόγος 被降为现成存在者的逻辑了。执着于这一表象的语言就表现为所谓的科学理性及其客观性理想。

　　一切判断都是对思想的客体或对象具有确切断定的思维形式，它或者判断某一属性是否属于某一存在者，或者判断不同思想客体之间的关系。在这里，语言从本质上是由人的认识能力可以达到的领域所限定的，人的逻辑理性思维指向哪里，语言就伸向哪里去完成一种相应的表达。于是，世界就成为被理性语言设定的世界，语言甚至由此从一种被运用的工具上升为设定世界的本体。然而，语言的有效性只能被限定在逻辑的范围内，否则就成为反理性的而遭到批判。在这一范围内，人的知识到处寻求客观对象，试图在知识和对象的符合中达到真理性的语言。

　　从历史的角度看，形而上学语言是一种对词语所做的形而上学的思想构造，因而它只能是一种理性化的语言。这种思想构造所导致的是对于存在本身的疏离，以及一种固定概念的形而上学传统。这一现象开始于亚里士多德的逻辑学，后来随着罗马人对古希腊文化的翻译而得到进一步发展，进而又在拉丁文被翻译为各国语言的过程中，日益丧失其存在经验而走向空洞的概念。当人们用一个概念去指称某一对象时，总是在自己的头脑中把所指称的对象从其实际所处的流变整体中抽取出来，将它从千丝万缕的联系中剥离出来，进一步地，当人们用陈述判断去描述某一状态时，就理所当然地抛弃了构成这一状态的统一整体。在形而上学语言中，概念、判断和推理，以及词语、陈述和观念必然会对统一整体进行剥离，这是不可避免的。传统形而上学语言是概括、抽象和一般的模式，是脱离具体事物而独立存在的，以理性的形式存在。以这样的概念、判断等理性形式去描述存在，就把生动活泼的生命转化为枯燥无味的躯壳，存在就变成了似乎永恒地驻停在某一固定状态的东西。在形而上学语言的表述中，不断流变的世界就被凝固化从而变得僵死了。尽管形而上学语言也力求表达世界流变和鲜活的本性，但其概念所固有的抽象和静止使得它不可能真正地表达无限丰富和变化的现实，只能把连续的整体的运动过程归结为无数单一的静止状态的集合。

总之，这样的语言向人们展现出的只是一种严格的理性特征，它根据"反思力"去想象一切事物，最终发展成为一门科学，它所表现的仅仅是语言的逻辑本性，至于存在本身，则并不在这一范围内，而是让位于理性和逻辑，理性影响和控制了语言。在海德格尔看来，以理性的视野追问语言的本质是毫无助益的，恰恰通过理性，语言的存在被草率、肤浅地拉平，被错误地解释，语言就其只是思想的外在形式而言是次等的。

四、命题化的语言

"哲学思考首先把 λόγος 作为命题收入眼帘"[1]，因此，形而上学语言观将语言的基本形态看作命题。命题是对逻各斯（λόγος）的一种领会，是一种特殊形式的谈论，是由于人表达复杂丰富的东西的需要而构建的，这一意义上的语言在形而上学的历史中成为主题。在逻辑学、哲学和科学之中，命题是由系词把主词和宾词联结而成的句子，它被用来陈述某个事实，判断某件事情，因而指的是一个判断所表达的语义。它揭示的东西是所谓"意义"，即某个存在者的某种单纯表象，或道出命题的人对这一存在者进行表象的心理状态，而不是在其上手状态中的存在者。命题具有两个基本特征，第一，它必须有所断定，即命题都有所肯定或否定，绝不模棱两可。凡是不能进行肯定或否定的思维形式，就不能被叫作命题。第二，命题有真假之分，"必定或者真实，或者虚假"[2]，判断为正确的命题为真命题，反之则为假命题，

---

① ［德］海德格尔：《存在与时间》，陈嘉映、王庆节译，三联书店 2006 年版，第 193 页。

② ［古希腊］亚里士多德：《亚里士多德全集》第一卷，苗力田主编，中国人民大学出版社 1990 年版，第 58 页。

但不做判断的句子肯定不是命题。

上述关于命题的理论源于亚里士多德，而他判断命题真假的根据则在于命题和事实的符合与否。罗素也认为，事实是使命题或真或假的东西。在他看来，与原子事实对应的是原子命题，与复杂事实对应的是分子命题，分子命题由原子命题构成，其真假由原子命题决定，而原子命题所包含的词是通过与经验事物相关联而获得意义的。罗素把整个宇宙看作建立在原子事实之上的逻辑构造，认为任何关于世界的复杂陈述句都是由原子命题的各种组合构成的，因而，我们首先确定原子命题的真假，然后将其真值代入复杂陈述的命题函项，就能知道复杂陈述的真值，并由此获得全部关于世界的知识。所以，无论是亚里士多德，还是罗素，都把命题和真理联系在一起。海德格尔认为，真理总是以命题的形式表达出来，"人们自古以来就把命题当作真理的首要的、本真的'处所'"①。就是说，真理表现在命题中，离开命题就无所谓真理，与对象一致、符合的命题就是真理（这里的真理是在科学的或知识论的意义上而言的）。在这里，对语言的追问与真理问题相对应。

在海德格尔看来，命题也等于述谓，即断言、宣称，它将主语和述语相联结，其中，"主语"是命题的对象，是有所展示的命题的"关于什么"，"述语"则对"主语"有所陈述和规定。就状态的这个是如此如此在语言中被界定而言，状态的这个是如此如此是事物"由以"被确认的"述语"。而这个υποκείμενον，subjectum，是述语所确认的事物。语法上的这些陈述彻头彻尾地承载着希腊人的形而上学。命题所陈述的东西即用以规定的东西是事物的某种性质，它以理论判断的方式把事物的属性预先设定为句子的意义。命题总是将视野集中于现成事物即存在者，进一步说，命题总是着眼于事物的实在性、物质性、广延性等存在性质。所以，海德格尔说："当命题把某种确定的特征加在现成在手的事物之上时，它就将这个事物作为'什么'来看待，而这个'什么'是从现成在手事物本身中抽取出来的。"②总之，命题是

① ［德］海德格尔：《存在与时间》，陈嘉映、王庆节译，三联书店2006年版，第180页。
② Heidegger. *Being and Time*.Translated by John Macquarrie & Edward Robinson.New York:Hagerstown，San Francisco，London：Harper & Row，Publishers，1962，p.200.

真理的表达形式。

命题的作用在于就关于世界的认识予以陈述和传达，和他人分享在"真理"中展现出来的存在者，因此，命题的意义在于存在者的展现。"命题作为这种传达包含有道出状态。他人可以自己不到伸手可得、目力所及的近处去获得被展示、被规定的存在者，却仍然能同道出命题的人一道'分有'被道出的东西，亦即被传达分享的东西。人们可以把被道出的东西'风传下去'。以看的方式共同分有的范围渐渐扩散。然而，在风传中，展示的东西可能恰恰又被掩蔽了。"①海德格尔认为，恰恰是这样的命题使存在者的存在本身始终隐蔽着，或者只是以一种歪曲的方式展现自己。

"道出命题并不是一种漂浮无据的行为……道出命题总已经活动于在世的基础之上。"②在海德格尔看来，作为真理表达的命题，实际上是从语言现象之一即解释（意蕴的昭示，让被显现者得以彰显）中衍生出来的一种样式，它重现了解释的基础和本质结构，即先行具有、先行视见和先行掌握。

解释是以存在论为基础的，它从来不是对先行给定的东西所作的无前提的把握。第一，"解释一向奠基在一种先行具有之中"③。世界是"作为"用具的上手事物的因缘整体，解释就是揭示和弄清这种"作为"结构，把"作为"结构从因缘整体中整理出来。在这里，因缘整体性是解释的本质基础，它是人们在具体的解释开始之前就已经预先具有的东西。即，解释不是从虚无开始的，所要解释的东西总是被先行具有所规定。第二，"解释向来奠基在先行视见之中，它瞄着某种可解释状态，拿在先有中摄取到的东西'开刀'"④。解释活动总是向着已得到理解的因缘整体的存在运作，而作为因缘整体的先行具有是内涵稳定、外延模糊的存在视界，包含许多可能性，所以不具有明确性。究竟先解释哪些可能性，怎样去解释，这就需要一个特定的角度和观点，把人们的注意力引向一个特殊的问题域。第三，"解释奠基于

---

① ［德］海德格尔：《存在与时间》，陈嘉映、王庆节译，三联书店2006年版，第182页。

② ［德］海德格尔：《存在与时间》，陈嘉映、王庆节译，三联书店2006年版，第183页。

③ ［德］海德格尔：《存在与时间》，陈嘉映、王庆节译，三联书店2006年版，第175页。

④ ［德］海德格尔：《存在与时间》，陈嘉映、王庆节译，三联书店2006年版，第175页。

一种先行掌握之中"①。先行掌握是人们在解释前就预先已有的假设，它用一个概念来阐明"作为"结构，即规定某个东西是"为了作……之用"的，保持在先有中并且在先见中被理解的东西，只有通过解释上升为概念，才能成为可理解的。通过以上这三个环节，解释才能揭示和阐明"作为"结构，把某某东西作为某某东西加以解释。因此，解释的原初形态是对某物"作为什么"的提及，即把在原初的提及中得到昭示的东西通过讲说加以展现。

在海德格尔看来，理论命题的"源头"就在这样的解释之中。首先，已经展开的东西是命题所必须先行具有的，在此基础上，命题才能以规定的方式把已经展开的东西表现出来。其次，命题需要一种先行视见。命题在对展开的东西进行规定时，必须有着眼的方向，首先要把视野转向先行给定的存在者的"何所向"，由规定的功能接过这一"何所向"，由此去看待有待作为命题说出来的东西。只有在先行视见中，存在者本身依然锁闭着的、还不明晰的、有待展现和指归的命题述语才能释放出来。再次，在道出命题之际总是预先有一种先行掌握。被指出的显著的清晰度是有所规定的命题的特征，而这种显著的清晰度是通过一套明确的概念表现出来的，它把有所展示的东西在含义上连结为一个整体。"但这种先行掌握多半是不显眼的，因为语言向来已经包含着一种成形的概念方式于自身中。"②

海德格尔详细探讨了由解释向命题模式的变异。保持在先行具有中的存在者首先不是作为对象存在的，而是原初地作为上手事物的用具存在，本质上是一种"为了作……的东西"。用具的存在向来归属于一个用具整体，只有在这个整体中，用具才是其所是。当人们就某一事物提出命题时，它就从上手的"用什么"变成有所展示的命题的"关于什么"，变成对象，这样，事物在先行具有中就发生了转变。先行视见针对的是客观现存的事物，而这一事物原本处于上手状态，当先行视见以对事物的单纯外观的"看"为目的时，事物的上手性就隐失了。就此而言，对客观现存事物的揭示恰恰将上手状态遮蔽起来，这样，照面的事物就作为客观现成的存在得到规定，并由此

---

① ［德］海德格尔：《存在与时间》，陈嘉映、王庆节译，三联书店 2006 年版，第 176 页。

② ［德］海德格尔：《存在与时间》，陈嘉映、王庆节译，三联书店 2006 年版，第 184 页。

获得了通向事物属性的途径。继而，命题从现成事物中抽取出某种"什么"，并将其作为"什么"加以规定。于是，解释的"作为"结构就发生了变异：这个"作为"不再处于意蕴的因缘整体中，不再相互关联，而是被从中割断，退回到仅仅现成存在的齐一的事物的平面上，缩减为"有所规定地只让人看现成事物"这一结构，这样，事物所具有的属性便被看作命题的意义。但是，"源始的解释过程不在理论命题句子中，而在'一言不发'扔开不合用的工具或替换不合用的工具的寻视操劳活动中。却不可从没有言词推论出没有解释"①。因此，命题几乎没有对某种事物之"作为"结构的把握，命题的语言形式只是原初解释形态的一种表达形式，在其中，"解释的源始'作为'被粆平为规定现成性的'作为'，而这一粆平活动正是命题的特点"②。通过对某物的"为了作……"加以彰显，某物的意义变得明确起来，并被付诸语词的表达，从而将予以凸显的言语意义和所指的实事区分开来。

"一端是在操劳领会中还全然隐绰未彰的解释，另一端是关于现成事物的理论命题，在这两个极端之间有着形形色色的中间阶段：关于周围世界中的事件的陈述，上手事物的描写，时事报导，一件'事实'的记录和确定，事态的叙述，事件的讲解。我们不可能把这些'句子'引回到理论命题而不从本质上扭曲它们的意义。这些句子就像理论本身一样，在寻视的解释中有其'源头'。"③

总之，解释具有特殊的展开功能，有着随世内照面的事物而展开出来的因缘整体，它把这一整体展现出来。所以，解释并非将某种固定的"含义"加到完全客观的现成事物身上，因而没有命题所具有的明确性。但是，"以'某某东西作为某某东西'为线索解释存在者，这件事情本身先于对有关这件事情的专门命题。……在专门命题中，'作为'并非才始出现，而是才始道出。必须先有可能被道出的东西，道出才是可能的"④。

海德格尔还进一步将命题追溯到更为源始的存在论的领会。他把命题看

①　[德] 海德格尔：《存在与时间》，陈嘉映、王庆节译，三联书店2006年版，第184页。
②　[德] 海德格尔：《存在与时间》，陈嘉映、王庆节译，三联书店2006年版，第185页。
③　[德] 海德格尔：《存在与时间》，陈嘉映、王庆节译，三联书店2006年版，第185页。
④　[德] 海德格尔：《存在与时间》，陈嘉映、王庆节译，三联书店2006年版，第174页。

作有所传达有所规定的展示，认为道出命题这一行为是有根据的，但其根据不在自身，而在已经通过领会展开的东西和寻视所揭示的东西，是源始的"领会"的衍生物。在海德格尔那里，领会是生存论的一个环节，是作为生存活动的存在，是"在世"的展开状态，它包含有此在之为能在的存在方式。作为一种开展活动，领会置身于世界和自身的展开状态中，始终关涉"在世"的种种可能性，这些可能性通过本质上可以在领会中展开的东西先行表现出来，命题正是从具有先在性质的领会的诸多可能性中派生出来的。

上文谈到，解释的"作为"结构这一现象处于意蕴的因缘整体中，而意蕴作为世界本身向之展开的东西，就植根于显现种种可能性的领会。意蕴是含义的关联整体，它是通过对世界的领会得以展开的，包含有此在有所领会并作出解释之际能够把"含义"开展出来的存在论条件。展开的意蕴是因缘整体性能够得到揭示的存在者层次上的条件，因缘整体性是作为上手事物的可能联系的整体绽露出来的，单纯照面的东西是从因缘整体方面得到领会的。因缘整体性绝不是在思维中被加以整合的东西，而是向来已经持留于领会之中的关联。因此，它不是命题能够明白把握了的，相反，命题必然以因缘整体性，进而以领会为基础。只有在领会的筹划中，存在者才向着它的可能性意蕴展开，上手事物才在其有用、可用中被揭示出来，各种现成事物的"统一"即自然也才是可揭示的。领会不是将事物作为命题来把握，命题的把握恰恰取消了所领会之事的可能性质，使之降低为一种已有所意指的、给定的内容。

领会还在生存论上构成被称作此在之"视"的东西。操劳活动的寻视、操持的顾视以及对存在本身的视，都是此在存在的源始方式。这里的"视"对应于此在的展开状态，它不是指用肉眼来感知，也不是指就现成状态理性地知觉某物，而是让那个它可以通达的存在者本身无所遮掩地来照面。这种存在者先于命题，在操劳于周围世界之际显现出来，它不是理论认识的对象，而是被使用、被制造的上手事物。上手事物具有"为了作……之用"这一寻视上的结构，寻视依照这一结构把它作为某种东西加以明确领会。寻视地和周围世界的上手事物打交道，这种活动不是以命题对其进行规定，而是将其"看"作某种用具。使用着和事物打交道具有自己特殊的知或把握，对这个事物越少凝视，对它使用的越起劲，和它的关系就越源始，它也就越明显地作为用具来照面。对上手事物的这种先于命题的看，包含着"为了作什么"的明确性，其本身总是有所领会的。

命题恰恰掩盖了和事物打交道的领会，进而掩盖了存在者从自身方面来照面的情况。命题对事物具有的某种属性所作的"观察"不能揭示上手的东西，因为"理论上的"观察缺乏对上手状态的领会。理论活动是非寻视的单纯观看，它在方法中为自己造成了规范，形成了自己的规则。这种被科学、哲学定为通达存在者和存在的首要方式的"看"是由"视"派生的，它是"视"的形式化，用以描述任何通达存在者和存在的途径。

总之，对上手用具的任何知觉都总是有所领会的，所以，命题在生存论上来源于领会，它对领会的东西进行认知，把领会中所显现的可能性整理出来。正是由于有领会的可能性，"存在者才能就其'实体的''自在'得到揭示"①，人们才可能运用命题从"属性"方面着眼来规定这一存在者。

海德格尔探讨命题，是为了展现存在者的存在意义。在命题中，人们脱离存在者本身，将意义概念局限于判断内容的含义上，即某种"通行意义"上，由此表现科学的、理论知识的真理。判断"是依循'通行有效'（Gcl-tung）这一现象来制订方向的"②，"通行有效"被看作一种"元现象"，它具有三种含义：第一，就判断本身而言是通行有效的，它是和判断内容相一致的不变的本质，指永恒性；第二，就客体而言是通行有效的，即判断的意义具有客观有效性和一般有效性，指客观性；第三，就任何有理性的判断者而言是通行有效的，即对判断者具有"约束性"和"普遍有效性"，指普遍性。通常认为，只有具备如此特性的命题才能表现科学的真理和存在的意义。海德格尔认为，恰恰是这样的命题使存在者的存在本身始终隐蔽着，或者只是以一种歪曲的方式展现自己。他运用现象学的方法，对"意义"概念进行存在论生存论的阐释，认为意义植根于此在的存在论结构，植根于存在本身，以此来展现被掩盖的存在。

---

① ［德］海德格尔：《存在与时间》，陈嘉映、王庆节译，三联书店2006年版，第103页。
② ［德］海德格尔：《存在与时间》，陈嘉映、王庆节译，三联书店2006年版，第182页。

在海德格尔看来，世内存在者总是和此在相关，两者不是客体和主体二元对立的关系，而是彼此不分轩轾的相融关系。世内存在者是随着此在之在被揭示或领会的，存在者总是显现为一系列可能性，要此在去筹划，将它"作为"什么，从而表现出其意义所在。这里的意义指的是存在者之存在的显现，是在领会着的展开活动中可以被联结为整体的东西，是存在者之可领会性的栖身之所，"是此在的一种生存论性质，而不是一种什么属性"①。这种意义中包含着最原始的认识的一种积极的可能性，只有在这里，存在者的存在才能得到真实的掌握。

海德格尔认为，追问存在的意义就是追问存在本身即展现。但在科学理论的论证中，存在的意义总是从主体和客体符合的真理角度去看待的。对此，海德格尔认为，"命题真理的本质在于陈述的正确性"②，它"植根于一种更为源始的真理（即无蔽状态）中，植根于存在者之前谓词性的可敞开状态中"③，只有存在者向人表现自身而人按照这种表现陈述存在者时，才有人的表象与存在者的符合，才有命题真理，如果存在者不显露在其存在的光亮处，就谈不上任何真理。从存在论的角度看，说一个命题是真的，指的是这个命题使存在者展现在被揭示状态中，说出、指称存在者，"让"存在者"被看见"。当人们说出一个命题时，命题本身并不创造敞开状态，它只是进入这片敞开的领域，把命题中所涉的东西敞开出来成为"在场的东西"。因此，"任何述谓都只有作为展示才是它所是的东西。……述谓加以勾连的环节，即主语和述语，是在展示范围之内生长出来的。并非规定首先进行揭示；情况倒是：规定作为展示的一种样式，先把看限制到显示着的东西（锤子）本身之上，以便通过对目光的明确限制而使公开者在规定性中明确地公开出来"④。

概言之，仅仅有了提及，才有语言即语词表达，而仅仅有了解释，才有把某物看作某物的提及，仅仅有了理解，才有解释，而只有当在世界中存在

①　[德] 海德格尔：《存在与时间》，陈嘉映、王庆节译，三联书店2006年版，第177页。
②　[德] 海德格尔：《路标》，孙周兴译，商务印书馆2001年版，第152页。
③　[德] 海德格尔：《存在与时间》，陈嘉映、王庆节译，三联书店2006年版，第210页。
④　[德] 海德格尔：《存在与时间》，陈嘉映、王庆节译，三联书店2006年版，第181页。

的此在具有了展开状态这一存在结构，才有理解。这一系列处于建基关系的现象使得语言得到了界定，语言的本质由此得到明见和规定。语言就是此在与众不同的存在可能性，"道出命题和存在之领会是此在本身在存在论上的存在之可能性"①。

海德格尔在一定程度上承认命题的正当性，认为命题表述的是某种认识，它是此在存在以及去蔽的一种方式，但是，当人们在言谈中道出一个命题时，并不是在自己切身的体会中做的去蔽，而是把命题当作某种现成的东西，把这种现成的东西当作对另一些现成的东西即命题对象的去蔽，认为道出的命题这一现成的东西和所谈的存在者这一现成的东西存在一种关系，即符合关系。正因为被揭示状态与某种现成东西相联系，真理就成为两种现成的东西之间的现成关系。这样，"不仅真理是作为现成的东西来照面，而且一般的存在领悟也首先都领会为现成的东西"②。展现本来是存在的方式，一旦把它视作现成的东西，它就成了存在者。把现成性同一般的存在意义等同起来，也就遮蔽了存在的源始意义。就是说，最源始的真理现象本来应该指真实情况展示的过程，但人们往往着眼于展示出来的东西，而这些东西由之展示出来的过程本身却被忽略了。命题是在世的一种方式，它奠基于此在的揭示活动，命题可能是揭示着的，也可能是遮蔽着的，最源始的存在之真理就是这种可能性的存在条件。"因此，试图通过逻辑学的理论命题或者这之类的东西来开始语言的分析，这是彻底错误的。"③

总之，对于作为真理处所的命题，人们仅仅着眼于是否具有正确性来加以探讨。由此，命题就只是一种"模式化"的东西。它追求精确性，把存在者作为可量化的东西处理，通过分析、综合和抽象概括，进入存在者内部，对其进行有所切割、有所分离的观看，以求达到存在者的明了性，使存在者按其所是以及如何是展现出来，使人们借以获悉存在者的特性和有用性，存在者的被揭示状态贯彻着一种同现成东西的联系。判断成了一种计算的对

---

① [德] 海德格尔：《存在与时间》，陈嘉映、王庆节译，三联书店 2006 年版，第 187 页。

② [德] 海德格尔：《存在与时间》，陈嘉映、王庆节译，三联书店 2006 年版，第 271 页。

③ [德] 海德格尔：《时间概念史导论》，欧东明译，商务印书馆 2009 年版，第 363—364 页。

象。这种语言按照其逻辑进一步发展，接下来便进入了技术语言，即走上了语言的技术化道路，关于这一点，我们将在第二章予以阐述。

第二节　关于人的确定性认识

海德格尔认为："如果我们问关于语言本质的问题，那么，我们就是在问关于人类本质的问题。……也许我们根本不需要预先将关于语言的问题作为一个孤立的问题提出来，而是可以将人和语言放在一起，追问人之作为说话的人。这个起点毕竟以某一方式击中了人类存在中的恰当事实。"[1]由于语言被看作人的独特规定，因此，"语言是什么？"这个问题必然将我们导向问题"人是什么？"，"我们必须把'语言是什么？'和'人是什么？'的问题连在一起"[2]，于是，追问者也被置于问题之中。进一步说，对人自身的追问也是科学—哲学的形而上学的任务，而这一任务是和语言之本质问题密切相关的，因为，语言是由人的存在决定的，如希腊的语言最初就盛行于希腊的此在中。"归根到底，哲学研究终得下决心寻问一般语言具有何种此在方式。语言是世内上手的用具吗？抑或它具有此在的存在方式？抑或二者都不是？语言以何种方式存在，竟至语言会是'死'语言？语言有兴衰，这在存在论上说的是什么？"[3]"眼下对语言所作的阐释不过是要指出语言现象的存在论'处所'是在此在的存在建构之内。"[4]或者说，语言只是在人存在的范围内才存在，从而，它仅仅以人存在那样的方式存在。因此，"有待思索的事情还是：何谓人？"[5]或者说，人是哪一种存在？

对这一问题所给出的答案是多种多样的：基督教提供的仅仅是从信仰意义上理解的作为上帝创造物的答案，生物学将人规定为地球史上生物系统进

[1] Heidegger, *Logic as the Question Concerning the Essence of Language*, Translated by Wanda Torres Gregory and Yvonne Unna, State University of New York Press, 2009, p.25.
[2] Heidegger, *Logic as the Question Concerning the Essence of Language*, Translated by Wanda Torres Gregory and Yvonne Unna, State University of New York Press, 2009, p.29.
[3] [德] 海德格尔：《存在与时间》，陈嘉映、王庆节译，三联书店2006年版，第193页。
[4] [德] 海德格尔：《存在与时间》，陈嘉映、王庆节译，三联书店2006年版，第194页。
[5] [德] 海德格尔：《在通向语言的途中》，孙周兴译，商务印书馆2004年版，第1页。

化过程中最高度发展了的动物，谢林从绝对同一出发而把人看作自然对自身的创造性的回顾，斯宾格勒认为人是掠夺成性的动物，而尼采则将人视为和超人相对的受奴隶道德支配的必须被克服的东西。

而形而上学由于以追问人是什么的方式寻求人的普遍本质，因此接触到的就总是人类此在中宏大的东西，以至于既超越同时又抹杀了个体的人。它把人先行设定为一种存在者，将各种人像标本一样安排在一起，使这种人和那种人归属于这一类或那一类之下，然后通过横向比较寻找人这个类和其他类的种属差异，从静态的、确定的理性本质来规定人，并赋予其主体的身份，进而使主体实体化，人由此成为其他一切存在者的根据。海德格尔认为，这样理解的人的本质作为永恒的固定不变的东西，仅仅是就人的某一确定特征而言的，并没有说出人的存在本性以及人和存在的本真关系，因而不是真正作为自身存在的人。在这里，"显然，人是某种存在者。作为存在者，他像石头、树木、雄鹰一样属于存在整体"①，虽然是一种特殊的存在者。以此，人预先就被规定为对象、物这样的东西，作为现成在手的东西而出现，根据种类来组织，根据规则来展现。

一、人是会说话的动物

海德格尔说："人们认为，人天生就有语言。人们坚信，与动植物相区别，人乃是会说话的生命体。这话不光是指，人在具有其它能力的同时也还有说的能力。这话的意思是说，惟语言才使人能够成为那样一个作为人而存在的生命体。作为说话者，人才是人。……语言是最切近于人的本质的。"②"倘若这样来看，则人就是语言的一个保证了。"③形而上学突出人在万物之中的优越地位，认为语言表现为一种在人那里出现的现象，是人类所独有的现象，是人的一个特征，隶属于人，只有人类才有真正的语言，也就是说，一种非人的语言是不可思议也不可言说的。因此，如果没有人，语言本

---

① [德]海德格尔：《海德格尔选集》(上)，孙周兴选编，三联书店1996年版，第652页。
② [德]海德格尔：《在通向语言的途中》，孙周兴译，商务印书馆2004年版，第1页。
③ [德]海德格尔：《在通向语言的途中》，孙周兴译，商务印书馆2004年版，第5页。

身将变得不再可能。于是，人自身被看作"有λόγος（说）的动物"。这一点可以追溯到古希腊，古希腊人的日常此在活动主要在于交谈，他们将语言直接和生命、"能力"相关联，从现象学上把语言看作对此在结构的展现，因而在前哲学的和哲学的解释中都把人的本质规定为"会说话的动物"，即，人表现为有所说的存在者，被看作持有语言的动物。植物无语，动物只会吼叫，它们没有语言，动物也不会作出信号、示意和警告的声调使它们自己就某些事情被理解，如动物被认为具有以上功能，也是人从自身出发对动物予以附会的结果。只有人才会说话，人由此而区别于其他有生命的动物、用以生计的数字、现成在手的无生命的自然。形而上学把这种语言的持有看作人所特有的能力，"而且，说话能力远不是人的其它能力可以与之比肩的一种能力。说话能力标志着人之为人的特性。这个标志包含着人之本质的轮廓。倘没有语言能力，倘人不能每时每刻就每个事物说话，……那么，人就不成其为人。只要语言有诸如此类的作用，人就基于（beruht）语言（Sprache）之中"①。同时，"如果我们一味地把注意力集中在人之说话上面，如果我们仅仅把人之说话当作人类内心的表达，如果我们把如此这般被表象的说话视为语言本身，那么，语言之本质就始终只能显现为人的表达（Ausdruck）和活动"②。在这一维度内，我们便很自然地到达了一个结论：人是处理语言的有生命的东西。

　　这种传统的语言观典型地体现为亚里士多德和近现代哲学的语言观，对于后者，海德格尔是通过洪堡的语言观阐述的。这一观点其实在希腊哲学家亚里士多德那里已经有所表现。亚里士多德的语言观说的是，语言是表达精神的，具有精神的意义，所以，在亚里士多德那里，已经包含着关于语言是由人发出的表达的思想，蕴含着语言是人表达思想的手段、是人的一种能力的形而上学语言观的萌芽，因为只有就语言先行被理解为表达而言，语言才显露在形而上学的本质中。海德格尔认为，这一发端和形成于古希腊、在后来的形而上学中一以贯之的语言观，在洪堡的语言思想中达到了极致和

① [德] 海德格尔：《在通向语言的途中》，孙周兴译，商务印书馆2004年版，第238页。
② [德] 海德格尔：《在通向语言的途中》，孙周兴译，商务印书馆2004年版，第25页。

顶峰。

形而上学从人这一角度出发来看待语言，追问语言是什么，这一关于语言的思想和习惯根深蒂固，它将表达看作人之说的决定性因素，认为说仅仅是表达和交流思想的一种形式。进一步说，语言作为人的一种能力，首先和主要表现为一种表达方式。即，形而上学将语言看作人们表达思想的符号，总是要表现某种显现出来的东西。这样，语言就被人加以工具性的误用和滥用。这一状况，从形而上学兴起之日就已经开始。久而久之，语言在形而上学的统治之下，脱出了它的基本要素，形成一种广为流传的语言观，把语言本身仅仅看作是在场或不在场的思想表达的工具，是一种人所必需的用于沟通和传达的手段，是用来表达"人的"思想的东西。人在相互交流思想活动时是借助语言这一工具进行的，人的精神活动也是借助语言构成的概念、判断、推理等形式来进行的。人们一向首先从自身出发进行思考，自以为是地认为语言是人发明的，把语言当作工具来使用，当作人的精神的表现手段，看作是人为了交往而发展起来的一种工具，借助于语言，才能和他人交流、沟通思想。总之，形而上学语言观认为，语言是一种社会现象，是人最重要的交流工具，是进行思维和传递信息的工具，是人保存认识成果的载体。这样的语言势必不能言存在之所言，而只能作为工具被人占有，并受人们意愿的驱策。在海德格尔看来，这种语言观完全丧失了语言的原初意义，否认了语言之为语言的本质。

由于作为符号系统的语言是人们进行交流、沟通和传达的工具，因此，科学—哲学的形而上学对语言的一种看法是，语言是人的一种活动，是对话中的事件，它仅仅出现于说中，存在于其被说的地方，发生在人们中间，在个人之间、群体之间进行相互交换。正如海德格尔所言："如若我们径直把语言当作某个在场之物来加以表象，那么，语言就表现为说话活动，语言器官即嘴、唇、舌的活动。在说话活动中，语言显示自身为一个在人那里出现的现象。长期以来，语言就是由此而来被经验、表象和规定的。"[①]"人们把表达看作人类各种活动中的一种，并把它建构到人借以造就自身的那些功能

---

① 〔德〕海德格尔：《在通向语言的途中》，孙周兴译，商务印书馆2004年版，第197页。

的整个经济结构中去。"①

　　关于这一点，海德格尔特别提到了洪堡的语言思想。洪堡认为，语言是某种特殊的"精神活动"。洪堡认为，人类会说话，是因为人"迫使器官发出分节音，这种分节音是一切讲话行为的基础和本质"②。"分节音之间最主要的差别，是由于发音器官形状的不同和发音部位的不同而造成的，此外，语音的某些次要属性，如吐气、丝音、鼻音等，也可以构成分音节的差别。"③这就使得人摆脱了动物含混杂乱的叫声，产生了人类的语言。他主张："语言实际上是精神不断重复的活动，它使分节音得以成为思想的表达。"④"这种精神活动的目的是相互理解。这意味着，一个人以某种特定的方式与另一个人讲话，而另一个人在同样的条件下也必定以这种特定的方式与他讲话。"⑤说到底，语言就是使说出来的声音能够表达思想的精神活动。在洪堡看来，从其真正的本质来理解，语言是某种持续存在的、每时每刻都在不断发生变化的东西。即使通过写即文字而表现出来的语言的保持本身，也只不过是一种不完整的木乃伊式的保护。洪堡把语言看作精神的一种特殊活动，因此，他追问的是语言之所是的东西，也就是追问语言是什么。当我们从精神活动的成果方面来来解释和限定语言时，凸显出来的只是与此相关的语言的本质。这样的语言不是被就其本身来经验，而是被置于和其他东西的关联中，这就使得语言成为一种存在者。总之，洪堡认为，语言是一种特殊的"精神活动"，把语言看作是构成思想的工具，是力求把声音转变为表达思想的工具。洪堡的这种语言观被海德格尔看作西方传统语言观的集大成者，被认为对西方语言思想产生了极其深远的影响，"或显或隐地规定了直

---

① ［德］海德格尔：《在通向语言的途中》，孙周兴译，商务印书馆 2004 年版，第 5 页。
② ［德］威廉·冯·洪堡特：《论人类语言结构的差异及其对人类精神发展的影响》，姚小平译，商务印书馆 1999 年版，第 79 页。
③ ［德］威廉·冯·洪堡特：《论人类语言结构的差异及其对人类精神发展的影响》，姚小平译，商务印书馆 1999 年版，第 81 页。
④ ［德］威廉·冯·洪堡特：《论人类语言结构的差异及其对人类精神发展的影响》，姚小平译，商务印书馆 1999 年版，第 56 页。
⑤ ［德］威廉·冯·洪堡特：《论人类语言结构的差异及其对人类精神发展的影响》，姚小平译，商务印书馆 1999 年版，第 58 页。

到今天为止的整个语言科学和语言哲学"①。

正因为人们一般在上述意义上来理解语言，海德格尔用 Sprache（希腊文的 γλῶσσα，拉丁文的 lingua，法文的 langue，英文的 language）这个词来指称传统形而上学的语言，因为 Sprache 是一个概括用语，通常指的是用现成的词句来述说现成的事物。首先，Sprache 是出声的，是由人的声带振动产生的，而真正的语言是寂静的。事实上，语言不只是在被说的时候才存在，总是有许多人没有说而保持沉默，而且，许多语言都不被说，只是在特定的方面如作为口语被说。其次，人是 Sprache 的发出者，是人在"说"，而不是存在在"说"。语言被视为作为创造者的人的产物，进而被理解为人的创造活动所使用的工具。

海德格尔也承认，"严格地理解的说的活动便是人的本质。他说：'人作为一个说话的人才是人。'他认为人总是在不停地说话，尽管有时没有发出声音，人不停地以这样或那样方式说话，这表示在人自身与其他各种各样的实体（树、观念、价值、上帝，等等）之间始终必然存在着一种本体论的关系，因此，说具有两种特性：其一是始终呈现于人面前；其二是说使人与各种可能的言说对象联系起来"②。但他认为："此在有语言。……这并不意味着唯人具有发音的可能性，而是意味着这种存在者以揭示着世界和揭示着此在本身的方式存在着。"③他反对把语言作为工具，因为形而上学固执于语言的声音特性与文字特性，把这些特性表象为语言的表达特性。这样的语言既可以言之有物，也可以言不及义，而更多的时候表现为后者，因此，它不是开启而是凝固并窒息了存在的显现，使存在被遮蔽进而被遗忘。这一把语言理解为只是表达的工具和手段的占主导地位的观点实际上是非本质（unwesen）的，因为它将语言预设为一种存在者。在这一意义上，语言仍处于存在者的整体之中，它和其他存在者的不同之处，只在于人的声音和文字。

---

① ［德］海德格尔：《在通向语言的途中》，孙周兴译，商务印书馆 2004 年版，第 243 页。

② 涂纪亮：《现代西方语言哲学比较研究》，中国社会科学出版社 1996 年版，第 180 页。

③ ［德］海德格尔：《存在与时间》，陈嘉映、王庆节译，三联书店 2006 年版，第 192—193 页。

二、人是理性的动物

把语言看作人的思想的表达以这样一种观念为前提：内在精神性的东西借助语言这一工具表达自己对外在事物的看法，而语言是由人的意识、精神、思想决定的。把语言作为表达，是从外部来表象语言，但这正是由于人们通过回溯到某一内在之物来解释表达。"'把语言认作形声于外的表达是最风行的'，但从哲学上说，'这种见解已经假设了某种外在化着自身的内在的东西。'"① 也就是说，语言作为一种表达，"不仅仅意味着发出的语音和印好的文字符号。表达同时即表现（Äußerung）"②。而"表现与内心、灵魂相关"③。即，当心灵对存在有所体验之后，语言就通过陈述来表达这一体验。因此，"表达"是内心的表现，"语言就是人对内在心灵运动和指导这种心灵运动的世界观的表达"④。

这一观点和形而上学对人的本质规定密切相关。语言这一活动是由人的存在决定的，因为只有人会说，这使人和石头、植物、动物不同。进一步说，人是有生命的存在，优于一切无生命的东西，优于纯粹的物质。同时，人又区别于其他有生命的东西，使人在有生命的东西如植物和动物之中卓然独立的东西即人具有理性。人就是运用语言、拥有语言的那种有理性的存在，人的这一存在本身就保证了语言的存在。

传统形而上学把人规定为"理性的动物"，将它作为关于人的根本观点与核心内容，其中包含着对人的双重理解，即被看作感性和理性、肉体和精神的统一体，这实际上是将原本是整体的人分割为两个部分，然后再拼凑起来。传统形而上学认为，人主要有两种认识，即感性认识和理性认识，它推崇的是理性认识。在它看来，感性认识是认识的低级阶段，以人的感觉器官反映事物，是对于事物的片面、现象和外部联系的认识，它包括感觉、知

---

① 陈嘉映：《海德格尔哲学概论》，三联书店 1995 年版，第 316 页。

② [德] 海德格尔：《在通向语言的途中》，孙周兴译，商务印书馆 2004 年版，第 123—124 页。

③ [德] 海德格尔：《在通向语言的途中》，孙周兴译，商务印书馆 2004 年版，第 124 页。

④ [德] 海德格尔：《在通向语言的途中》，孙周兴译，商务印书馆 2004 年版，第 9 页。

觉、表象，特点是直接性和形象性。理性认识是认识的高级阶段，在感性认识的基础上，对所获得的感觉材料进行思考、分析、整理和改造，形成普遍的、抽象的概念、判断、推理。理性认识反映事物的整体、本质和内部联系，只能由人的理性思维去把握，因而具有间接性和抽象性的特点。相对于个体的感性存在，理性更多地体现了类的普遍本质和规律，是对事物更深刻、更全面、更可靠的反映。因此，只有理性认识才能把握事物的概念，达到事物的真理和本质。很明显，形而上学真正肯定的是理性，认为只有理性才能认识最高的存在，通过人的能力之一来规定、突出人这一特殊存在者。或者说，形而上学凸显了人的理性本质，认为理性使人不但能认识存在，还能超越存在，理性被看作人的本质，理性的生活被认为是人应追求的最高生活。"理性"这一规定性被标识为人区别于动物的根本特征和人高于动物的根本标志，而人固有的动物性作为其感性特征，是需要被贬斥与克服的。于是，"人们竟能诋毁所有把理性之要求当作一种并非原始的要求来加以拒绝的思想，还干脆把所有这些思想斥之为非理性"①。因此，对形而上学而言，真正要认识的"你自己"仅仅是人的理性。

　　海德格尔承认理性认识的存在，但他认为理性认识只是此在的生存方式之一。海德格尔在《形而上学导论》中探讨了西方哲学史上的存在问题和逻各斯（λόγος）问题。他认为，关于λόγος的问题非常重要，它不仅涉及语言的问题，而且涉及思想的问题，从而在根本上影响着人和存在的关系。

　　他从词源学的角度对"理性"进行了考察，认为"理性"是从λόγος中衍生出来的。古希腊词λόγος有很多含义，如语言、法则、规律、真理、尺度、分寸、本质、理性等。而哲学思考首先把λόγος作为理性去看，后世也就主要从"理性"、"规律"、"逻辑"等意义上把握λόγος，而且把理性看作衡量人们的行为是否合理的尺度。这种意义并没有错，也是有其存在的根据的，但却有失其本义。

　　在他看来，λόγος本是"聚集"之义，它作为聚集展现为源始的语言，语言包括口头语言、文字语言和思想语言即"理性"。海德格尔认为：

---

① ［德］海德格尔：《在通向语言的途中》，孙周兴译，商务印书馆2004年版，第101页。

"λογος 被经验为现成的东西，被阐释为现成的东西；同样，λογος 所展示的存在者也具有现成性的意义。"① 前面谈到过，λόγος 作为对存在者的展现和让人看，同时也就意味着要让人"觉知"这一存在者，因此，λόγος 就被和"理性"（ratio）、思想联系起来。于是，理性思维、思想就总是在 λόγος（logos，逻各斯）之中实行。由于它与 λόγος 相关联，又被看作是逻辑思维。所以，传统的关于理性思维、思想的学说因此就总是具有逻辑学（Logik）这一称号。思想就是谈、说，因为思想就其根本的结构和规则而言就是逻辑，即关于谈论、说的知识。在古希腊形而上学中，逻辑学（Logik）是关于 λόγος（逻各斯）的科学，古希腊形而上学如亚里士多德把 λόγος 理解为"陈述"，这样，逻辑学也就被看作关于陈述的科学，它从"陈述"方面来规定理性思维、思想，即从理性思维、思想的表达（传统形而上学语言观的本质）方面为理性思维、思想设置固定的法则和形式。在《作为艺术的强力意志》一文中，海德格尔说："逻辑学是 λογικη ἐπιστήμη，即关于 λόγος（逻各斯）的知识，也就是关于作为思维基本形式的陈述、判断的学说。逻辑学是关于思维的知识，关于思维形式和思维规则的知识。"② 逻辑学为思想提供规则和形式来规定思想，表现了根本的思维结构，使得理性思维有了形式逻辑与语言表达形式上的保证。这种逻辑理性思维为获得关于存在者的知识提供了有效的工具，也为科学时代的到来准备了前提条件。因此，处于形而上学语言中的人就把逻辑看作思想的本质，认为只有合乎逻辑的思想才是科学的，只有科学的理性思维是唯一和真正严格的思想，只有它才能作为思想的标准。

从哲学史的角度看，在亚里士多德关于人的定义"人是会说话的动物"中，也隐含着对人的双重理解，即从说话和理性两个方面对人加以规定。这一定义经罗马人翻译为"人是理性的动物"（animal rationale）后，就有了关于人的本质的首次经典认识。

在亚里士多德之前，已经表现出将人的本质规定为理性的倾向。智者学

---

① ［德］海德格尔：《存在与时间》，陈嘉映、王庆节译，三联书店 2006 年版，第 187 页。

② ［德］海德格尔：《尼采》（上卷），孙周兴译，商务印书馆 2003 年版，第 83 页。

派的普罗泰戈拉提出"人是万物的尺度"的命题，这一命题反映了智者派的相对主义思想，但其中包含着对人理解的新方向，即不是从物质方面而是从精神方面来认识人。巴门尼德对真理世界和意见世界的划分，则蕴含着把人划分为感性存在和理性存在的理解。巴门尼德提出了两条道路，即真理之路和意见之路（由此将世界分为本质世界和现象世界）。传统形而上学从自身出发解释巴门尼德的思想，认为巴门尼德注重的是真理之路，把人们关注的目光从纷繁杂乱、变动不居的现象引向常住单一的本质，认为只有常住不变的东西才是真理的对象。在巴门尼德那里，常住不变的东西就是存在，它是思想的对象，只能由思想来把握，感觉是无能为力的。他说，"作为思想和作为存在是一回事情"，认为感性认识不可能确立知识和对象的统一性，只有理性认识才能达到这一点。这是对概念性的本质认识的规定，简化为"思维和存在的同一性"，成为理性主义哲学的经典公式。海德格尔在《形而上学导论》中对此做了全新的解释，认为巴门尼德所说的"思维"不能从主观意义上去理解。但是，就哲学发展的实际历程而言，巴门尼德的"思维"不仅被从主观意义上理解，而且被从概念思维、理性的意义上理解。对巴门尼德的命题的这种理解意味着在人的理解问题上的某种单一的导向，即人主要被从能思维的方面、从普遍理性而非特殊体验的方面去理解。

真正开始关注人的问题的是苏格拉底，他针对自然哲学家和智者学派的种种论证，对德尔斐神庙上的箴言"认识你自己"做了理智和知识的解释，从"爱智"视域对人进行理解，使古希腊哲学由自然转向人的心灵。苏格拉底认为研究自然对人是没有用处的，只有对人的研究才是有用的。他认为，人不是智者学派的个别的感性存在物，而是普遍和确定的理性存在物，这才是人的本质所在。他运用"辩证法"，把人们得自于感性世界的日常意见引向自相矛盾，揭示它们的错误和不可靠性，以便得出真正可靠的知识，这种知识只和理性相关。他主张认识人自己就是认识心灵的内在原则，即"德性"。"德性"是作为自然万物内在原因和目的的"善"在人身上的体现。人并非生来就符合其本性，他之所以能认识自己，就在于他有理性，只有在理性指导下认识自己的德性，才能使之实现出来，成为现实的和真正的善，才能实现自己的本性，成为有德性的人。他把德性和知识等同起来，奠定了理性主义的基础。这种观点有失偏颇，正如亚里士多德所分析的，他在把德性看作知识时，取消了灵魂的非理性部分，因而也取消了激情和性格。

之后，柏拉图沿着苏格拉底的路，把早期希腊人所理解的存在解释为理念，把理念看作存在本身，并由此将世界分为两个对立的部分，即理念世界和事物世界。事物世界是由存在者构成的，是可感的世界，是通过感性认知的；理念世界则是最高的存在，是可知的世界，只有通过理性才能认识。正如前文所述，存在即涌现，在涌现中，我们可能看到同一事物的不同外观。但是，与事物本身一致的只有一种外观，ιδέα 就是这一真实的外观，即存在本身，而它却不是感官能感觉到的，只能靠灵魂来把握。因为感官所感觉到的外观只是存在本身的分有或模仿，甚至是虚假的。由此，人被赋予了认识事物背后的理念的能力。对柏拉图来说，真正沉思的目标是理念，事物作为被带入视野并让人看见的东西，是以理念为定向而显现的，是在对理念的洞察中而被感觉到的东西。这种对理念的洞察，既规定着感觉的本质，也规定着理性的本质。依据两个世界的划分，柏拉图将人的生活也一分为二，他认为人的生活有两种可能性：感性世界的生活和理性世界的生活。其中，理性世界的生活是人不同于动物的高级生活，人生活的目标就在于从生灭着的虚假的感性事物世界提升到永恒的理性的理念世界。人之所以要追求理性世界，是因为理性世界是唯一真实的即真理的世界，人应该努力生活在真理的世界中。在柏拉图那里，真理的对象是理念，而真理只有靠理性才能认识。把世界划分为事物世界和理念世界的理论看上去与人的本质无关，其实不然。柏拉图正是由此来规定人的本质的，他根据其理念学说，把人的灵魂分为理性、激情、欲望三部分，认为一个真正的人必须让理性统治激情和欲望。理性不是由外面灌输给人的能力，而是人先天固有的。柏拉图所说的理性，其实就是理念本质在人身上的体现。这样，人的本质作为一个普遍概念就比任何个体的人都更真实。亚里士多德及之后整个形而上学对于人的本质的理性规定，都发端于柏拉图关于人的认识。

亚里士多德则从形式质料说出发，认为灵魂是人赖以生活、感觉与思维的东西，灵魂是形式而不是质料，所以，灵魂高于躯体，是躯体的现实。人的灵魂具有推理与思维的能力，"极少的生物具有推理和思维的能力。在那些有生灭的东西中，有一些有推理能力，同时也具有其它全部能力（营养、欲望、感觉、位移），而还有一些虽然具备各种其它能力，但并不都具有推理能力"①。灵魂有两个部分即理性和非理性，理性功能是人独有的，是人的本质所在，非理性功能则是人和动物共有的。所以，就灵魂而言，理性是人的最高本质。从伦理学角度看，亚里士多德认为，感官本身本无所谓善恶，但就其服从或反抗理性而言则有善恶之分。道德的问题主要就是理性如何控制和指导感官的问题。伦理学的目的在于使人达到善或有德性，而善和有德性则在于发现和选择"中道"，这是在理性的指导下完成的。他认为，人的本性在于理性，理性应该控制和领导非理性，这样才算有德性。因此，最好最幸福的生活就是遵循理性的生活。亚里士多德在《形而上学》中，将存在问题归结为本质问题，认为理性实体是形式，是特定身体的所以是的是，理性被看作人的存在所依赖的本质，人被定义为"理性的动物"。就亚里士多德对政治的说明而言，他把人看作天生的政治动物，认为所有的共同体都是为了某种善的目的而组合起来的，所以，德性"中道"也是所有共同体的准则，而人作为天生的政治动物正是其理性本质在政治生活中的表现。因此，早在亚里士多德那里，就已经比较全面和明确地提出了"人是理性的动物"的观点。

形而上学在所有领域都抬高理性、表现理性、论证理性，一切事物的存在与否都必须受到理性的审判。形而上学自柏拉图和亚里士多德将人的本质规定为理性、将人作为理性的动物开始，经过中世纪唯名论与唯实论关于个别和一般的争论，直到近代从本体论和认识论去论证理性，都在强化着人的理性本质。无论是笛卡尔的"我思故我在"把我思、理性看作人的最高本质，并由"我思"来确认"我在"，还是启蒙运动者将理性作为判断事物合理与否的根本尺度，无论是康德所认为的人的理性存在高于感性存在、理性的人才是真正的人，把理性本质看作人的先验本质，还是黑格尔的人之为人就在于他能思维、有理性，把理性普遍化、客观化为包括人在内的整个世界

① 苗力田主编：《古希腊哲学》，中国人民大学出版社1995年版，第486页。

的本质，都体现了同样的思想：理性是人之为人的本质所在。①

"人是理性的动物"，这一规定揭示了人作为特殊的存在者区别于其他存在者的特征就在于人有理性，"当人被周知为这样的在者以后，人也才被'下定义'于一个概念中，即定义为 ζῷον λόγον ἔχονι，animal rationale，理性的生物。"②"人被看作 animal rationale（理性的动物）。这个规定不仅仅是希腊文的 ζῷον λόγον ἔχον（具有逻各斯的动物）的拉丁文翻译，而且是对它的形而上学解释。"③这一规定并没有错，但它终究是从存在者的维度对人的本质作出的规定，所以，它并没有揭示人的存在本性，而且遮盖了这一定义所从出的现象基地。由于这一规定囿于作为动物的存在者的维度，因此，"理性"仅仅是对动物的一种属性规定，是追加到人身上的东西。无论形而上学如何拔高人，如何使人从动物中突出出来，人依然摆脱不了动物这种确定存在者的规定，即使是理性的高级动物。海德格尔问道："人之本质，原初地和先行决定一切的人之本质，究竟是否就包含在动物性（Animalitas）之维度中？当我们把人而且只要我们把人当作在其他生物中间的一员而与植物、动物和上帝划清界限时，究竟我们是不是早在通向人之本质的正确道路上呢？这样做时，我们总是能够关于人说出某种正确的东西。但是，我们也必须清楚：当我们这样做时，人终究还落入了动物性之本质领域内，即使我们没有把人与动物等同起来，而是判定人有某种特殊的差异，也依然如此。"④关于人的这种不充分的规定不能通过永恒的理性力量来弥补甚至消除，无论如何，它都停留在形而上学的规定上，而不是对人本身的规定，对理性的存在的人的定义是一个根本没有击中人的本质的概念性的错误，没有深入到人的存在方式，人的存在是从现成存在者的意义上被理解的，所以不能揭示人的真正本质。"只要人还是 animal rationale（理性的动物），则人就是 animal metaphysicum（形而上学的动物）。"⑤

---

① 参见刘敬鲁：《海德格尔人学思想研究》，中国人民大学出版社 2001 年版。

② [德] 海德格尔：《形而上学导论》，熊伟、王庆节译，商务印书馆 1996 年版，第 143 页。

③ [德] 海德格尔：《路标》，孙周兴译，商务印书馆 2001 年版，第 377 页。

④ [德] 海德格尔：《路标》，孙周兴译，商务印书馆 2001 年版，第 378—379 页。

⑤ [德] 海德格尔：《路标》，孙周兴译，商务印书馆 2001 年版，第 433 页。

海德格尔认为，人们自始就问人"是什么"，把理性作为人的本质，在这里，人的存在预先就被概念化，我们不是从人本身，而是从理性的存在这一方面，设定了人的存在和动物的存在的界限，由此将人的本质界定为配备了理性、智力的动物，动物和植物的存在则被看作为仅仅活着的东西，并将人置于对他人的本质性的归属中，进而将人的理性看作决定语言的东西。对人做没有独特性的一般的、确定的最高概念上的界定，是对于一切人而言共同的东西，无法回答人的本质问题。这种一般的、空洞的、在一定限度内合法的理解是根据人的特殊经验得出的，但却是不够的，通过逻辑关系达到一般的概念很明显不能应用于人。因为根据逻辑的规则达到的是对一切而言共同的东西，根据这个逻辑，我们达到的是完全空洞的表象，某人被作为单个的例子而归于类别之下，这是荒谬的。人不是以在他之上的种类的单纯一般性为特征的，不能被把握为种类，即使他有着立于个体之上的外表。以概念性的研究和分类，我们将偏离人本身。实际上，所谓理性是片面的，不是理性决定语言，而是语言决定理性。我们想知道人是什么，人恰恰就是能够"知道"、能够获得知识的东西，于是，人完全被知识所载满。但是，人虽然处于知道中，却不知道他本身是什么，人获得知识，却不知道他自己是谁。由于人不知道语言和自身理性的关系，从而也就不能真正认识自己。

三、人是主体

在海德格尔看来，科学—哲学的形而上学把语言作为人的一种表达方式，用以指涉某一对象，这和形而上学关于人的主体性思想密切相关。"流行的语言观与传统认识论沆瀣一气"[①]，一开始便假定了主体与客体的分离，形而上学没有考虑将人的存在构想为主体并通过这一存在模式概念地界定人是否可能这一问题，就对人的本质做了主体性的规定，将人设计为孤立的和外在世界对立的我，并将其封装在空洞的存在之中，从而实现了主体和客体的二元分立，夸大了主观方面的作用。由于实行了主客分离，形而上学就对所有事物采取了一种对象性的态度。从这一态度出发，则所有事物都是对象

---

① 陈嘉映：《海德格尔哲学概论》，三联书店 1995 年版，第 316 页。

和工具。传统语言观也把语言对象化，在"人—语言"的"主体—客体"关系的模式中给出关于语言的本质问题的答案，语言由此被看作人的对象与材料。人作为主体立于对象之外，针对对象或客体说话，人说话就是运用语言这种工具。即，形而上学将语言作为一种存在者来加以表象，将其看作人的一种功能，看作由人支配的、主体间交流的手段，将语言作为客体和对象归属于人，由具有理性和主体性的人决定。通过这一点，人就能够表现处于他之外的各种事物。人们甚至还自鸣得意，自诩为语言的主人，以语言的创造者自居，认为语言是人创造出来用以表达心中观念的符号，关涉主体。相反，表达所表现的东西是对象，即经验客体。这样，语言就被固定在主体—客体的关系中。

形而上学的这一看法本身是在主体至上主义框架内被思考的，它假设了在语言之前"人"和"世界"的二元存在，即，"根本上，人生活在主体—客体之分裂的形式中"[①]，这使得语言日益远离自己的本真存在。在这里，人处于绝对的主宰地位，语言仅仅是人的工具，被用来表达和再现人的思想。这样，"语言倒是委身于我们的单纯意愿和推动而成为对存在者的统治的工具了"[②]。

"主体"（德语 Subjekt，英语 subject）本身并不是什么新东西，从词源学的角度看，它直接来源于拉丁语的"Subjectum"，后者又可回溯到希腊词 ὑποκείμενον。词语 ὑποκείμενον 从希腊哲学中生长出来，本意指的是持续在场的东西，是构成基础的支撑物，是支撑其他所有东西的终极主体（主词、主语），别的东西被如其所是地建立在它上面，即驻在下面作为根据聚集一切于自身的东西，指构成存在者的基础和根本的东西，它在偶然的东西的所有变化中坚持到底，并将事物作为其本身来构成，其意在使存在的本质和存在的领会得到理解。所以，ὑποκείμενον 也被称作支撑者、载体与根据。

"主体"这一概念最初并不单纯指人，和人没有特殊的关联，更无关

---

① ［德］海德格尔：《形式显示的现象学》，孙周兴编译，同济大学出版社 2004 年版，第 41 页。

② ［德］海德格尔：《在通向语言的途中》，孙周兴译，商务印书馆 2004 年版，第 373 页。

于"自我"。在古希腊哲学中，它可以指称一切存在者，如海洋上凸显的岛屿、陆地上横亘的山峰、聆听存在的人。任何存在者之所以存在，就是因为它是 ὑποκείμενον 即主体。在苏格拉底之后的亚里士多德那里，"主体"ὑποκείμενον 具有了特有的双重意义。"一方面，它指的是持续地保持在其质的变化中的个别事物本身——因而是对'事物的存在'本身的决定；ὑποκείμενον 在这里有一个本体论的意义，意味着事物的恰当存在。然而，另一方面，ὑποκείμενον 指的是命题即 λόγος 确认的东西，是确认中述语的基础。因此，ὑποκείμενον 在这里有逻辑的意义，指的是 λόγος。这两个意义不要求一致，然而，两者'能够'同时进行。例如，希腊人将整个存在把握为在场的东西，同时，陈述 λόγος 就是这个存在的原初形式和尝试。"① 因此，对亚里士多德而言，主体不是一个专用于人的哲学范畴，而是一种与"属性"或"偶性"相对的东西，也就是所谓的"实体"，不仅人是主体，花、树等也可以是主体。进一步说，在亚里士多德那里，人和物都作为 ὑποκείμενον（主体）存在。当罗马人用 Subjectum 来翻译希腊语的 ὑποκείμενον 时，这样的含义仍被保留下来。即便是在中世纪的经院哲学中，"主体"（Subjcctum）也没有表现出和人的首要的特殊关系，而是指属性的承载者，具有"本身现成在手之物"的意义，如房子、树等。所以，在逻辑的推论中，它又被作为所有谓语的主语即支撑者，这一意义上的主体和 Substance（实体）相近。

但是，由翻译希腊形而上学"根据"一词而来的"主体"概念保留了它的形而上学含义，即主体是客体的根据。亚里士多德把存在归结为 οὐσία，又从 ὑποκείμενον 的角度理解 οὐσία，虽然他将存在降到了存在者的层面，但其源始的领悟依旧保留下来。而罗马人完全混淆了亚里士多德的 οὐσία 与 ὑποκείμενον，不加理解地将两者译作 Substantia（实体）或 Subjectum（主体）。到了中世纪，ὑποκείμενον 以一种确定的形式被掌握，是 subjectum，是持续现成在手的东西，由此为词语的颠倒铺设了道路。及至近代，发生了

---

① Heidegger，*Logic as the Question Concerning the Essence of Language*，Translated by Wanda Torres Gregory and Yvonne Unna，State University of New York Press，2009，p.117.

启蒙运动，人们要脱离基督教超自然的生命秩序和教义的权威，脱离有机地生长的自然的束缚，脱离共同体和原初的秩序，总之，人们要脱离古代和中世纪的"此在"，要脱离以往的束缚而获得自由，对作为个体的人自身的力量即人的"能力"进行反思，根据人自己的理性和思考对自己加以决定，并在形而上学的范围内经历了适当的形而上学建基和扩展，从"主体"中引申出灵魂或精神是所有意识状态的承载者和支撑者。按照这一意义，"主体"就是意识的统一性，和"自我"的意义基本相同，"主体"这一概念的外延受到限制从而大大缩小。于是，人被主体化，变成所有原本自身存在的东西的基础，并和客体领域对立，这就引起了主体（Subjectum）与客体（Objectum）即被表象的站在我对面的东西的分离，使主体只适用于人的存在。也就是说，人被赋予了一个新的身份："主体"。

于是，"理性动物在现代变成了对于其客体而言的主体"[①]。以此，词语的意义从根本上被整个颠倒了。这一变化发生在和存在相关的问题中，笛卡尔在其著作《第一哲学沉思集》中参与了这一变化。为了给知识寻找一种首要的、终极的确定性，笛卡尔展开了对一切知识的怀疑，将一切传统的惯常的知识都置于问题中，并将其作为不确定的、不可靠的东西置于一边，以达到某种无可置疑的东西，某种持续的永恒的东西，即由人本身设置的、不可动摇的基础（subjectum），作为一切知识的支撑。具体而言，笛卡尔通过其命题"我思故我在"（Cogito ergo sum），确立了人的主体性原则，使人作为主体而得到了明确的表述。笛卡尔运用怀疑的方法论证"我"的存在，他认为，我们可以怀疑一切，但"我在怀疑"本身是无可置疑的，而怀疑是思考的一种方式，是意识行为的一种方式，也是一种思想，因此可以说，"我在思想"是无可置疑的。"思"（怀疑）对"思"（怀疑）证明的绝对性证明了"思"是最原初的确切无疑的存在，而怀疑、思想必然有一个在怀疑在思想的"我"存在，即必然有一个怀疑者、思想者存在，它是在一切怀疑中仍然存在的、持续在场的东西，这就是"我"。这样，就将对人的追问定位到我，限制到我，简化为我，最终将我作为基础。笛卡尔由此得出了"我思故

---

① [德] 海德格尔：《海德格尔选集》（上），孙周兴选编，三联书店1996年版，第653页。

我在"的结论，把它作为形而上学的第一原理。这里，思想是谓词，是表述"我"这一主词的，而在西方语言中，主词和主体是同一个词，主词同时也是主体的意思。于是，经由思想，"我"这一存在者就获得了主体的规定性。因为"我"的思想清楚明白地表明了"我"的存在，思想的存在是无可怀疑的，它保证了作为思想的主体（载体）的"我"的存在。"我"这个 Subjec-tum 就首先被确定下来。上述命题中的"我思"就是表象（Vorstellen），它不是对存在者的存在的直接领悟，而是存在的一种变式，它将存在者设置于人面前，使之与人相关联。存在者只能在这种设置中展现其自身，在这里，存在者不再是在场者，而是被限定在面前的确定地站立着的对立物即对象（object）。所以，表象就是存在者的对象化 (objectifying)。"我"经由表象活动，把所有纳入其视野的存在者确定在对象化之中。

"我"作为不可怀疑的在场者在其思想中确定着一切存在者的存在，存在者是什么及其存在是否可靠都由"我思"决定。这个"我思"就是一个确定者，他确定着一切在思想中出场的东西。他首先确定的是他自己，即"我思"。就是说，"我思"是"我思"的第一个对象，在对象化的过程中，"我思"成为自己的主体，同时也意味着"我思"成为自己的客体。这是一种自我意识，作为自我意识，"我思"总是先于客体，它是奠基性的，因为对象的存在和主体的存在都立足于"我思"，"我思"是所有能够被认识和确定的东西的前提，是所有东西成为对象的前提。所以，在"我思故我在"中隐含着一种思想，即一切存在者都以"我"为中心，它使被表象的东西进入到异在之中，进入到他者之中，进入到现成在手之物的角色之中，决定其在什么程度上是一个存在、一个实际的客体，由此，一切属于由我所决定的存在者领域的东西、按照意识的方式存在的东西，都属于主体领域。存在者作为"我"的对象而存在，没有被对象化的存在者，因为没有经由"我思"而不具有存在的特性，因而是非存在。"我思"不仅思自身，将自身对象化而确证其存在的绝对可靠性，"我思"也思他者，将他者思作对象。这样，围绕"我思"转的不仅有"我思"本身，还有它的对象。当存在者的存在成为在人的"思"中被"摆放"出来的东西，存在者就作为客体被带到构造它的主体面前，处于主体即人的决定中，只有这样，它才能存在。①

　　海德格尔认为，通过对这个我的强调，原初的统一体被分开了，对人本身和存在者整体的理解发生了根本性改变。人本身从存在者整体的存在秩序中超拔出来，在一定意义上成为唯一坚持到底的东西，成为所有存在者的基础。所有存在者都只能在和主体的对立中取得自己作为对象的地位，从而失去了自身的独立性。人由此在别的存在者面前获得了优先的地位，他不再作为存在者整体中的某种存在者，而是作为和其客体相对的主体而存在。在古希腊甚至中世纪，人虽然把自身看作万物之冠和最高的存在者，但仍属于存在者整体，和一切存在者相互交织。近代以来，人把自身看作和别的存在者完全不同的特殊的存在者，他把自己和别的存在者相对立，由此越出了存在本身给予他的身份和地位，成为存在者的唯一权威的中心，无限制地统治和支配着作为客体的所有存在者。② 于是，那些原来作为 ὑποκείμενον（Subjectum）的东西不再是 ὑποκείμενον（Subjectum），因为它们的根据不在自身，而在于人，它们必须从人的"思"中获得其赖以存在的原因和根据，由人来确定其是否存在和如何存在，作为人的对象和客体（object）存在。笛卡尔把人变成唯一的 Subjectum，即把思着的存在者变成为一切奠基的主体。于是，从过去一切存在者都享有的主体性中，产生了专属于人的主体性。人获得了越来越优越的地位，成为决定所有存在者的根据和尺度，高居于一切存在者之上，统治、支配着它们。

　　换言之，原来具有宽泛意义的 Subjectum，现在被用来专指人，人成为具有独特而优越地位的 Subjectum，成为唯一的主体（Subject），"主体"这一名称在新的意义上成为人的专有名称，而所有其他存在者则成为他的客体。"现在，一切存在者要么是作为对象的现实，要么是作为对象化的作用者"③，所以，要么是客体，要么是主体。在这里，主体把对象投送给自身，也就是置于自身之前。而且，主体不仅前置客体，也前置自身，"因此，一

---

　　① 参见黄裕生：《时间与永恒》，社会科学文献出版社1997年版。
　　② 参见［德］冈特·绍伊博尔德：《海德格尔分析新时代的科技》，宋祖良译，中国社会科学出版社1993年版。
　　③ ［德］海德格尔：《林中路》，孙周兴译，上海译文出版社2004年版，第268页。

切存在者不是主体的客体，就是主体的主体"①。人用表象的方式把别的存在者看作和人对立的东西，看作客体与对象，原本统一的 Subjectum 由此分裂为两种事物，即 Subject（主体）和 object（客体），随着这一变化，概念"主体"从事物中持久的东西变为具有我性的东西，概念"客体"从持续的东西变为事物的客观存在。总之，我们用哲学术语 Subjekt（主体）称呼的，只是人的主体，Subjekt 像现在这样直接作为主体的人的意义，是从近代开始的。在这里，ὑποκείμενον 完全根据现成在手之物和直接给定的东西的存在显现，并在其中得到决定。这表面上看只是单纯词语意义上的变化（从 ὑποκείμενον、Subjectum 到 Subjekt），实际上隐藏着形而上学思维的本性。具体而言，人强占了所有存在者都具有的根本地位。原本只作为被抛射出去的东西（objectum）之一的人，日趋独立化与绝对化，反过来成了与之对立的主体，而所有别的存在者则作为 Objeckt（对象）成了作为主体的人的表象的对象。因此，概念"主体"和"客体"的意义完全转变为它们的反面，这个转变不是任何词语意义中无关紧要的变化，而是古代存在向中世纪进而向人的当代存在的巨大转变。

这一思想在后来的西方哲学家中成为主流，突出地表现在康德"知性为自然立法"以及黑格尔的"绝对精神"，直至尼采的"强力意志"，所有这些，都遵循着人的主体性原则，即把人看作第一存在或最高存在，从作为主体的人出发衡量所有存在者的存在，使人成为所有存在者存在的根据。这样，人就变成了独特的主体，其存在就包含在他的主体性中。

概言之，人作为主体居于所有存在者的中心，它不但确证其自身，而且也确证着所有其他的存在者。主体的自身确定性是所有存在者之所以存在的根据，所有存在者都是经主体的对象化后才被把握，其存在仅仅在满足确定性要求的范围内才被承认。"人知道自己无条件确定地作为那个存在者，这个存在者的存在是最确定的存在。人成为一切确信和真理性的基础和尺度，由他自身设定的基础和尺度。"② 因为人本质上成为主体，存在则等同于客

---

① ［德］海德格尔：《林中路》，孙周兴译，上海译文出版社 2004 年版，第 268 页。

② ［德］海德格尔：《尼采》（下卷），孙周兴译，商务印书馆 2003 年版，第 766 页。

体，因此，人在本质上就是承载着存在者之存在的实体，支配着整体的存在者本身，对所有存在者的存在提供或颁布尺度，人把自己作为所有存在者的中心，让所有别的存在者围绕着自己转，以自己为尺度去理解和塑造存在，从自身出发并根据自身确定哪些东西能被看作是存在的。正因为这样，人虽然始终致力于追求作为自身目标的真正存在，实际上却充当着存在的主宰，在任何方面都不再受限制。在形而上学的语言中也同样浸透着具有理性本质的人的主体性，浸透着人无限的统治意志，蕴含着人对语言的主体性的至上地位，即，"人在语言学中成了'语言符号的创造者和操纵者'"①。

　　就以上关于主体即"我"的形而上学理论，海德格尔给予了生存论—存在论的解释，认为主体是对人进行追问之困难的基础，在其中，人保持在自我孤独中，既不和自身，也不和你、你们、我们显著地联系在一起。自我孤独是自我的实际本质，共有的自我概念恰恰是从自我孤独中达到的，是在反思中达到的。主体这一共性的表达是人为设置的空洞的概念，不能保证人的真实，却造成了对人本身的疏离，使人本身对人来说是陌生的，落入了人的非本质中。我们拒绝朝着我、主体的方向去定位人。人们忽略了个体的实际的我，一直在一般中问这个"我"，在一般中问"意识"，想完全脱离个体，这一对问题"人是什么"的回答是单面的，不是一般有效的东西，也不是有价值的东西。

　　另外，海德格尔就威廉·洪堡从语言方面对"我"的解释提出了不同见解。威廉·洪堡曾经指出，当某些语言说"我"的时候，是用词语"这里"表示"我"即此在本身的，以致"我"就是"这里"，而"你"——他人——就是"那里"，"他"——不明确、不直接在场的人——就是"远处"，因此，在语法术语中，人称代词我、你、他是用地点副词表达的。海德格尔驳斥了这一观点，并阐释了"这里"、"那里"、"远处"这些表达的原初意义。在他看来，这些地点副词的意义通过此在本身而与"我"相关联，其本身就具有对此在的定位。在日常的自我道说中，此在具有原初的空间性，它首先是根据它所处身其中的地方即空间性谈论进而看待自己的，而空间性就是之

---

　　① 余虹：《艺术与归家》，中国人民大学出版社2005年版，第118页。

中—在的有所去远的定向。所以，作为"我"、"你"、"他"的此在的"这里"、"那里"、"远处"不是对世上事物的地点特征的规定，而是对此在的规定，它们是此在副词，同时也是代词，是对此在的更切合的表达，指示出人不是孤立的现成在手的东西，而是在世界中的存在。语法面对这样的现象表现出明显的不足，不会在终极的本体论结构中理解这种现象，也不能接受这样的现象。因此，语法范畴根本不能通过这些现象而获得，它们源于特殊的语言理论，源于作为命题的逻各斯理论即逻辑学，只能通过特殊的陈述方式、理论命题而获得。人们无法按照语法范畴澄清这样的语言现象，恰当的做法是退到语法范畴和形式的后面，根据现象本身去规定语法范畴和形式的意义。只有当人们通过之中—在去规定此在本身，不因空间性被定位于自然科学的特殊空间而割断对此在的理解，看到相互共处的平均方式、同时也规定着在世界中存在的方式是如何以其固有的方式根据空间性表达自己的时候，才能成功地展现真正的现象。认为定向于空间和基质而不是精神性的"我"这种表达方式是落后语言的标志，这种看法在根本上就是错误的。

按照海德格尔的观点，从生存论的角度看，上述几种关于人之本质的界定其实就是人日常的沉沦状态，即平均化的"常人"的表现。在这里，每个人和其他人都是相同的，每个人都可以被其他人代替，个人没有自身的独特性，这样的人对本真的人而言是"腐朽的人"，即远离了自己本真存在的家园的人，是被异化了的人。但是，海德格尔也认为，人类此在中一切伟大的东西同时也是渺小的、被缩减了的。平均的日常的人类需要这个缩减，需要这个庸常，否则，人类就不能在日常中生存。想要消除庸常是一种误解，庸常对于个体和人类来说都是必要的，如果人们能够将庸常掌握在一定限度内，庸常是不具有危险的。而当人们忘记了对事物保持敬畏和严谨，从而使渺小的东西进一步缩减时，庸常就变得危险了。只有当人类成功地扩大了伟大，也就是说，在面对伟大时要求自己严谨，这时，伟大才得以保持。为了进入到真正的问题之中，即为了进入语言中，这一点也要保持。

第三节　关于存在的抽象性概括

上述对语言所做的形而上学的思考是在语言与存在的联系中展开的。形而上学的语言所表现的是一种形而上学的抽象存在，"形而上学言说存在者之为存在者是什么。它包含着一种关于 ὄν（存在者）的 λόγος（陈述）"①。在这里，把握存在者的语言（概念、陈述等）也被作为一种存在者来加以表象，从而也就只能停留在存在者的层次上。由此，人们所做的就是努力去看由语言所指的存在，并制造出形而上学语言视域中存在的面貌，将其展现并保留在词语或概念的意义中。这样，由这种语言所表现的存在也和语言处于同样的状态。"本体论产生于巴门尼德的存在学说，或者说产生于巴门尼德对于'存在'的发现，而'存在'乃是由系动词演变而来的名词概念。因此在某种意义上说，本体论作为西方语言的产物，实际上就是印欧语系所特有的一种语言现象，亦即命题或语句最普遍最基本的系词结构中诞生的。"②

一、存在的概念化

从语言的视角看，存在表现为概念，而追问存在的本质就是寻求存在的概念。概念通常被认为是反映事物的本质属性的思维形式，包括它所定义的所有事物。人们总是把一个事物归结为另一个事物，把所感知的事物的共同本质特点抽象出来并概括为概念，将其看作对事物认知的一种表达，试图更深刻、更正确、更完全地反映事物的存在。概念以符号为载体，其语言表达形式是词或词组。概念也是命题的基本元素，如同词是句子的基本语义元素一样。

这一现象贯穿于苏格拉底后的整个西方哲学和各门科学之中。"在希腊哲学中，语言中的概念问题自苏格拉底（Socrates）以来，就是一个主要的题目，苏格拉底的一生——如果我们能够引用柏拉图在他的对话中的艺术性描写的话——是连续不断地讨论语言中概念的内容和表达形式的局限性的一

---

① ［德］海德格尔：《路标》，孙周兴译，商务印书馆 2001 年版，第 446 页。

② 张志伟、冯俊等：《西方哲学问题研究》，中国人民大学出版社 1999 年版，第 55 页。

生。"① 苏格拉底认为，千差万别的事物都是变动不居、生灭不已的，唯有其中普遍性的东西即概念是永恒不变的，它是排除了具体规定性的东西，是事物的普遍性质或本质，这就形成了苏格拉底的概念论。在苏格拉底看来，我们要认识事物，就是要认识事物的概念或定义，即让一事物成为其本身的本质规定性。他认为一切事物之中都有一个共同的概念，当我们追问某一事物时，不是问具体的特定的某种东西，如特殊的具体的美、勇敢，而是"美本身"、"勇敢本身"，也就是"美"和"勇敢"的本质概念，而道德就是"道德本身"，是道德的一般概念。由此，"知识"就是对事物的一般、普遍的类本质的认识，而唯有概念才是具有确定性、普遍性和必然性的知识。这为西方哲学的认识原则确定了基本的形式，即舍具体而求一般，运用归纳论证和普遍定义把普遍的本质从特殊的事物中分离出来。但是，其概念论把事物的共性看成是绝对的、不变的和超验的，从而否定了具体事物的真实性。

柏拉图的理念论直接继承并发展了苏格拉底的上述思想。柏拉图把世界划分为理念世界和事物世界，不同的事物组成了事物的世界，而它们的理念所组成的总体就是理念世界。理念 idea 是指一类个别事物的共性，是通过对事物进行抽象而形成的普遍共相，即事物的类概念或本质。理念外在于并且先于感性的个别事物而独立存在，是个别感性事物的范型，而感性的个别事物则是它的摹本。和可感觉的事物不同，理念是感官所感触不到的，只能为理性所把握。具体事物可生可灭，理念始终如一，不动不变。具体事物都是相对的、不纯粹的、不完全的，理念则是绝对的、纯粹的、完全的。各种具体事物虽然是可感知的，但却是虚幻的、不真实的；而理念虽然是不可感知的，但却是唯一真实的。理念具有伦理价值，是完满的存在，服从一种"善"的目的，具体事物总是把完善的理念作为追求的目的，但又永远达不到理念本身。同类事物只有一个同名的理念，即理念是多中之一。同时，不同类型的事物有着相应的不同类型的理念。众多的理念并不是杂乱无章的，而是有等级的。最低等级的理念是具体事物的理念，依次向上是关系的理念、性质的理念、数学理念、伦理理念、政治理念，最高的是善的理念。理

---

① [德] 海森伯：《物理学和哲学》，范岱年译，商务印书馆 1981 年版，第 110 页。

念客观地存在着，不依赖于人们的意志和想象，是万物的本原，具体事物是理念的派生物，具体事物是由于理念才存在的，没有理念，就没有事物。从以上柏拉图对理念的界定来看，理念其实在本质上就是概念，是苏格拉底概念论的翻版。

之后，西方哲学便沿着柏拉图的道路一直走下去，柏拉图之后的整个西方哲学史因此而被称作柏拉图主义。黑格尔则是这一思想的集大成者，"绝对理念"是其重要概念。在黑格尔那里，"绝对理念"是作为一切存在的共同本质和根据的某种无限的客观的思想、理性或精神，是哲学的唯一对象和内容，是最高的范畴，是顶峰。绝对理念是万物最初的原因，即世界和人类出现之前就有了的东西，是能动地创造宇宙万物的本原，自然、社会、人的思维是它特殊存在的不同形态，艺术、宗教、哲学是它认识自身的不同方式。具体而言，绝对理念绝对地超脱了主观与客观的对立，一切矛盾都和解了，再不需要任何发展了；要发展，就要按着辩证法的规律转化成它的对立物，即外化出自然界和人类社会。换句话说，整个世界就是它的外化和展开，就是"绝对理念"的产物，是"绝对理念"自我创造、自我运动、自我认识、自我实现的过程。由"绝对理念"派生出来的各个具体事物，都是受一定的条件限制的"有限事物"，它们只是"绝对理念"发展过程中的各个环节或阶段。因此，对于任何一个具体事物来说，它们都不可能完全和自己的概念相符合，其中必定存在着既符合但又不完全符合的矛盾。这样，任何一个事物都由于其内在的思维和存在的矛盾而运动、变化、发展，并最后归于消亡，被另一个更符合于概念、理念发展要求的具体事物所代替。任何一个具体事物的存在都是暂时的、相对的，而"绝对理念"则在思维和存在的这种矛盾进展中，在事物的新陈代谢的发展中不断实现自己，使事物逐步和它的概念相符合，使思维和存在同一。进一步说，"绝对理念"的辩证发展有三个阶段：第一阶段是逻辑阶段，"绝对理念"是纯粹逻辑概念的推衍过程，作为纯粹抽象的逻辑概念而超时空、超自然地自我发展着，是逻辑阶段中的最后的和最高的概念，是绝对的全部真理。第二阶段是自然阶段，"绝对理念"转化为自然界。第三阶段是精神阶段，"绝对理念"又否定自然界，先后表现为主观精神（个人意识）、客观精神（社会意识）和绝对精神，返回到自身。一句话，"绝对理念"是万物的内在根据和核心，因此，对于黑格尔来说，"存在"就是最普遍最抽象的共相，即事物的本质概念。

通过西方哲学史上许多哲学家逻辑的推论和语法的规定，形而上学就将存在本身表现为一个抽象的概念，并迫使一切事物进入概念的紧身衣，存在和一切具体事物都被纯粹的概念所支解，蜕变成词语意义。这样的存在对形而上学语言中的本质（那种是某物的东西）问题提供了答复。概念要确认的是关于存在的某种状态，决定"存在是什么"，状态的这个"是什么"（τί έστιν？）是某物由以被确认的"断言"，是西方传统形而上学就"存在"所提的问题，也是传统形而上学自始至终都在追问的问题。海德格尔认为，这一独特的问题方式是由苏格拉底、柏拉图和亚里士多德发展而来的，它决定了希腊乃至以后整个西方历史的进程。

这一问题隐含着一种超越性思维。最初提出"是什么"问题的是苏格拉底，他的对话大多以追问"是什么"为主题，如"正义是什么"、"美是什么"等，认为认识的目的就在于认识事物的"是什么"，即认识事物的概念。苏格拉底之后的哲学都沿袭了这一思维方式，哲学家们不断地追问："存在是什么？"把存在看作一切具体存在者的本质。在海德格尔看来，当哲学家们这样追问存在的时候，实质上问的是"存在者是什么"，即把存在作为具有规定性的、对象化了的存在者。因为，当问"是什么"这一问题时，其中的"什么"总是指向某一具体的存在者，所以，问"存在是什么"，就是事先把"存在"当作"什么"来看待，用"什么"即具体的存在者来规定存在，这样，就把存在看作存在者了。形而上学始终根据特定的存在者来思考存在，通过不同的存在者来表达存在的意义。把存在当作"什么"来问，是传统形而上学的根源所在。

在"这是什么？"（τί έστιν？）这一问题中，要问的是"什么"（τί），"人们把这个'什么'的意思称为 quid est，τί quid，即'实质'（quidditas）、所是（Washeit）"①。这个"什么"被名词化后，就成为 τὸ τί，发展到后来的拉

---

① ［德］海德格尔：《海德格尔选集》(上)，孙周兴选编，三联书店1996年版，第592页。

丁语，就是把"quid est？"（这是什么）中的 quid（什么）转化为名词 quid-ditas（什么性），在德语中，则是把"Was ist das？"中的 Was（什么）转化为名词 Washeit（什么性，所是），即英语的 whatness。拉丁语 quidditas 指关于事物的"是什么"，意思是 essentia（"本质"之意，英文为 essence），quidditas 和 essentia 是同义词，而 essentia 一词是从动词 esse（"是"、"存在"、"有"之意）的现在时不定式变来的。由此看来，"τί ἐστιν？"这个问题是追问存在的本质的。实际上，苏格拉底之后的哲学家们都在围绕"什么"（τί、quid）即"本质"（essentia）的问题进行思考，把本质作为存在最根本的规定性。从柏拉图的"理念"到尼采的"强力意志"等，都是对"什么"（τί、quid）的解释。

关于存在的"本质"（essentia，essence）问题，实际上要问的是："存在者一般地作为存在者是什么"，按亚里士多德的说法，就是 ὄν ἡ ὄν（作为存在者的存在者，或是其所是），用拉丁文讲是 ens qua ens，英文为 being as being。这一问题能简化为"存在者是什么？"（英文为 what is the being？德文为 Was ist das Seiende？）它隐含着"τὸ τί ἐστιν？"即"什么存在"（英语为 what-being，德语为 Was-sein）的问题。形而上学首先要揭示的就是存在者作为存在者是"什么"（Was），即"什么存在"，或者说存在者的"存在状态"（Seindheit）。[1] 在希腊语中，由于"存在者"（ὄν）是系动词"是"（εἶναι）的中性分词的名词化形式，因此，"存在者"只能是一种静态的东西。

"存在者一般地作为存在者是什么"即存在的"本质"问题是一个最一般的问题。在海德格尔看来，形而上学追问的是作为整体的存在者，形而上学致力于最普遍的存在者，即具有普遍性的存在者。有各种各样的存在者，如鸟、树、人等都是存在者，形而上学所要解决的问题就是追问作为整体的存在者究竟是什么。由于存在者整体是无限的，所以，形而上学进行这一追问时，绝不可能依照某个具体的存在者回答其追问，即便是将对所有存在者的追问聚集成一个集合，也不是对存在者整体的追问。因此，存在者整体的

---

① 参见孙周兴：《形而上学问题》，《江苏社会科学》2003 年第 5 期。

问题，绝不可能从对个别存在者的追问中归纳出来，这一问题涉及所有存在者的共同东西，也就是被传统形而上学理解为普遍的类的概念即"本质"。这一"本质"是通过排除所谓主观感觉的混乱，舍弃现象世界的个别和偶然的事物，求得一般和普遍的东西，即从各个存在者中抽取出共性来，借助于抽象共性而得出的具有普遍性的东西。如各种各样的人归属于同一个本质概念"人"，所有的人在共同的本质概念"人"中相遇。存在就是对存在者最普遍的属性的概括和抽象，是存在者整体的概念即"本质"（Wesen），它是恒常的现在性在场，是绝对的、不变的和超验的，因而具有确定性、普遍性和必然性。千差万别、多种多样的存在者是变动不居、生灭不已的，唯有其中普遍性的东西即存在是永恒不变的，正是它们构成了各种存在者的本质，是决定存在者的东西。

二、存在的实体化

在形而上学的视域中，概念是抽象的、普遍的想法和观念，充当指明存在的范畴，展示的是存在的真实性，因而具有实在性，隐含着将存在实体化的倾向，这一点突出地表现在主张一般、普遍的共相即概念先于个别事物并独立存在的实在论哲学之中。下面，我们将主要从词源及其所展现的含义的角度来考察形而上学是如何最终形成存在实体的。

海德格尔说："从形而上学在柏拉图那里的开端以来，表示存在的流行名称是 οὐσία[在场状态]。"[①]"οὐσία（在场状态）意味着存在状态（Seiend-heit），从而意指存在者中的最普遍之物。如果对于存在者，诸如房子、马、人、石头、神，我们只说它存在着，那就说出了最普遍之物。所以，存在状态命名的是这种最普遍之物的最高普遍性，即：最最普遍之物（das Aller-allgemeinste），το κοινότατον（最普遍之物）、最高的种（genus）、'最一般之物'。"[②]οὐσία 就是西方哲学史上一般说的"实体"。在形而上学史中，哲学家们把存在看作存在者的本质，着眼于构成世界的本原，也就是"存在是

---

① ［德］海德格尔：《尼采》（下卷），孙周兴译，商务印书馆 2003 年版，第 842 页。
② ［德］海德格尔：《尼采》（下卷），孙周兴译，商务印书馆 2003 年版，第 842 页。

什么"之"什么"即存在的概念，使存在也最终作为存在者存在，这一过程实际上就是存在被实体化的过程。形而上学把作为存在者本质的存在看作是贯穿并且支配着存在者的东西，是使存在者成为它本身的东西，它规定着存在者，决定着存在者的价值和意义。这样，作为存在者本质的存在也就自然被看作存在者之所以存在的根据。"某物存在和某物是什么，亦即本质的本质现身者（das Wesende des Wesens），自古以来就被规定为根据。就一切本质都具有根据之特性而言，寻求本质就是探究和建立根据。"①"根据"是希腊形而上学用来思考存在的一个概念，指一切存在者得以存在的东西，而存在就是存在者是什么的根据。把存在者加以普遍化或一般化，随之也就出现了被认为是最高的东西的那种事物，即"实体"。

海德格尔认为，最初从存在者角度看存在的是柏拉图，因为在柏拉图的哲学中，存在被当作理念，存在本身由此转变为存在者。所以，自柏拉图开始，存在的思想发生了转向，即由存在本身转向存在者的存在（存在者性，Seiendheit）。

理念一词是对古希腊词 ιδέα 的翻译，而 ιδέα 则出自 εἶδος，二者都由动词 ιδεὶν 而来。ιδεὶν 在希腊文中是"看"的意思，因此，"ιδέα 这个字的意思是指在看得见的东西身上所看到的，是指有点东西呈现出来的外貌。被呈现出来的东西总之都是外观，是迎面而来的东西之 εἶδος"②。存在被阐释为 ιδέα 是从古希腊人把存在作为"涌现"这一根本体验中得出的。在古希腊，存在即"涌现"，它把自身亮相于所显现的外在事物中。所以，存在所涌现出的东西仅仅被看作外观（εἶδος），这种外观有真有假，有体现事物本质的东西，也有表面现象的东西。而存在涌现出的东西处于变动不居的显现中，要获得某一形相，就要攫取其中相对稳固的方面。事情由此发生了决定性的变化，变动不居的事物作为不真实的存在和显现中见出的稳固的作为事物真实存在（即事物的本质）的东西区别开来。ιδέα 指的就是后者，它是希腊人对存在的体会之一，但它却转向了对存在者的关注。存在把自身显示

---

① ［德］海德格尔：《在通向语言的途中》，孙周兴译，商务印书馆2004年版，第165页。
② ［德］海德格尔：《形而上学导论》，熊伟、王庆节译，商务印书馆1996年版，第180页。

为 ἰδέα 即外观，在其中，在场者作为"什么"被承认并接受。ἰδέα 作为在事物身上所看到的，是事物赖以展现自身于人们面前的东西，并以此在场，只有这个方面（存在者）见出来，才能构成和达到其存在，ἰδέα（理念）这一存在者由此取代了存在。在这里，存在是常住，当常住者被"观"的时候，ἰδέα 就成为外观并作为被观到者成为对常住者的规定，因此，ἰδέα 是存在本身隐含的意义之一。

海德格尔说："在日常语言中，εἶδος 的意思是某个可见的事物提供给我们肉眼的外貌。而柏拉图却对此词有非同寻常的要求，要用它来指称恰恰不是、并且从来不是用肉眼可以感知的东西。因为 ἰδέα（相）不光是命名感性可见事物的非感性的外观。外观（即 ἰδέα）也意味着——并且也是——在可听事物、可触事物、可感事物以及无论以何种方式可通达的事物中构成本质（Wesen）的东西。"① 在这里，柏拉图抛弃了存在的原始意义而转向不可见却可知的 ἰδέα（理念），即事物的类概念或本质。不过，理念并非单纯的抽象概念，它是存在者的本体性存在，是超越于存在者之上并作为其存在根据的实在。当存在被从理念的角度看时，它就不再是涌现的过程，这一过程是变易不定的，只是理念的摹本，而摹本则是虚幻不实的表象。于是，作为 ἰδέα 的存在被提升为 ὄντως ὄν（本真的存在），而作为涌现的存在则下降为所谓的 μὴ ὄν（非存在，无，现象），这样就有了本真的存在者即理念和不存在者即现象之间的鸿沟。

把存在阐释为 ἰδέα 乃是从存在本质的表象中必然得出的结论，但是，柏拉图却把本质结论的东西提升为本质自身，并取代了原来的本质，上升为决定性的存在之阐释，从而从古希腊的开端脱落了。此后，存在就成为可以"见"出的东西，即确定的现成存在者。相对于形成，它是流变中的常驻者；相对于表象，它是底基或载体（由此引出了后来的本体和实体等概念）；相对于思，它是根据；相对于应当，它是最高的准则和被摹仿的原本。

到了亚里士多德，他在《形而上学》第五卷中将"存在"区分为两种，

---

① ［德］海德格尔：《演讲与论文集》，孙周兴译，三联书店 2005 年版，第 19 页。

即"由于偶性的存在"和"由于自身的存在"。形而上学只研究后者，包括实体、数量、性质、关系等十个范畴，它们囊括了事物由于自身的所有存在方式，而其中的实体"作为存在的存在"（ὄν ἡ ὄν），被看作存在其他意义的根据和支撑者，是集各种意义于一身的底基，是存在背后的存在本身，是万物的本体。

"实体"一词的希腊原文是 οὐσία，同 τὸ ὄν 一样源出于 εἶναι，是阴性现在分词。希腊人把存在领会为"出现而立"、"常住而立"。在他们眼里，作为出现着的自立停留在自身中，处于其本质的表现中，保持一种持续的状态，这就是 οὐσία。οὐσία 表明，事物呈现在人面前，自身稳固地站立着显现自己。在被称作 οὐσία 的事物中，希腊人体会到了存在的意义，认为存在的基本含义就是这个站立着的在场，因此，存在又被叫做 οὐσία（更完整、更饱满地称为 παρουσία）。"对希腊人而言，'存在'根本上说的是在场状态（Anwesenheit）。"① 后来 οὐσία 变成存在的根本概念，指常住的在场和现成的存在，是本真存在的永恒存在者，一切对于存在的规定都基于 οὐσία 并依赖它结合在一起，由此形成了存在的定型阐释，最终固定为 οὐσία。于是，现在 οὐσία"这个词的意思是指经常在场，经常现成的意义之下的这个在"②。

存在本身被塑造成 οὐσία 这一定型阐释，和亚里士多德对 οὐσία 的认识密切相关。οὐσία 被亚里士多德理解为 ὑποκείμενον，ὑποκείμενον 也指支撑其他所有东西的终极主体即主词、主语，它从和 λόγος 的关涉中获得标准的规定性，是人们在每一次说出来中都必定要回溯到的现存的永恒东西。按照亚里士多德，ὑποκείμενον 和存在的根本问题相关，本质上参与存在概念的作出，它是第一哲学的首要任务，是形而上学的任务。亚里士多德多次强调 οὐσία（实体）是存在的首要意义，说明 οὐσία 的重要性。他认为，存在的意义虽然很多，但"是什么"是首要的，因为它表示实体，实体在一切意义上都是最初的。别的东西被看作实在，或由于它们是这种存在的质，或

---

① 陈嘉映：《海德格尔哲学概论》，三联书店 1995 年版，第 39 页。

② ［德］海德格尔：《形而上学导论》，熊伟、王庆节译，商务印书馆 1996 年版，第 192 页。

由于是它的量和规定，或别的类似的东西，它们都因 ούσία 而存在。因此，首要的和唯一的问题就是考虑实体是什么。

通过考察，海德格尔得出，在对存在进行"是什么"的探究下，最初作为涌现的在场的存在变成 ίδέα 和 ούσία，在这两个概念中，存在的意义变窄了，但仍显示出古希腊人对存在的原初理解，即持存与逗留意义上的在场者的在场。对柏拉图与亚里士多德而言，存在依旧是一种活生生的显现与保持，具有把存在者带入敞开之境的意义，存在的原始意义在希腊哲学中并未完全丧失。当亚里士多德谈及存在者本身，把存在归结为 ούσία，又从 ύποκείμενον 的角度理解 ούσία 时，ούσία 指有东西在场，仍含有其源始意义：ή ύπαρχούσα ούσία，现成的占有情况。ούσία 在亚里士多德那里并不一贯指概念化的实体，而更多的是 παρουσία（在场、来临）一词的略写，意味着在场性。亚里士多德试图把握作为涌现的存在本身，展开并充实对存在的思考。所以，虽然亚里士多德把存在降到了存在者的层次，仍旧说出了在场之境，保留了对存在的源始领悟。

和柏拉图比较，亚里士多德以一种更合乎原初希腊的方式思考存在，但这并不说明亚里士多德比柏拉图更接近开端的存在。在探讨 ούσία（实体）的过程中，亚里士多德越来越多地强调形式（είδος，决定事物之为事物的本质），从具体事物是第一实体，到事物的形式是根本实体，再到纯形式的神是最高实体，这表明，亚里士多德深受柏拉图理念论的影响。"当下之物自发地呈放出来，是真正的 ύποκείμενον[基体]。凡与已经在场者一道到来的东西，亚里士多德一概称之为 συμβεβηκοτα[属性]；从这个名词中，我们尚可听出在场的特征，因而也可听出希腊的存在（ούσία[在场状态]）之本质。但是，因为 συμβεβηκοτα[属性] 向来仅仅一道在场，只是作为那个已经自发地逗留者的附加物而到来的，而且只是与后者一道、寓于后者才有一种持留，所以，它们在一定程度上就是一个 μή όν[非存在者]，是没有达到当下之物即 ύποκείμενον[基体] 的逗留的纯粹方式的在场者。"① 亚里士多德没有从存在者上升到存在本身，而是把存在构造为形而上学的概念，将

---

① [德] 海德格尔：《尼采》（下卷），孙周兴译，商务印书馆 2003 年版，第 1067 页。

οὐσία 看作"是什么"或"是其所是"。所以，无论是柏拉图的 ἰδέα 还是亚里士多德的 οὐσία，都远离了源始的存在根基，成为一种遮蔽原初存在的东西。

因此，原初的 οὐσία 所显现出的阐释存在的方向发生了偏离。特别是中世纪，普遍用拉丁语 Subjectum 翻译希腊语的 ὑποκείμενον，用 sub-stantia 翻译亚里士多德的 οὐσία，进一步曲解并遗失了存在的原初意义。"ὑποκείμενον（基体）向 Subjectum（一般主体）的转变也掩盖了希腊人所思的存在之本质——尽管有着字面上忠实的翻译。Subjectum（一般主体）乃是在 actus（作用）中被放置和投抛在下面的东西，于是就还有可能为他物所分有。……放在下面的东西和被放置在下面的东西（subjectum）担当了那个基础的角色，他物被置于这个基础之上，以至于被放置在下面的东西也可以被理解为站在下面的东西（das Unter-stehende），因而也可以被理解为在一切之前持续的东西。Subjectum（一般主体）和 substans（处在下面的东西）指的同一个东西，指的是真正持续的和现实的东西，这个东西与现实性和持续性相符合，因此被叫作 substantia（实体）。很快地，前面一开始得到规定的 ὑποκείμενον（基体）的本质，也即自发地呈放的东西的本质，就从 substantia（实体）的角度被解释了。"[①] 西方语言对 οὐσία 的翻译都来自拉丁语 substantia，而 substantia 又由希腊文转译而来，指"在下面站着"，译作英语就是 substance（实体），指"在下面站着或支撑着的东西"，是藏在现象背后的东西，转成哲学概念就是能独立存在、自我支持而不依赖别的物体。因此，实体是自立体，它是变中的不变，具有稳定性，是载体。于是，实体就和载体、承担者的意义合二为一。Substance 由此取代了存在，成为实在的恒常在场的存在者，成为形而上学最高甚至唯一的对象，取得了至高无上的地位。

与具有实在性的实体相应，形而上学提出了一个和"存在者作为存在者是什么"这个问题密切相关的问题："究竟为什么在者在而无反倒不在？"[②]

① ［德］海德格尔：《尼采》（下卷），孙周兴译，商务印书馆 2003 年版，第 1067 页。
② ［德］海德格尔：《形而上学导论》，熊伟、王庆节译，商务印书馆 1996 年版，第 3 页。

（WHY ARE THERE beings at all instead of nothing？）①，并把它看作自己的基本问题。在这一追问中，传统形而上学由于执着于显现的现成存在者，因而真正关注的是问题的前半部分，即"究竟为什么在者在？"这一部分被当作整个基本问题的核心，而其后半部分"无反倒不在"则被视为语言使用中的附加用语，没有它，问题甚至会更加清楚准确，因为它根本没说什么。

因此，传统形而上学真正追问的问题是：究竟为什么在者在？"为什么"（Warum）这一问题涉及的是存在者存在的"原因"和"根据"，它追根究底，直至抵达存在者存在的"第一原因"和"最高根据"。在这里，被当作无可置疑的事实的不是作为某种什么的存在者，而是存在者的存在，存在者的存在被认为是自明的、理所当然的事实。因为对于形而上学来说，不是这个存在者存在，就是那个存在者存在，存在者总是存在着，存在者的存在作为恒常的在场总是一直在着，一直显现着，这是毋庸置疑的、被事先给定的、现成地摆在眼前的事实。既然存在者是现成的，它的存在是自明的确切无疑的事实，那么形而上学需要追问的就只是存在者存在的根据，正是这个根据才保证了作为恒常在场的存在，也就是保证总是有存在者存在。而能够作为存在者恒常在场的根据的不可能是虚无，只能是一种最一般和最高的存在者。这样，存在就被置于和根据的关联之中，也就是被置于和某种最高存在者的关联之中。因此，这里的存在就不是本源意义上的真正的存在，而只是一种存在者，不过不是普通的存在者，而是最高的存在者。②

正因为如此，形而上学的追问就只是和存在者相关的，而并未关乎存在本身。虽然形而上学追问作为整体的存在者的存在，寻找真正的存在，即最高的作为本质和根据的存在，而将其他个别的具体的存在者看作虚幻的存在，以这一最高的存在为前提和目标，以此使存在二元化，最高的存在和具体的存在分属于两个不同的领域，并试图超越个别的存在者，以一切存在者之所以存在的本质和根据的形式来考察存在，把任何存在者与其本质和终极

---

① Heidegger: *Introduction to Metaphysics*, Translated by Gregory Freid and Richard Polt, Yale University Press, New Haven & London, 2000, p.1.

② 参见黄裕生：《时间与永恒》，社会科学文献出版社 1997 年版。

的根据进行严格的区别，但是，却不知不觉地误入歧途，从存在者性的角度来对本质和终极根据加以考虑。尽管本质和终极根据不是任何个别的存在者，但作为使个别存在者得以可能的东西，显然不能超脱作为存在者的存在者性质。进一步说，本质和终极根据是以双重方式即既是最普遍的东西又是最高的东西来加以考虑的，以这两个方面统一的形式超越每个存在者的领域来把握存在，但是，这仍然脱不出存在者性即作为整体的存在者。因此，尽管形而上学相信自己凭借对所有个别存在者的超越回答了对存在本身的追问，实际上它并没有意识到，这只是对什么是"整体的存在者"的追问的回答，而没有考虑存在本身。所以，形而上学所思考的只是存在者之为存在者，而没有思考存在本身。形而上学通过把存在者的存在性形成概念向人们表明存在者是什么，人们从形而上学那里得到的只是存在者整体的基本结构。①

三、存在作为空洞的词语

形而上学从具有抽象性和概括性特征的概念出发，将存在作为存在者的本质，进而实体化，是通过静观的思考与逻辑的预设、推论而得出的，其实是把存在看作最普遍之物，追问其逻辑上在先的"本质"之"什么"。经由这一过程，存在就成为最空的统括一切的词语。"通过把存在解释为最普遍之物，并没有对存在本身说出什么，而只是言说了形而上学是如何思考存在概念的。它是根据日常意见和普遍化的视界和方式来进行这种思考的。"②

由上述存在实体化的过程来看，从古希腊后期开始，对存在的理解发生了变化，由动态的涌现转向静态的存在者，成为一个抽象的词语。那么，存在是如何沦为一个徒具空洞形式的词语的呢？海德格尔从语言学的角度考察了存在的源始意义及其隐失过程，他提出了两个问题："1.'在'——按照此词的字形看来——究竟是什么样的一个词？ 2.关于此词的原始含义的语

---

① 参见［日］今道友信：《存在主义美学》，崔相录、王生平译，辽宁人民出版社 1987 年版。

② ［德］海德格尔：《尼采》（下卷），孙周兴译，商务印书馆 2003 年版，第 843 页。

言的知识告诉我们什么？"① 这两个问题表明，海德格尔通过考察存在一词的语法（不定式和动名词的抽象化）和词源来解释存在所受的限定。

在希腊语中，"存在"原本是一个实义动词，后来被用于表示命题中不同概念之间的联结关系，从而转变为具有抽象和普遍意义的系动词"是"，而后还有了其不定式（εἶναι）和分词形式（τὸ ὄν），作为分词或动名词，有着特定的含义，"这样一来，人们就有可能像追问其他名词的意义一样来追问这个系词的确定含义，而它的名词化就使它具有了不同寻常的最广泛的普遍抽象的意义"②。存在所用的词 ὄν 就源出于"是"或"存在"的不定式 εἶναι，ὄν 是 εἶναι 的中性分词的名词化形式，后来用 εἶναι 的动名词形式即 τὸ ὄν（英文 being）作为专门指存在本身的词语。进一步讲，存在之所以最终以名词的形式出现，其不定式起了决定性的先行作用，就是说，名词性的存在是从动词性的存在变来的，名词性的存在（ὄν，Sein，Being）是不定式存在（εἶναι，sein，to be）的动名词化。存在一词和存在本身的关系与任何别的词和其所指的关系不同，任何别的词都有相对应的存在者，而存在则没有这样的对应者，但是，冠词的添加使其具有了名词形式，从而以名词而不是动词的面貌出现，存在本身就变得像是一种存在着的东西。于是，存在被静态化了。所以，海德格尔认为，西方语言中存在的不定式的形成及进一步动名词化，就是存在一步步走向抽象化的过程。这一点我们将从下文的阐述中有更清晰的认识。

海德格尔认为，要了解形而上学对存在的看法，首先要抓住不定式形式，因为不定式在动名词的形成过程中起了过渡的作用，对于存在一词语法形式的理解极其关键。在早期希腊语中，并没有统一的不定式形式，这一形式是后来发展出来的。

海德格尔考证并分析了古希腊的两类主要的动词形式即 ἔγκλισις（意思是下落，偏向，即从所立之常住中走出而偏离它），一类叫"ἔγκλισις παρεμφατικός"，它能把人称、数、时态、语态和式等一起表达出来，其意

---

① ［德］海德格尔：《形而上学导论》，熊伟、王庆节译，商务印书馆 1996 年版，第 52 页。

② 张志伟、冯俊等：《西方哲学问题研究》，中国人民大学出版社 1999 年版，第 56 页。

义是具体的、限定的。具体而言，在希腊语中，动词的基本形式是第一人称单数现在直陈式，如 εἰμί（I am. 我现在在）。而 εἰσίν（他们已经不在了）、εἶεν（但愿他们在）形式则不同，如 εἶεν 表达的是另一人称（第三人称），另一数（复数而非单数），另一时间（将来而非现在），另一式（祈愿式而非直陈式）。上述这一切把变化的词形一起表达出来，并让其一起被体会，附带让其得见。εἶεν 指称的不是现成的，而是被设想为可能在起来的，它把一种叙述从含义的方向表现出来，因此叫做 ἔγκλισις παρεμφατικός 即偏离，偏离附带表现出人称、数、时态、语态和式，具有某种意义指向。

另一类叫"ἔγκλισις α-παρεμφατικός"（不附带表现的偏离），在其中并不表示出人称、数、时态、语态和式等变化，没有特定意指的倾向，其意义是不确定的，这被看作一种欠缺。由 εἶεν 而来的 εἶναι 这一形式，是 εἰμί 这一基本形式的变化形式，并不表现出人称、数、时态、语态和式。这个否定名称和拉丁语名称 infinitivus 相符合，所以被拉丁语译作"不定式"。不定式在拉丁语中是 modus infinitivus，指一个动词所展现的含义内容和方向的样式是无界说的、不确定的。从西方语言的结构来看，一个动词按照它所在的句子所表达的人称、性、数、时态、语态、语气等，会有不同的形态，不定式则是对这些不同形态的动词的概括，是动词从句子中分离出来的独立形式。不定式是对确定式的否定，仅仅指示动词的一般意义，本身没有确定的意义。从词形来看，拉丁语 infinitivus 的前两个字母 in 已经传达出否定的意义，而 modus infinitivus（不定式）则指示着一个 modus finitivus（定式），即对动词的意指有所限定的方式。罗马语法家用 modus 这个死板的字眼来表达希腊人称作 ἔγκλισις（指偏向一边，后来称为变格）的东西。海德格尔认为希腊人的动词形式还包含着一些源始的存在经验，但拉丁语的翻译使源始的存在意义荡然无存，希腊原词所体现的对存在的领会在这一翻译中丢掉了（在希腊文中，还有被动态与中动态的不定式，以及现在式、完成式和未来式的不定式，不定式至少还表现出动态与时间之别），只剩下对"限定"作用的纯粹形式的表象。所以，在当今的语法中，不定式只是一个抽象的动词概念，其意义是从所有特殊关联中抽出来的，它割断了其自身中所意指的东西的一切确定关联，不再表现出其他形式所揭示的意义。所以，εἶναι 这一不定式形式可以被理解为：人们在用它时不再想到动态和时间，只是笼统和一般地设想它意指和表现什么，不再表现出这一形式之外存在的情况。因为没有特定的指向，不定式表达出的意义是最少也最空的。一旦存在一词有了不定式形式，就必然成为一个飘忽而空洞的词语。

海德格尔认为，不定式是语言高度形式化的标志。但事情还没有止步，不定式形成后，接着出现了动名词等语法现象，语言的发展日趋逻辑化和形式化。人们又说"τὸ εἶναι"（这个存在），它是动词的名词化，即把冠词加在抽象不定式之前而进一步改造成名词。"这个冠词的意思是说，被指到的东西仿佛自己站着与在着。此起指示作用与指出作用的称谓在语言中一直有着突出的贡献。"①当我们说"存在"时，所指称者已经够不确定了，当"通过把不定式改造成动名词，那已居于不定式中的空空如也仿佛还落实了，'在'就被说成是一个实实在在的对象了。这个动名词'在'就主张，这个所指称者现在自己就'在'了，'这个在'自身现在就变成正'在'着的这样一个东西了。（但我们却不能找得到它，也看不到它）其实却显然只有在者在着，但并非还有这个在也在着"②。

存在的本性决定了其蕴含着丰富而确定的意义，但不定式却销损了存在本身的意义而使之变得模糊不清。当不定式加上定冠词变成名词，用来指称某种不确定的内容时，就把其中包含的不确定固定起来，加强了其模糊性，从而将存在的丰富本性置于空洞之中，并且把这一空洞做了似是而非的落实，最终使存在成为一个空洞的词。换句话说，在不定式中，存在的确定意义不再起作用了，而动名词又将这种状态固定化，这样，"存在"就成为某种不确定的东西的名称。总之，语法学的考证表明，存在一词在其发展过程中逐渐变成了动名词，存在本身则成为一个意义无从得见的空洞存在者。

海德格尔接着考察了存在的词源学，认为"存在"来源于三个词干，并受它们的影响和规定。简单地说，他认为，在源头上，存在有三个词根。

1. 最古老也是最基本的词干是 εσ，即梵语中的 asus，原意指生命、生

---

① ［德］海德格尔：《形而上学导论》，熊伟、王庆节译，商务印书馆 1996 年版，第 68 页。

② ［德］海德格尔：《形而上学导论》，熊伟、王庆节译，商务印书馆 1996 年版，第 69 页。

者、自出自驻自行自息者，从自身中站出来并在自身中运动和保持，也可称作本真常住者。

2. 另一个词干是 bhû，bheu，原意指能够依靠自己的力量自然而然地生长、涌现、起作用，即自出自驻。

3. 第三个词干只见于德语动词 sein 的变位形式 wes，意为 wesan，woh-nen（居住），ver-weilen（逗留）等。名词 Wesen 原本并不指"是什么"（quidditas，whatness）这回事，没有"本质"之意，即不是同类东西的共性，而是作为当前、在场和不在场的持续（Währen）。

总之，存在一词从不同的词根而来，这几种词根的意义都很关键，在其中，存在本身有着丰富、确定和具体的意义，并且是"活"的动词性意义。存在原初的确定含义是生活或生命（leben）、涌现（anfgenhen）、逗留（ver-weilen）。这些原初的含义在今天已经消失，只剩下存在的抽象意义。对存在意义的词源学研究表明：我们向来以"这个存在"（das Sein）之名指说的东西，是三个不同词根的意义的有所抵消的混合，没有一个词根的意义是垄断的和起决定作用的，任何一个都不能单独确定它的意义。当这些不同的意义混合在一个词中时，它们的本义就消失了。

海德格尔通过对语法学和词源学的考察，从语言的角度对存在的源始意义必然隐失的原因作了论述。存在在语法和词源中发展变化的过程表明了存在怎样逐步走向抽象，说明形而上学的存在一词是空洞的，只具有飘忽不定的意义。存在在形而上学那里成为一个纯粹形式的逻辑范畴，"存在者之存在把自己投送到在概念之普遍内容中的表象"[1]，只是作为一个普遍概念而永恒地在场。同时，海德格尔指出，从根本上说，对存在问题的追问是不能通过语法学和语源学进行的。

形而上学的范畴和语言的范畴自始就是相辅相成的，形而上学的存在范畴的形成，和语言中的存在一词演变为空洞抽象的词语的过程是一致的。形而上学发端之初，存在就被颠倒，被抽象化，被支解和曲解，被纳入概念和范畴的推演中，成为一个空洞的东西，一个远离、疏远甚至反对存在本身的

---

① ［德］海德格尔：《路标》，孙周兴译，商务印书馆 2001 年版，第 410 页。

阴影和怪物，作为一个现成的固定不变的存在者被摆弄，任凭形而上学追问它"是什么"。于是，人们不断地问存在"是什么"，把存在实体化，作为一个实在的对象去研究。

形而上学这一对存在的领会是语言产生的根源，"假定：根本没有'在'的不确定的含义而且我们也不领会这个含义是什么意思。……那就根本没有任何语言了。那就根本没有在者在词语中作为这样一个在者展示出来这回事，根本没有在者会被提到与论到这回事了"①。同时，以存在为对象的形而上学也是哲学误用、滥用语言的结果。在漫长的哲学史中，形而上学以其一贯的方式把抽象的、最普遍的和最高的存在者混同于存在本身，通过将词语的意义汇集在一起并抽取出一般的意义去掌握事物的"本质"，迫使事物进入绝对和它不相干的逻辑中，进入概念之中，使事物被大的种类所占据而蜕变成词语意义，而且这被设定为决定性的和标准的东西，从而遗忘了二者之间的差异，其结果是遗忘了存在本身。海德格尔反对语言的标准化，主张取代逻辑地看词语意义的概念，任由词语的含糊，在来自于直接经验的理解方式中说，根据不同的方面去经验和解释，努力去看词语所指的存在并创造出将存在展现在不同的词语意义中的视角，让存在的内在多重性显现出来，避免纯粹的概念对其支解的危险，认为分散性是本质的隐藏着的丰富性的标记，也是其非本质的多重性的标记。

通过上面的阐述，海德格尔指出："关于含义、概念和语言的问题——且不论它们仅仅是在客观的实事概念的十分局限的方面被设定的——始终处于某种十分粗糙和模糊的探讨层面上，这种探讨不亚于那种被用来规定生命和体验整体是基本意义的探讨。"②人们将对语言的追问误解为"什么"的定义或属性，"所以，二千五百年以来，逻辑语法的、语言哲学的和语言科学的语言观念才始终如一，尽管关于语言的知识已经不断地增长和变化了。人们甚至可以把这一事实引为一个证据，来说明关于语言的主导观念的无可动

---

① [德]海德格尔：《形而上学导论》，熊伟、王庆节译，商务印书馆1996年版，第82页。
② [德]海德格尔：《形式显示的现象学》，孙周兴编译，同济大学出版社2004年版，第40页。

摇的正确性。没有人胆敢宣称上述语言观——即认为语言是对内在心灵运动的有声表达，是人的活动，是一种形象的和概念性的再现——是不正确的，甚或认为它是无用的而加以摒弃。上述语言观是正确的，因为它符合于某种对语言现象的研究，而这种研究在任何时候都能在语言现象中进行。所有与语言现象之描述和解释结伴而来的问题，也都是在这一正确性的范围内活动的"①。但是，关于语言本质的追问很快就将自身纠缠（虽然它看起来轮廓清楚）在最大的困难中，形而上学的观点是正确的，然而，它是不真实的，因为在其中，语言是通过某个他者而不是其自身被理解的，从而将内含于语言之中的恰当存在的东西向我们遮蔽起来。在一般的科学中，我们知道如何说很多正确的东西，但几乎不说真实的东西。科学大多都活动在正确东西的范围内，而不是真实东西的范围内。从科学、语文学等角度去评价语言本质的问题，没有经过预先认真的追问就加以指责，是轻率的，是有限的智力试图超越的荒谬的傲慢。所以，"我们并不想对语言施以强暴，并不想把语言逼入既定观念的掌握之中。我们并不想把语言之本质归结为某个概念，以便从这个概念中获得一个普遍有用的、满足一切表象的语言观点"②。

同时，海德格尔也就传统形而上学关于语言的观点予以特别声明："大家不可形成一种意见，贸然以为我们在此对语言科学研究和语言哲学研究做了轻蔑的判断。这类研究自有其特殊的正当性，亦有它自己的价值。它随时以它的方式给出有用的东西可供学习。但是，关于语言的科学知识和哲学知识是一回事情；我们在语言上取得的经验是另一回事情。"③

---

① ［德］海德格尔：《在通向语言的途中》，孙周兴译，商务印书馆2004年版，第6页。
② ［德］海德格尔：《在通向语言的途中》，孙周兴译，商务印书馆2004年版，第2页。
③ ［德］海德格尔：《在通向语言的途中》，孙周兴译，商务印书馆2004年版，第148页。

第 二 章
当前技术化语言的完成

在探讨当前的语言时，海德格尔不是从语言而是从当前存在的典型表现即现代机械技术入手的。按照海德格尔的观点，形而上学理性不可动摇的统治地位由那种合理性的成果证实并加强着，而技术的进步时时刻刻都在把这种合理性的成果带到人们面前。在传统形而上学的视野中，人和万物的关系被展现为主体和客体、统治和被统治的关系，人不仅接受和认识那些呈现在他面前的事物，而且要统治那些呈现在他面前的事物。这一倾向在柏拉图的哲学中就已经有所表现，当柏拉图提出形而上学的理念论时，人就被赋予了认识事物背后的理念的能力，蕴含着用知识来统治和设计人所面对的世界（包括人自己）的倾向。随着人的主体性地位的确立，人进一步在其意识中确信自己对所有事物具有支配能力，能够表象外部世界，使其客观化，并在客观化中统治所有事物，直至事物不再作为和人对立的客体，而是完全被人统治的东西。形而上学中的这种统治倾向，必然使其发展到一种极端形式即形而上学的完成形式——现代技术。

形而上学的发展进入技术时代之后，在座架的作用下，存在和人的面貌都发生了重大变化，语言也适应这一变化而技术化，从而走向完成。海德格尔从关于现代技术本质的沉思出发，对语言的技术化之弊进行了揭示。他认为，技术及其本质规定了技术时代的一切，因此也规定了语言的变化，使语言满足作为工具的需要。在技术时代，语言成为比传统形而上学语言更高级的信息工具，使形而上学语言的弊端达到极端。在技术时代，语言只是可加工的齐一化的作为主体的人的材料，它被生产成技术化的客体，沦为技术统治和征服世界的一种重要工具和前提。这种技术化的语言损害了语言本身，是语言本身的障碍，但是，这同时也预示着实现语言的转向、回归语言本身即存在的语言的可能性。

<h3 style="text-align:center">第一节　技术的时代</h3>

技术在古希腊被叫作 τέχνη，这一词语除了有和"知"密切相关的"展现"的意思外，还有与"行"有关的"人工造成的"之意，后来专门用以指人造的工艺品、手工业品和制造技术，形而上学从后者出发，把语言、人、存在都看作是人工造成的。海德格尔认为，现代技术既不是存在本身出于自身原因的展现，也不是原初 τέχνη 的那种虽出于外部原因但仍旧顺应自然的展现，而是逼迫事物进入一种人为的展现。在这种展现的支配下，没有一个事物能够以其本身的面貌显现出来，一切事物都被汇入一个巨大的网络系统，即技术系统之中，在这一系统中，存在的唯一意义就在于实现技术对事物的统治，现代技术处理一切事物，将它们纳入其统治中。在海德格尔看来，在技术座架中，一切都是被构造出来的，作为持存物存在，在存在者之为存在者的显现中，展现出来的是赤裸裸的技术构造物，因此，根本就没有存在，存在本身是缺席的。因此，在现代社会，技术将存在排出世界，使自己成为无冕之王，成为世界的主宰。

一、技术的本质——座架

要探讨技术，必须先阐明技术的本质，"技术不同于技术之本质……技术之本质也完全不是什么技术因素"①，技术的本质最终相关于存在本身，而技术只是各种各样的设备，属于存在者的领域。但是，这种区分在形而上学的思想中并没有表现出来。

因此，必须先澄清人们对技术的看法。对技术本质的主导观念主要有两

---

① ［德］海德格尔：《演讲与论文集》，孙周兴译，三联书店 2005 年版，第 3 页。

种："其一曰：技术是合目的的手段。其二曰：技术是人的行为。"①前者是从功能性方面而言的，后者则是从人类学角度而言的，这样的关于技术的观念实际上是工具性和人类学的技术规定。这两种观念紧密结合，共属一体，它们都将技术建基于形而上学中，以主体和客体的分离为前提，把技术预设为由人控制的服务于人的东西。当然，这样的技术观念有其正确性，但并没有达到真正的技术本质，因为它们是鉴于存在者而不是鉴于存在本身来规定技术的，因而只回答了技术"是什么"，而没有说技术是如何成其本身的。

对海德格尔而言，追问技术的本质，就是追问技术的存在。他把技术问题和现象学相联系，追问技术是怎样显现与出场的。他分析技术问题时，追溯到一个古希腊词 τέχνη，由此作为一个关键的引子，提示技术和它的内在联系。在古希腊，τέχνη 的本性在于 αλήθεια，即去蔽，它把在场者作为非现成的东西带到去蔽状态中，即"带上前来"或"让其显现"，所以，技术在本源上是一种把存在者"带出来"的"去蔽"。由此，海德格尔得出结论：技术不只是人实现目的的行为和手段，就像语言不只是交流手段一样，它是存在显现的方式和途径，这才是技术的本质所在。

在《技术的追问》一文中，海德格尔给出了技术的本质："源初地把群山（Berge）展开为山的形态，并且贯通着起伏毗连的群山的东西，是聚集者，我们称之为山脉（Gebirge）。我们的这样那样的情绪方式由之得以展开的那种源初聚集者，我们称之为性情（Gemüt）。现在，我们以'座架'（Ge-stell）一词来命名那种促逼着的要求，这种要求把人聚集起来，使人去订造作为持存物的自行解蔽的东西。"②

海德格尔引入"座架"（Ge-stell）一词来说明和命名技术的本质，他说："座架（Ge-stell）意味着对那种摆置（Stellen）的聚集，这种摆置摆置着人，也即促逼着人，使人以订造方式把现实当作持存物来解蔽。"③

---

① ［德］海德格尔：《演讲与论文集》，孙周兴译，三联书店 2005 年版，第 4 页。
② ［德］海德格尔：《海德格尔选集》（下），孙周兴选编，三联书店 1996 年版，第 937 页。
③ ［德］海德格尔：《海德格尔选集》（下），孙周兴选编，三联书店 1996 年版，第 938 页。

他把德语词 Gestell 拆解重组为"Ge-stell",其中的词根 stell 的动词形式 stellen 的意思是"限定、摆放",另外,它还有导致产生和呈现之类的意义,是一种去蔽的方式。因此,技术的本质 Ge-stell 也是一种"让……显现"。此外,stell 还有"对……提出某种要求"的意思,所以,Gestell 又是一种"命令",它要求所有存在者都处于某种状态。现代技术对存在者的限定是一种按照技术意志对存在者的"强求"(德文为 Herausfordern,英文为 challenge),在其中,所有存在者都被强制性地限定为技术所需要的状态。因此,现代技术消灭了"带出来",以"强求"取而代之,成为一种强迫存在者作为"被预订者"而出现的"逼出性去蔽"。而其前缀 Ge 指将众多同属性的东西聚集起来,是所有安排方式的集中和统一,意味着对众多同属性的物的统一性的建立。把 stell 和作为"集合"之意的前缀 Ge 相结合形成的技术的本质 Gestell,将 stell 的所有可能的方式集于自身,是把所有存在者集合到特定的摆放和命令中的"聚集",是对所有技术展现方式的汇合。

从 stell 这一词根还可产生出动词 setzen(设置,其名词化的不定式为 das Setzen)和名词 Gesetz(法则)。海德格尔没有停留在"限定"(动词 stellen 同样能构建起技术展现各个环节的统一性,或者根据需要将 stellen 变形为名词化的不定式,即 das Stellen),也没有用"设置"和"法则"。因为"设置"强调的是在时间中进行的主体行动的持续过程,而"法则"作为名词,是固定的、基础的和自身存在的东西,其意义和重点在于达到静止的、在自身驻停的、独立的不依赖主体行动的东西。名词化的不定式"限定"(das Stellen)同样暗示着某种主体的行动。也就是说,即使名词"限定"可以达到自身静止的独立的意义,但依然保持着行动的意义,如"设置"一词除"被设置物"的意义外,还表示一种行为,其两面性只有在由前缀 Ge 构成的名词那里才能消失。因此,海德格尔认为,由语法来看,从"限定"到"座架"的发展过程表明了一种名词化,也就是说,"座架"源于动词 stellen,并在此基础上按特定方式将其名词化,产生出 Ge-stell。所以,"座架"阻止了对主体行动的强调。由此看来,"座架"一词不是被任意构成的,而是源于对语言的真正理解。①

海德格尔用"座架"一词来表明技术本质的强制性和事先规范性。技术把一切纳入它的座架，使之在其中出场，一切都通过定位于座架中被展现出来。座架是一种强迫性的聚集，是一种使人将自身去蔽者限定为贮备物的命令，它强求存在者成为具有单一功能的东西，所有存在者都无一幸免地被聚集到这样的限定中。因此，海德格尔又将"座架"称作集合起来的强求。

海德格尔强调，座架并非不同事物所归属的类的普遍本质的东西，要求从一种更本源的意义上思考"本质"。本质在更本源的意义上指的是在持续或提供的意义上的"存在并活动着"，通常所理解的名词性的本质归属于此。这样，就必须从动态上来思考作为技术本质的座架。座架"不是指任何器械或者哪一种装置。它更不是指有关这样一些持存物的一般概念……座架决不是种类意义上的技术之本质"②。"座架不是什么技术因素，不是什么机械类的东西。它乃是现实事物作为持存物而自行解蔽的方式。"③座架不是物质性的东西，而是一种去蔽的特殊方式。作为技术的本质，座架是"给出者"，它将存在者作为持存物存在的无蔽状态给予人，如果它没有把存在的这种无蔽状态交给人，人就不能在技术统治的意义上进行展现。海德格尔用座架这个词来限制人的无限行为，并说明身处技术世界之中的人总是囿于技术视野，被聚集起来唯独从事技术的展现。座架作为"现代技术之本质给人指点那种解蔽的道路，通过这种解蔽，现实事物——或多或少可察知的——都成为持存物了。所谓'给……指点道路'——这在德语中叫作：遣送。我们以命运（Geschick）一词来命名那种聚集着的遣送，后者才给人指点一条解蔽的道路"④。总之，技术的本质在于Ge-stell，作为去蔽的Ge-stell属于去蔽的命运，它是形而上学完成阶段的特征。

---

① 参见［德］冈特·绍伊博尔德：《海德格尔分析新时代的科技》，宋祖良译，中国社会科学出版社1993年版。
② ［德］海德格尔：《海德格尔选集》（下），孙周兴选编，三联书店1996年版，第947页。
③ ［德］海德格尔：《海德格尔选集》（下），孙周兴选编，三联书店1996年版，第941页。
④ ［德］海德格尔：《演讲与论文集》，孙周兴译，三联书店2005年版，第23—24页。

二、存在成为持存物

现代技术本质的座架作为一种展现方式，把一切事物都聚集于其框架内，通过自己特有的活动如限定、强求和促逼等环节对事物进行技术的构造，使事物呈现出特有的面貌。

限定指的是只从某一特定的方面去看待和取用原本有着丰富存在内容的存在者，仅仅根据技术的需要给存在者定位，以利于统治。如只从矿物的方面看待和取用大地，从木材的方面看待和取用森林，把存在者确定和固定在某物上。在限定中，人们只从某一特定的技术需要看待存在者，所有的存在者都被单一地限定为技术所需要的状态，而存在本身的丰富特性却被忽略进而被遗忘了。

技术不只根据自身的需要把存在者限定在特定的方面，还进一步强求（德语词为 Herausfordem）存在者，迫使存在者进入人为状态，无限度地满足自身的需要。Herausfordem 本身含有把某物征召出来的意思，它施以存在者过分的要求，是悖逆存在者本身的特性而强使之到来的展现，而不是出于存在本身的显现。也就是说，技术不是让存在自然而然地发生，而是向存在提出苛求，让存在在强求中进行展现，强迫存在者提供出既可以提取又可以贮存的东西，尽其所有地加以利用。

对存在者的显现而言，以强求的方式进行去蔽已有过分之嫌，但是，技术的去蔽还不止于此，它谋划着"促逼"存在者。它从一开始就使自身的过程指向别的进一步的过程，它"首先适应于对另一回事情的推动，就是推进到那种以最小的消耗而尽可能大的利用中去。在煤炭区开采的煤炭并非为了仅仅简单地在某处现成存在而受摆置。煤炭蕴藏着，也即，它是为着对在其中贮藏的太阳热量的订造而在场的。太阳热量为着热能而被促逼，热能被订造而提供出蒸汽，蒸汽的压力推动驱动装置，由此，一座工厂便得以保持运转了"[①]。在这里，所有的东西都是出于技术的需要而展现出来的，它们都被预先加以规定，作为环环相扣的技术链条中的一个环节而存在，以它们的展

[①]　[德] 海德格尔：《海德格尔选集》(下)，孙周兴选编，三联书店 1996 年版，第 933 页。

现去唤起别的东西的展现。技术把所有的东西都作为现成在手的东西，将其招来置于备用状态，聚集到预定（bestellen）的循环中，把它限定为某种被构成的东西，随时调遣，转到接下来的预定中去。

海德格尔把经过这一系列的技术环节所构成的东西叫作持存物（德文为Bestand，英译为 standing-reserve）。"这种东西处处被订造而立即到场，而且是为了本身能为进一步的订造所订造而到场。如此这般被订造的东西具有其特有的状况。这种状况，我们称之为持存（Bestand）。'持存'一词在此的意思超出了单纯的'贮存'，并且比后者更为根本。'持存'一词眼下进入了一个名称的地位上。它所标识的，无非是为促逼着的解蔽所涉及的一切东西的在场方式。"①座架把存在从遮蔽中带出来，并假以存在者的身份，这一存在者又被迫接受持存物的身份，这样，存在就出现在一个特定的形态中。在技术的控制下，没有什么东西能以自身的方式进行展现，一切都被汇入巨大的技术链条和系统，在其中，它们存在的唯一意义就是有用性，处于备用状态。持存物表明了存在者在技术中展现出来的特殊面貌和特定地位，是一切遭受过技术规定和整理的事物的存在方式。

持存物这一由现代技术产生的新事物主要有物质化、功能化和齐一化等特点。首先，就物质化而言，海德格尔认为，任何被技术构造为持存物的东西都变成了"物质"和"材料"。这意味着，所有的事物都失去了自身原有的本质，萎缩为单纯的由技术任意构造的东西。技术用实用的态度看待一切，仅仅把事物看作单纯有用的物质，作为被技术强行安排和预定的东西而到场和显现。技术形而上学把"物质"、"材料"和"资源"等概念看作是理所当然的，这是从传统语言观的角度看待存在、对语言作肤浅的使用所导致的结果。

其次，持存物用物质化的方式展现事物，把存在者降格为单纯的材料，这就意味着存在者被功能化，被技术强制性地消解和限定为满足其需要的具有单一功能的东西。人们以开发、改变、贮藏、分配、转换存在者所隐藏的能量的方式来"逼出"存在者的某种存在，一切都展现为能量提供者。技术

---

① [德]海德格尔：《海德格尔选集》(下)，孙周兴选编，三联书店1996年版，第935页。

把某物展现为某物（大地展现为矿床，森林展现为木材），把一个东西萎缩为它的某个部分，限定在某一效用上，这就意味着把存在者的存在缩减为技术上的功能。

再次，齐一化。成为持存物的并非只是某些存在者，而是存在者整体。持存物遮蔽存在者的本然状态，不允许它作为自身存在。在这里，一切都只受一个共同的尺度即技术需要的规定，被抹平为材料的提供者和贮存者。存在者本身失去了自身的特性，一切存在者都没有区别，没有等级秩序，都处于被构造的同一层次上。于是，存在本身所具有的特性被否定和消蚀，原本丰富多样的存在领域变得千篇一律而成为齐一化的东西。而且，不仅不同的存在领域被齐一化，个体也因消融于普遍之中而不见了。于是，一切都失去了其本身，所有持存物都具有共同性，这就使得持存物之间能够轻易地相互置换和取代。所以，"持存物"就是一种无个性的持续存在的物质，它表明存在在形而上学的技术进程中所发生的地位的改变。

持存物作为被技术构架起来的东西（das Gestellte），是被技术统治的千篇一律的功能性物质，它遭受到技术的无限制的加工、耗尽和统治，从而失去了自身性，随时听候技术的调遣，进行技术的展现，进入这一状态中以确证自身的存在，它虽然被看作是存在着的，但却不再是独立的自在存在的东西，而是隶属于有用性。它在等级地位上还不如对象（客体），"在持存意义上立身的东西，不再作为对象而与我们相对而立"[1]。在这里，对象被消解为非对象性的持存物了。对象是从主体那里获得自己的本质规定的，虽然是非本真的，但还可以在和人的对立中站着，从而保持着一定程度的独立性、反抗性、异在性和神秘性，而在技术展现中，这些性质已经在"持存物"中消失殆尽。也就是说，存在者的存在从对象性方式进入持存物方式之后，完全顺从于技术的需要，其自身性和独立性从根本上被剥夺了，因而不再可以与人相对而立。依照海德格尔，技术世界中只有持存物而没有对象，当存在者实现了从对象化到持存化的转换时，就被剥夺了自身的本质，失去了其存在的丰富性和多样性，只剩下肤浅平庸的语言所说的单一功能性的持存物，

---

① ［德］海德格尔：《海德格尔选集》（下），孙周兴选编，三联书店 1996 年版，第 935 页。

服从于技术的强求和统治。"对置性转变为那种根据集置（Ge-stell）而得到规定的持存物（Bestand）的持存状态（Bestäsndigkeit）（参见拙著《技术的追问》）。主—客体关系于是就获得了它纯粹的'关系'特征，亦即订造特征，在其中，无论是主体还是客体，都作为持存物而被吞并了。这并不是说，主—客体关系消失了，相反，它现在达到了它极端的、根据集置而预先被规定的统治地位。它成为一个有待订造的持存物。"①

三、人成为持存物的预定者

在技术的本质座架的作用下，存在者由对象变成持存物，那么，人在技术中的地位又如何呢？技术是多于对工具和机器进行控制的东西，在人的被改变了的世界位置中有它自己的根本意义。技术中人的本质也源于技术，是由座架要求和决定的，发生在对世界的征服和支配中。存在者在座架中展现为持存物，这无疑要由人来完成，人致力于整个技术体制和生产、设施、应用、维护等，和对持存物的设计、制造共属一体。在人的参与及强求和限定下，存在者丧失了独立性和丰富性，降为千篇一律的便于统治的物质，成为被预定的持存物。所以，当存在者成为一种特殊的存在即持存物时，人就是这一持存物的预定者（Besteller）。也就是说，与持存物相对应的是人的新身份——持存物的预定者。作为持存物的预定者，人完全投身于技术中，其本质完全化为千篇一律的活动，执着而无限制地推动技术发展。在这里，人转变为技术化的动物，他坚信自己具有无穷的力量，把一切都归于自己的生产。于是，人被功能化，在思维与行动中竭尽全力地对一切存在者加以物质化、功能化、齐一化并实行统治，而别的对待存在者的思维与行动方式都被遮蔽。

因为人限定了持存物，这就产生了一个问题，即人作为持存物的预定者是如何可能的？从表面上看，当存在者被展现和预定为持存物时，完成这一行为的是人，是人运用技术构造存在者，存在者的存在是由人造成的。所

---

① ［德］海德格尔：《演讲与论文集》，孙周兴译，三联书店2005年版，第56页。其中的"对置性"即"对象性"，"集置"即"座架"。

以，进行技术展现的似乎是人。实际上，预定得以在其中展开自身的无蔽状态并不是人造成的，支配和控制无蔽本身并非人力所能及。座架"这种摆置摆弄人，使人以订造方式把现实事物作为持存物而解蔽出来。作为如此这般受促逼的东西，人处于座架的本质领域之中"①。人如果要以技术的方式揭示存在，就必须首先处于座架所展现的无蔽状态之中。人只是受到一种去蔽方式的要求，这种去蔽方式征召人，让人进入分配给他的去蔽方式中，把存在者作为对象去认识，并从技术的需要出发，在技术的视野内预定存在者，最终把对象消解为非对象性的持存物。

"一旦无蔽领域甚至不再作为对象，而是唯一地作为持存物与人相关涉，而人在失去对象的东西的范围内只还是持存物的订造者，那么人就走到了悬崖的最边缘，也即走到了那个地方，在那里人本身只还被看作持存物。但正是受到如此威胁的人膨胀开来，神气活现地成为地球的主人的角色了。由此，便有一种印象蔓延开来，好像周遭一切事物的存在都只是由于它们是人的制作品。这种印象导致一种最后的惑人的假象，以此假象看，仿佛人所到之处，所照面的只还是自身而已。……但实际上，今天人类恰恰无论在哪里都不再碰到自身，亦即他的本质。"②当技术把存在者展现为非对象性的持存物时，处身于持存物中的人也只作为持存物存在。处于技术时代的人，总是受制于技术的统治，被技术强求着把存在者预定为持存物。因此，人就比其他存在者更源始地归属于技术座架，归属于预定持存物的链条或系统，作为整个技术系统中的一个环节，并且以这一系统为自身存在的根据和基础。人自为的、独立的存在丧失于无条件的技术展现。所以，首先被定位于座架中的是人，在座架中，人被强求和限定，按座架的要求把存在者展现为持存物。因为人是被强求着进行强求性的展现的，人本身也就不可幸免地沦为被预定的特殊持存物。也就是说，人本身也变成某种物质（人力物质）和材料，被冠之以"人力资源"、"人才"、"劳动力"等，作为技术需要的"贮备物"而存在，用于预先规定的目的而被任意操纵。

---

① ［德］海德格尔：《海德格尔选集》(下)，孙周兴选编，三联书店1996年版，第942页。

② ［德］海德格尔：《海德格尔选集》(下)，孙周兴选编，三联书店1996年版，第945页。

"由于命运一向为人指点一条解蔽的道路，所以人往往走向（即在途中）一种可能性的边缘，即：一味地去追逐、推动那种在订造中被解蔽的东西，并且从那里采取一切尺度。由此就锁闭了另一种可能性，即：人更早、更多并且总是更原初地参与到无蔽领域之本质及其无蔽状态那里，以便把他所需要的对于解蔽的归属性经验为他的本质。"① 座架锁闭了人本真地应合存在之无蔽和由此获得自身本质的可能性，被强制入天命的发送中，由事物的对象性进入持存性，把对象转化为持存物。但正因为人更先、更源始地受到强求而进入链条，被促逼入预定中，所以，人就和别的存在者不同，他绝不是简单地被转变为纯粹的持存物，而是多于单纯被预定的持存物，成为强求之源和持存物之间的中介，即持存物的预定者。人一方面作为被预定的持存物，另一方面又被强求去参与预定，以这一方式，技术规定了人的本质。座架时刻都在促逼着人，人只能在现成存在那里为自己寻找尺度，只能凭借占垄断地位的技术尺度，通过持存物的预定者的身份去改造存在者，使存在者按照技术的要求存在，从而征服和统治世界，支配和控制全体存在者。当人们把存在者限定于技术的需要时，自己也被这唯一的方式所限定，不可避免地为技术所异化，成为技术的客体，从而丧失了他人之为人的本质。

正如对象（客体）还具有一定的自身性和独立性，主体也同样如此。主体与客体是相互关联、相互制约的，在所有别的存在者成为客体时，人就成为主体，反过来，当人将自身看作凌驾于所有别的存在者之上的主体时，所有别的东西就作为客体存在。"一个过程是紧密地与另一过程相联系的，因此，一极的变化也直接地引起另一极的变化。"② 随着对象消解为持存物，主体也必然发生相应的变化。作为主体的人还没有完全陷入单纯的技术关系，没有完全进入技术的链条中，可以自为地存在，保持着独立性。相似地，正如在对象（客体）那里发生的变化（持存物）一样，在技术中，人自身的本质在限定、强求和促逼中丧失，失去了任何形式的独立性、自身性和尊严，

---

①　[德] 海德格尔:《海德格尔选集》(下)，孙周兴选编，三联书店 1996 年版，第 944 页。

②　[德] 冈特·绍伊博尔德:《海德格尔分析新时代的科技》，宋祖良译，中国社会科学出版社 1993 年版，第 99 页。

完全陷于纯粹的持存关系。主客关系完全消失于持存物和持存物的预定者的关系，即技术展现的关系，仅仅作为持存物和预定者的关系的一极存在。人已经被座架促逼到了这个地步，以至于他不把座架当作强求来看待，不把自己当作被要求者来看待，从而不知道自己本质上是绽出的生存。这就是人在技术中的存在方式。

总之，在技术中，无论是主体还是客体，都作为持存物而消融，换句话说，二者的本质都被耗尽了，最后只剩下技术化的空洞的存在。当一切都被确定为持存物而完全偏离存在本身时，形而上学也就"完成"和"终结"了。这不是外在的偶然的断裂，而是内在的合乎本质的结束，形而上学在建立之初，存在被确定为存在者，成为可支配的对象，这一历史运动在现代技术中继续发展，最终消解了独立自为的存在者这一形而上学赖以建基的东西，使其进入单纯的技术关系，成为预定的持存物，耗尽了其本质变化的可能性，形而上学史的进一步发展已不可能，甚至技术已经不再是形而上学了，形而上学走向终结。

"可是，这一切和语言又有什么相干呢？在多大程度上需要来变到技术语言，也就是谈到一种由技术之最本真处来规定好的技术语言呢？恰恰是语言以一种特殊方式始终处于技术之控制要求之下，此语言是什么样呢？"[1]

第二节　语言的技术化

传统形而上学语言观认为："语言是居于人的精神和对象之间的中间世界。语言是此一主客体之间的表达。……语言并不单纯是交流与理解手段。然而，恰恰是此种对语言的流行想法由于现代技术的统治就不仅经历了新生，而且经历了巩固并片面加强到最极端的地步。"[2]语言的发展中渗入了技术的深刻影响，在形而上学语言观中，体现的是语言的符号化、工具性、主

---

[1] ［德］海德格尔：《熊译海德格尔》，熊伟译，王炜编，同济大学出版社2004年版，第262页。

[2] ［德］海德格尔：《熊译海德格尔》，熊伟译，王炜编，同济大学出版社2004年版，第263—264页。

体性等，在技术的绝对统治下，这种语言所具有的功能被进一步强化，走向技术化而成为信息。技术的本质座架向语言本身进行全面的扩张，它在很大程度上规定了技术的语言，语言在形而上学的完成时代就是设置和生产，它被受到座架强求的人预定为持存物，充当技术统治的工具。海德格尔就这一现象予以追问："由此，语言的本质是被耗尽了？还是被满足了？"① 在他看来，只能是前者。他指出，技术对语言的危害是巨大的，技术化的语言只是关涉纯粹的存在者，而忽略了更为本源性的语言的存在，从而偏离和违反了语言的原初本性。

一、科学语言

语言的技术化表现在哪里呢？首先表现为科学语言。这里首先要澄清一点：人们通常认为，科学是技术的基础，当人们将现代科学加以应用时，就产生了现代技术，因此，现代技术是现代科学的应用和工具。海德格尔则相反，在他看来，科学对技术的决定只是在科技史上显示出来的现象，从本质上来看，现代科学是由技术规定和支配的。海德格尔对科学做了界定，认为"科学是关于现实的理论"，其本质在于研究，现代科学所研究的"现实"以及"研究"都处于促逼着的摆置和订造活动中，都是由现代技术决定的。因此，技术先于科学，现代科学归属于现代技术本质的领域。按照海德格尔这样的思路，科学语言也就成为技术化语言的表现。

就广义而言，日常语言也是科学语言，但我们这里所谈的科学语言是狭义的、严格意义上的符号化、形式化的语言。因为在科学的视域中，日常语言是以旧的时空观念为基础的，其所包含的概念是通过反复地使用语言中的某些词语却未作严格的分析而逐渐获得的，这样的概念或词语没有被清楚地定义，具有内在的不确定性、模糊性和直观性，难以确切地描述和说明科学系统中表现出的各种现象。许多科学概念也无法被置于日常语言之中，无法转换为日常语言，因而日常语言只适用于有限的范围。这就需要对其概念或

---

① Heidegger，*Logic as the Question Concerning the Essence of Language*，Translated by Wanda Torres Gregory and Yvonne Unna，State University of New York Press，2009，p.14.

词语进行定义，以确定运用它们的界限，由此获得进行科学思考的坚实基础。严格意义上的科学语言适应了这一要求，它非常注重语言对科学的理性功能，借助于正规的语言格式，将语言模式化，用概念、判断、推理组成的语言表达式对事实予以精准、直接、明白的表述，或针对某一事理予以探求、推导和证实，将对事物的经验予以提升，反映事物存在的本质特征和基本规律，由此获得知识，因而是一种抽象的理性认识。我们这里谈的科学语言正是后者。

科学语言是以高度抽象的力、质量、时间、空间、能量、量子、守恒、熵等基本概念为要素，严格按照特定的语法、常规的逻辑与数学规则构建成牛顿定律、相对论等各种命题、定律、原理和推论之类的语言形式和体系，用以描述与说明科学理论或科学事实的特殊符号系统。其中，"概念对科学如此有价值和有用处，以致它们在科学中能够描述和在思想中能够符号化大范围的事实。概念的目的是容许我们在事实的纷乱的纠缠中找到我们的道路"①。由概念组成的陈述是科学知识对自然界的实在物进行描述的形式，是科学语言的重要表现形式。科学语言渗透在科学整个研究活动的各个环节中，主要还是作为对科学知识的表达工具而存在的，正如卡尔那普所言："知识只有在我们用符号把它表示出来、表达出来，只有用语词或其他符号给出一个命题，才可能存在。"②科学将实在置于特有的语言之中，通过这使自身呈现在人们面前，"没有这种语言，事物的大多数密切类似对我们来说将会是永远未知的，而且，我们将永远不了解世界的内部和谐"③。因此，在一定意义上，科学知识体系本身就表现为语言符号系统。

按照海德格尔的观点，科学语言是由传统形而上学语言衍生而来的，或者说，科学语言就是一种形而上学语言。传统形而上学语言不仅被看作用来表达和交流思想感情的工具，而且，在现代科学发展的过程中，语言之思想感情交流工具的功能进一步得到延伸，增加了新的功能，成为交流知识的工

---

① [奥]马赫：《认识与谬误》，李醒民译，华夏出版社2000年版，第138页。
② [美]卡尔纳普：《世界的逻辑构造》，陈启伟译，上海译文出版社1999年版，第326页。
③ [法]彭加勒：《科学的价值》，李醒民译，辽宁教育出版社2000年版，iv。

具。因为科学在形而上学的视域中具有确定性和普遍性等特点，所以，科学的研究和成果不是个人的东西，而是人类共同的东西，这就决定了科学知识能够并需要在人们之间进行相互交流，而交流是通过语言进行的，于是发展出了相应的科学语言系统。

亚里士多德在科学语言的构建方面做了很多工作。由于对概念或词语的定义不能用其他同样不明确的概念或词语作出，所以，亚里士多德排除了语言的具体内容，着眼于语言的逻辑形式，分析其判断与推理的形式结构，赋予其严格的秩序，由此使语言达到了前所未有的抽象性、准确性和无歧义性，建立了阐明和规范思想的方法，从而奠定了科学语言的基础，三段论的演绎即是其标志。三段论包含三个命题或判断，分别是大前提、小前提和结论，其中的大前提是用语言所表述的普遍规律，这些普遍规律是由少数概念构成的，以保证规律的简单性和普遍性。通过三段论的演绎法，科学从一般推导出特殊，解释由简单的普遍规律所引起的各种各样可能的特殊现象，所得现象的准确性依赖于规律的准确性，而规律的准确性又依赖于其所构成的概念的准确性。

及至后来，人们寻求一种统一的科学语言。"莱布尼兹对科学语言统一最先作出了令人信服的表述。他力图构造一种具有普遍表征作用的人工语言，对科学语言进行根本性的重组。这种语言以描述事物状态及其彼此的相互关系的符号理论为基础，它的功能理应包括逻辑推理和判断程序，还包括以定义为基础的重要的概念确定，从而以内容为基础使推理在形式上具有计算的确定性。他在他的微积分和逻辑演算中部分地实现了他的理想。在 20 世纪 30 年代的逻辑经验主义者那里，科学语言统一的思想成为他们所宣传的科学统一纲领的核心。这一纲领主要关心的是科学概念形成原则的一致性，也就是说，所有科学陈述都可以用一种语言即物理学语言来阐述。物理学语言被看作是具有普遍性的科学语言，从而可以作为各门科学统一的基础。……纽拉特甚至企图以物理学语言统一社会科学。"[①]

海森伯在谈到科学语言的发展时说："在科学知识的增长过程中，语言

———————

① 李醒民：《论科学语言》，《北京行政学院学报》2006 年第 2 期。

也增长了；引入了新的术语，把老的术语应用到更广阔的领域，或者以不同于日常语言中的用法来使用它们。'能量'、'电量'、'熵'这样一些术语是明显的例子。这样，我们发展了一种科学语言，它可以称为与科学知识新增加的领域相适应的日常语言的自然扩展。"① 所以，对物理现象的描述既"是一个物理学问题，同时也是一个语言学问题"②。他从通常的语言观出发，认为语言是人们传达信息的方法，也是人们思考的基础，它随着人类社会一同发展。现代物理学如相对论和量子论动摇了物理学乃至整个科学的基础，人们就这些理论展开的激烈争论在一定意义上是因为，科学的革命总是伴随着科学语言的变革，而过去的物理学概念不能被用来描述新发现的物理现象，"人们尚未找到谈论新形势的正确语言，而到处狂热地发表的关于新发现的不正确的陈述已经引起了各种各样的误解。这确实是一个根本性问题。现代的先进实验技术已在科学领域中引入了不能用普通概念描述的自然的新面貌。但是，应该用什么样的语言来描述它们呢？"③

"直到20世纪末所引入的全部概念构成了适用于广阔经验领域的完全首尾一贯的概念集，并且，与以往的概念一起，构成了不仅是科学家、也是技术人员和工程师在他们的工作中可以成功地应用的语言。属于这种语言的基本观念是这样一些假设：事件在时间中的次序与它们在空间中的次序完全无关；欧几里得几何在真实空间中是正确的；在空间和时间中'发生'的事件与它们是否被观测完全无关。不可否认，每次观测对被观测的现象都有某种影响，但是一般假设，通过小心谨慎地做实验，可使这种影响任意地缩小。这实际上似乎是被当作全部自然科学的客观性理想的必要条件。"④ 这凸显了科学语言的抽象性，而且，在科学的视域中，"这种语言越抽象，越远离直接经验，就越科学，越接近实在"⑤。

但是，由于科学具有非自然的特征，与之相应，抽象、统一的科学语言

① ［德］海森伯：《物理学和哲学》，范岱年译，商务印书馆1981年版，第113页。
② ［德］海森伯：《物理学和哲学》，范岱年译，商务印书馆1981年版，第110页。
③ ［德］海森伯：《物理学和哲学》，范岱年译，商务印书馆1981年版，第109页。
④ ［德］海森伯：《物理学和哲学》，范岱年译，商务印书馆1981年版，第114页。
⑤ 李醒民：《论科学语言》，《北京行政学院学报》2006年第2期。

也是人为的，它套用符号逻辑，将宇宙间的各种事物及其现象仅仅表现并对应于死硬的概念、术语、定律、原理等，虽然能够比较准确地把握和普遍地涵盖实在，却使其日益远离事物本身，也失去了与事物的直接接触。"我们不去考虑对我们的意图来说无关的那些事实特征，而通过把事实引入概念之下简化了事实，同时通过把该类型的所有特征包括在内扩大了事实。"①"这种语言的结构和逻辑形式是狭隘的，具有过分简化的危险。在逻辑中，注意力只集中于一些很特殊的结构、前提和推理间的无歧义的联系、推理的简单形式，而所有其他语言结构都被忽略了。"②总之，事物陷于纯粹形式的、无意义的符号和框架中，其蕴涵的丰富意义失落了，而科学语言恰恰是造成这一点的根源。

于是，人们开始认识到，在使用语言时不能严守确定的原则，因为，面对纷繁复杂的世界，人们很难找到适当的术语及其普遍的使用准则。玻尔在对量子理论进行物理的诠释时，就反对公理化的构架和论证，提出以"互补"的方式去描述量子的不确定性，他实际上是研究如何适当地使用语言，并因此"鼓励了物理学家们宁可使用一种含糊的语言，而不使用一种无歧义的语言，以符合于测不准原理的比较模糊的样子来使用经典概念，交替地使用那些在同时使用时会导致矛盾的经典概念。以这种方式，人们谈论电子轨道、物质波和电荷密度、能量和动量等，总之意识到这些概念只有很有限的适用范围"③。"一个词的次要意义，只是在人们听到它时模糊地通过人们的心灵，但它却可以对一个句子的内容作出主要的贡献。每个词可以在我们内心引起许多只是半有意识的运动，这个事实能够用到语言中来表示实在的某些部分，并且甚至比用逻辑形式表达得更清楚。"④

这样运用语言对科学问题加以说明同样存在困难，从而促使科学语言再次回到具有准确性和无歧义性的数学方案中，虽然在形式和内容上都和以往有所不同，具有互补性，但依旧是重新走向了具有稳定性和规范性的"定

---

① [奥] 马赫:《认识与谬误》，李醒民译，华夏出版社 2000 年版，第 139 页。
② [德] 海森伯:《物理学和哲学》，范岱年译，商务印书馆 1981 年版，第 111 页。
③ [德] 海森伯:《物理学和哲学》，范岱年译，商务印书馆 1981 年版，第 118 页。
④ [德] 海森伯:《物理学和哲学》，范岱年译，商务印书馆 1981 年版，第 111 页。

法"。海森伯说:"在物理学中使用的这种语言的模糊性,已因此引起规定另一种准确语言的尝试,这种准确语言遵循完全符合于量子论数学方案的逻辑形式。"[1]"这种普遍的逻辑形式(其细节不能在这里描述),准确地对应于量子论的数学形式系统。它构成那种用来描述原子结构的准确语言的基础。"[2]但这也造成了许多新的困难,如,在语义方面,语言不同层次间的关系不再是一一对应的;在本体论方面,语言不再被限制在描述事实的范围内,不再是对实在的描述,它所描述的"原子或基本粒子本身却不象是真实的;与其说它们构成一个物与事实的世界,不如说它们构成一个潜能或可能性的世界"[3]。而之所以如此,是因为人们是从科学—哲学的形而上学视域中看待这一现象的。从根本上来说,科学语言就是要直达统一场理论,获得对世界的最终认识。

海德格尔在谈到现代科学及其语言在当代所发生的巨变时说:"今天人们在谈论各门科学的'基础危机'。然而,它仅仅涉及具体科学的基本概念。它决不是科学本身的危机。科学本身在今天的进程比以往任何时候都更坚实可靠。可是,与向来为各门科学提供领域的基本概念之设定方面的一种单纯不可靠性相比,那个贯穿并支配着各门科学、因而使其本质变得神秘莫测的不可接近之物,其范围要广大得多,也就是说,两者本质上是不同的。所以,各门科学中的不安就远远超出了科学基本概念的单纯不可靠性。"[4]

在他看来,科学语言只是语言的一种可能性,是从存在中衍生出来并被凝固化了的形态。当现代人探讨科学的"基础危机"并为此感到不安时,仅仅停留在表层,即具体科学的基本概念上,他们并不知道科学本身的危机来自何处。在《论理论物理学的现代危机》一文中,爱因斯坦指出,从伽利略、牛顿的经典力学,到麦克斯韦、法拉第的电磁场理论、再到普朗克的量子理论,自然科学理论始终受到不确定性的围困,并因此而遭到怀疑,理论物理学的基础一次次被撼动,一次次陷入危机之中。关于这一点,爱因斯坦

[1] [德]海森伯:《物理学和哲学》,范岱年译,商务印书馆 1981 年版,第 119 页。
[2] [德]海森伯:《物理学和哲学》,范岱年译,商务印书馆 1981 年版,第 122 页。
[3] [德]海森伯:《物理学和哲学》,范岱年译,商务印书馆 1981 年版,第 123 页。
[4] [德]海德格尔:《演讲与论文集》,孙周兴译,三联书店 2005 年版,第 62 页。

认为，物理学的危机是由事物本身存在的不确定性和相对性引起的，就此而言，海德格尔的思想在一定程度上和爱因斯坦是一致的。海德格尔认为，事物本身具有丰富多样的未被发现的特性和方面，按照他的观点，人们不应该单一地绝对地从存在者的角度看待事物，科学及其语言的问题正是由于单纯地从具体的存在者出发而引起的。由于局限于存在者，由于对作为根本的存在的遗忘甚至排斥，由于存在本身的丰富性、多样性和动态性遭到遮蔽，由于失去了"存在"的源头活水，科学之根在其本质深处已经趋于衰亡。因此，人们应该改变自己从具体的确定的存在者出发看待事物的态度，从单纯的科学视野中走出来，使得事物未被发现的丰富内容显现出来，并从中吸取营养。

二、信息语言

海德格尔认为，语言在技术中的极端化"集中表现在这句话中：语言是信息。信息是科学语言进一步发展的结果，是技术语言中的真正'技术的东西'"[①]，人们甚至将我们当今所处的以技术为特征的时代冠之以信息时代。

海德格尔在批判技术化的语言思想时，提到了魏茨泽克所作的题为《作为信息的语言》的报告，他说："有一个演讲把语言视为信息，同时也必然把信息思考为语言。"[②] 在形而上学的历史中，陈述意义上的语言成为主题，但是在海德格尔看来，随着现代技术的高度发展，传统语言的符号化加剧了，形而上学语言的最后形态不是陈述，而是技术化的信息。"在关于语言和人的信息理论的想法的视野中……一部机器提供出来的由调节范围标识出来的反馈技术过程，比起人类语言的报道体系来，一样地好——如果不是技术更高超的话。因此语言之一切技术理论之最后一步，如果不是最初一步的话，就是宣告。'语言不是一种仅只保留给人类的特性'。这样一句话可

① ［德］海德格尔：《熊译海德格尔》，熊伟译，王炜编，同济大学出版社 2004 年版，第 264 页。

② ［德］海德格尔：《在通向语言的途中》，孙周兴译，商务印书馆 2004 年版，第 240 页。

以在这一前提下说通：语言之本真性被简约成，也就是萎缩成仅仅是给出信号、报道了。"①

接下来，我们先看看信息在严格的技术意义上指的是什么。座架将一切存在者都框入技术的展现之中，语言也不例外。"座架摆置人，亦即挑动人把一切在场者都当作技术的持存物（Bestand）来订造（bestellen），就此而言，座架就是以大道的方式成其本质的，而且座架同时也伪造大道（ver-stellen）。因为一切订造看来都被引入计算性思维之中了，从而说着座架的语言。"②此处的"大道"即"存在"，这一点我们将在下文详细阐述。在技术中，人被强求说着座架的语言。那么什么是"座架的语言"呢？作为技术的本质，座架具有自身的语言性，它构造信息语言，以便在技术的世界中通报自身。这意味着，语言在技术的世界中被座架限定，最后成为一种形式化的语言，即信息。也就是说，在座架的限定下，人们为了特定的技术性目的而进行交流，从而形成了一种人工语言，这就是信息。在技术的本质"座架"之中展现的语言是信息，在座架中，发生了向作为信息的语言的转变。正如海德格尔所说："被摆置的说便成了信息，信息探查自身，以便用信息理论来确证它本身的行动。座架乃无往而不在的现代技术之本质，它为自身订造了形式化语言；后者就是那种通报方式，据此方式，人便被拘形也即被设置于计算性技术的本质中，并逐步牺牲掉'自然语言'。"③总之，在技术时代，语言已经被异化为非本真的语言——信息。关于这一点，我们从信息的历史形成和发展中可以看得更清晰。

自近代以来，出现了把语言形式化、符号化、数学化的倾向。许多科学家和哲学家认为，随着现代科学的发展，语言必然走向数学化和形式化，并着手构造现代符号逻辑或数理逻辑。因为，在他们看来，当科学处于低级阶

---

① ［德］海德格尔：《熊译海德格尔》，熊伟译，王炜编，同济大学出版社 2004 年版，第 266—267 页。

② ［德］海德格尔：《海德格尔选集》（下），孙周兴选编，三联书店 1996 年版，第 1143—1144 页。

③ ［德］海德格尔：《海德格尔选集》（下），孙周兴选编，三联书店 1996 年版，第 1143—1144 页。

段时，自然语言就足够用了。但是，当科学高度发展，变得日益复杂和抽象时，自然语言就不相适应了，而需要用一些精确的、单义的科学符号去取代那些模糊的、多义的日常语言，于是在科学语言中出现形式化、数学化的倾向。玻尔说："我们将不把数学看成一种独立的知识分支，而宁愿把它看成一般语言的一种精确化；这种精确化给一般语言补充了表现各种关系的适当工具；对于这些关系来说，通常的语言表达法是不确切的或纠缠不清的。在这一方面可以强调，正是通过避免涉及渗透在日常语言中的自觉的主体，数学符号的应用才保住了客观描述所要求的定义的无歧义性。"[①]海森伯说："在科学阐明过程中涌现出来的第一种语言，在理论物理学中常常是数学语言，就是允许人们去预言实验结果的数学方案。"[②]他认为："自然科学中普遍规律的概念必须以完全的准确性规定下来，而这只有用数学的抽象方法才能做到。"[③]于是，为了概念在特殊现象解释上的无歧义性，科学便引入了数学符号，赋予其一定的名称，对应于特定的作为测量结果的事实，建立起了符号和语言之间的关系。"然后，这些符号通过严格的定义和公理的系统彼此联系起来，最后，再用符号间的方程式来表示自然规律。于是，这些方程的解的无限多样性将对应于这部分自然中可能出现的特殊现象的无限多样性。这样，在符号和测量间有着关联的情况下，数学方案就代表了这类现象。"[④]科学对应于数学方案，确定了一种准确的科学语言。这种数学语言被科学研究人员不仅用于预言实验结果，而且用于解释实验。总之，人们将数学和实在世界二者的结构预设为相同的，用抽象的数学符号或代码去代替自然语言中的主词、宾词、连词等成分，并按照特定的构成规则和公理、推理规则建构语言的形式体系，被用于进行科学研究的工具，这种语言成为科学是否完善与成熟的标志。

这一倾向首先从笛卡尔开始。笛卡尔试图统一各门科学的研究方法，他认为，所有的科学都具有一个共同的基本特性，即它们都必须根据符号逻辑

① ［丹麦］玻尔：《尼尔斯·玻尔哲学文选》，戈革译，商务印书馆1999年版，第181页。
② ［德］海森伯：《物理学和哲学》，范岱年译，商务印书馆1981年版，第109页。
③ ［德］海森伯：《物理学和哲学》，范岱年译，商务印书馆1981年版，第113页。
④ ［德］海森伯：《物理学和哲学》，范岱年译，商务印书馆1981年版，第113页。

的前提来进行，而所有的人都是根据同样的逻辑和符号进行思考，因此，就有一种通用的方法，它能够适用于所有人类的数据以及问题的变化和解释。在笛卡尔看来，数学是从所有科学中抽象出来的学问，因而是一种唯一的通用于宇宙的科学。他建议创造一种类似于这个系统的新语言，一种通用的可以覆盖人类所有思想的语言体系。笛卡尔提出"简单本性"，即人们遇到一个单词时所产生的最初想法，它们包括普遍性、原因、实体、运动等。他认为这些"简单本性"的数量是很小的，就像字母的数量，重复使用它们形成新的组合就造成一种语言的丰富词汇。因此，各种自然界中的对象可以被简化成不同的"简单本性"的组合，人们可以通过"简单本性"和数学解读整个自然世界。

　　莱布尼兹沿着笛卡尔的道路，寻找笛卡尔提出的人类思想的字母和处理这些符号的数学工具。从数学，化学，天文学以及他自己发明的微积分的符号中，他感到符号对于各种科学研究起着重要作用。莱布尼兹认为，世界上一定有一种宇宙通用的字符，它们不仅绝对真实，而且能够涵盖人类所有的思维。他认为利用二进位制进行计算就可以表达世间万物。按照莱布尼兹的设想，根据二进位制可以创造一种绝对理性的、按照数学规律进行运作的语言。这种语言可以计算出对与错来，因为二进制只有两个数码0和1，正好与逻辑代数中的"真"和"假"相吻合。他认为这种语言就是一种宇宙通用的语言，但是，它与过去所有的语言都不相同，因为它的每一个符号都指明了对与错，如果与事实不相符，那也仅仅是计算的错误而已。莱布尼兹的出发点是分析各种概念以支持通常使用的各种语言符号，将所有这些概念用数字来编排。这样，推理的过程就可以转化为数学运算。

　　在莱布尼兹的时代，很多人都在寻找一种人工的通用语言。这种语言可以被使用任何语言的人所理解，还能够用一种系统的方法准确无误地表达所有可能出现的知识。而自莱布尼兹以来，人们已经提出了数百种"人工语言"方案，明显都是在技术上看待语言、处理语言的结果。[①] 在这一过程

_____

① 以上关于语言的形式化、数学化的阐述，参见苏诚忠：《语言的本质》，http://cq.netsh.com/bbs/758828/html/table_12041262.html。

中，"自然"语言被日益增强的形式化语言所取代，最终出现了一种新的语言——信息。

而且，随着科学技术的进一步扩展，在信息论、微电子技术、计算机技术、人工智能、系统工程技术、自动化技术等基础上，信息得到了高度发展，出现了信息技术，研究人类、生物及机器关于各种信息的获取、转换、传输、存储、处理、显示、识别、控制和利用及其一般规律。也就是说，信息技术利用计算机来进行信息的处理，利用现代的电子通信技术从事信息的采集、存储、加工和利用，设计和研制相关产品如信息机器和控制设备，以实现操作的自动化。

信息是一种纯粹形式的语言，不考虑具体的、物质的内容，追求并倡导语言标准化的规律，"是技术时代的产物，是被单纯技术要求阉割了的道说"①。作为技术化的语言，信息也只是一种持存物，具有明确的物质化、功能化和齐一性等特征。作为持存物，信息被作为一种资源或材料来看待，它能够被以不同的方式存储在不同的介质如文字、录音、录像和计算机存储器等之中，也能够通过一定的手段进行处理，实现不同形态之间的转换，如关于自然的信息被转换为文字、声音和图像等形态，或者被转换为电磁波信号或计算机代码，进行传递，使公众共享。在此，语言成为信息的载体，甚至被等同于信息。

信息语言摒弃一切关于丰富意义的渲染，单义性被看作是信息的本质，或更确切地说，是信息的目标。"为要使这样一种报道消息的方式成为可能，必须每一信号都被单一地定义下来，同样此等信号的每一组合都必须单一意义地意指一个确定的说法。惟一的在信息中始终保留下来的语言的性格就是著作之抽象形式，此抽象形式亦被改写成一种逻辑推算的公式了。信息与公式之此种必须要求有的单一含义就保证了通告之准确与迅速的可能性。"②技术统治的运动推动着人们把语言构造为一个纯粹形式化的符号系统，这就是

① 徐友渔、周国平等：《语言与哲学——当代英美与德法传统比较研究》，三联书店1996年版，第161页。
② [德]海德格尔：《熊译海德格尔》，熊伟译，王炜编，同济大学出版社2004年版，第265页。

信息语言的产生，而信息语言的形式化的产生只能靠生产单义的概念。通过形式化，语言被带到概念和名称的单义性（与持存物的齐一化相对应），其精确性和技术操作的精确性相符合。信息语言要求高度严密和精确，排斥多义性和歧义性，力求一词一义，使人一看就能明白其特定的含义，而不会做多种解释。而且，其含义是固定的、确切的，不能随意更改，尽量朝着标准化的方向努力。这一过程使得信息成为一种"单轨的"语言。于是，就出现这样的情况：在具体的应用过程之中，不管什么人，不管处在什么状况之下，都能对其作出同一解释。在一个学科领域中，一个术语只能表达一个概念，或者说，同一个概念只能用同一个术语来表达。换句话说，所有的科学术语，其最突出的特点就是：词义单一而固定。形式化把一套特制的符号系统运用于某一理论，将这一理论中的概念转换成其形式语言系统中的符号，而将命题按照其系统转换成符号公式，同样，将定理的推导转换为符号公式的变形，进而将证明转换为符号公式的有穷序列，最后将对这一理论中的概念、命题、推理等的研究，转换成对由符号表达式所组成的形式语言系统的研究。在形式语言系统之中，人们拒斥内在矛盾，强调其首尾一贯性，希望通过形式化将所有的多义性都排除于符号之外，使符号严格而精确地限定在一种意义上。

海德格尔反对现代语言科学和语言哲学中将语言形式化、数学化和符号化的倾向，他承认这一倾向的存在，将朝着这一方向发展的语言分支叫作"logistik"，也就是符号逻辑或数理逻辑，它依然包含着传统逻辑的要素和特征，但将逻辑重新回溯到哲学之中，并改变了对逻辑规则的解释方式。但是，他认为这并不是对语言的新发展，将数学运用在命题形式之中，只是一种技术主义的表现。这种把语言形式化、数学化和符号化的倾向，必然使语言丧失其生命力而走向死亡。因为信息把语言形式化后，就不再能道说语言的存在，即不再知道语言的"自然"（古希腊意义上的自然指生成和涌现）。但是，信息论者把自然性看作是形式化的缺乏。当然，信息理论也承认，形式化的语言以自然的语言（这里的自然语言就是未经技术改造过的语言）为前提，这就是说，在语言本质的一切技术变形的背后，仿佛还保持着一种并非首先由技术限定的语言。"语言之信息理论同时也必然碰上一条界限。因为'每一要使一部分语言成为单一含义（通过定形到一个信号系统中去的办法）的尝试，已经假定了要用自然语言，即使自然语言远未单一含义亦然'（参阅魏茨泽克《作为信息的语言》）。'自然的'语言，也就是未经技术设法安排过的语言，自始至终一直保存着而且宛如跨在一切技术改造语言视野的背上。"①虽然信息语言把自然语言设为前提，但是，在形而上学语言即信息理论的视野中，自然语言具有较大的随意性、含混性和松散性，是一种干扰的剩余物，只具有暂时的意义，因而只被看作是尚未形式化的语言，而形式化才是其发展的最终目的，只有被形式化的语言才是标准的语言。正如海德格尔所分析的："尽管信息理论不得不承认，为了用没有被形式化的语言来探讨技术性持存的道说，形式化语言总是又要求助于'自然语言'，但对于信息理论的通行的自我解释来说，此种情形也只不过是一个暂时的阶段而已。因为在此不得不谈到的'自然语言'，事先被人们设定为尚未形式化、但已经被订造到形式化过程中的语言。目标和标准乃是形式化，即道说的在计算上的可订造性，在要求形式化的意志中，人们似乎迫不得已暂且还承认语言的'自然因素'（Natürliche）；但人们并不是着眼于语言的原初自然来经验此种'自然因素'的。原初的自然乃是 φύσις，它本身基于大道之中。而道说正是从大道而来才涌现运作。信息理论则把语言的自然因素理解为缺乏形式化了。"②信息语言要求简练、精确、规范、齐一，以适应传播一切和计算、衡量、统治、支配、筹划相关的东西。信息失去了语言本身的丰富和活泼，它把语言本身的多重意义简化为单一的意义方向，并表达一种固定的思想观念，从而变成一种固定和僵化的东西。由上述可知，在技术时代，语言本身已经被物化进而被异化为非本真的语言——信息。然而，尽管语言的抽象定义对技术而言是必要的，但其本身并不适合于保护和甚至促进语言本身的发展，相反，它阻碍了语言本身的显现。

---

① ［德］海德格尔：《熊译海德格尔》，熊伟译，王炜编，同济大学出版社 2004 年版，第 267 页。

② ［德］海德格尔：《在通向语言的途中》，孙周兴译，商务印书馆 2004 年版，第 265 页。

三、语言作为统治工具

技术对存在者整体的统治不是直接的、没有任何手段就可以发生的，而必须借助某些统治手段如机器等才能发生，在这些手段中就包括技术化的语言即信息，它甚至是最原始也最根本的手段，是技术统治和征服世界的一个前提。也就是说，在技术中，语言沦为技术统治的工具，并且不是普通的工具，而是更高级的信息工具，现代的信息化和形式化语言已经达到工具语言的极致状态，人们认为语言只有形式化和信息化，才能避免失去其工具价值而被抛弃。这与形而上学对存在的看法相联系。形而上学把本质看作所有存在者的本源、根据与实体，认为依照永恒不变的本质就能够确切地把握世界，规定世界，最终决定世界的价值与意义。在技术时代，信息被看作是语言的本质，在这里，信息不仅被看作是客观存在的、不由人的意志所决定的，而且还被认为是广泛存在的，具有普遍有效性（知识性、理性），由此可以统治世界的一切，规定着人们对世界的理解。在这个时代，没有什么东西比信息对世界的影响更强大了，信息成为一种统治世界的最强有力的技术系统。在技术的视野中，只剩下信息，世界可以通过信息表达出来。现代世界的一切都源于和信息语言的统治关系，而它和语言的还可能存在的其他联系则退居次要地位，直至完全消失。任何世界都有和其自身相对应的语言，语言的功能并不是单纯的反映，而是参与当时世界的发生。只有通过语言，被人们称作世界的东西才显现出来，而技术的世界只能显现在技术的语言中。不可想象，在本真的诗意语言中会发生技术性的统治，因为诗意语言对世界不是在主体构造的意义上加以展现，而是使世界本身的存在具有丰富的表现可能性，使世界以多种方式得以展现。海德格尔说："信息意味着消息，这消息使今天的人尽快地、尽可能广泛地、尽可能明确地、尽可能有益地了解他的需求的确保和满足。所以，作为信息工具的人的语言的观念日益占上风……然而，当信息在报告和通知时，它同时在形成，即它输入和输出。作为消息，信息也已经是设施，这设施使人、一切对象和持存物具有某种形式，而为了确保人对整个地球和甚至对这个行星之外区域的统治，这形式已足够了。"① 信息在现代技术时代的"统治"是无条件的、空前的，在这里，"统治"应该从本体论上的事物构造方面来理解。这一统治表现在对语言本身、事物、人几个方面。

信息作为非本真语言的一种形式，把活生生的语言进行技术的限定，从而建构出一个人工的语言世界。这样，语言本身就被置于形式化的信息的监管之下，丧失了其自然，其原本有的神秘力量消失了，从而失去了其原初的本源性。"由于现代技术之无条件的统治，被置入最大限度的信息的宽广领域的技术语言——勿论是就要求而言，还是就贡献而言——之势力都不断升高了。语言之本真性就是把在场者与不在场者，也就是最广义的现实性显示出来与现象出来之说。因为技术语言是通用在形式化了报道与给出信号的体系中，如此技术语言就成为对作为上述那样的说的语言之本真性的最尖锐与最威胁的攻击。"② 作为语言的极端抽象化，信息遭受到强求，它为了技术的可使用性而程序化，这一程序化又是归属于预定的，信息要依照某一特定方向去对应存在者的可预定性。因此，在程序化中就有着对语言的控制。结果是，语言被加工成由技术干预的词语和概念性客体，最后仅仅作为座架的一个纯粹的可预定的持存物而存在。"因此，在语言科学看来，语言无非是可加工的齐一的并对主体的行动来说合适的材料；语言被生产成技术的干预及语词和概念的客体。"③ 于是，语言就变成了某种物质化的东西，即有一定功能的千篇一律的材料，以服务于现代技术。随着现代技术的高歌猛进，信息进入了一个被机械复制和保存的时代。在技术中，语言自身预定自身，并且，语言自身控制自身。在技术时代，语言存在的深层理由只能在是否具有科学性或者是否代表科技进步等一类问题那里去寻找。在这里，语言本身已不复存在，而形形色色的技术化的信息语言却达到了饱和的程度。于是，

---

① ［德］冈特·绍伊博尔德：《海德格尔分析新时代的科技》，宋祖良译，中国社会科学出版社1993年版，第151页。
② ［德］海德格尔：《熊译海德格尔》，熊伟译，王炜编，同济大学出版社2004年版，第266页。
③ ［德］冈特·绍伊博尔德：《海德格尔分析新时代的科技》，宋祖良译，中国社会科学出版社1993年版，第184页。

不是语言本身，而是信息成为最真实的。人工语言即信息作为物质性的语言，是脱离语言本身的无根的悬浮物，是对语言本身的遗忘。实际上，它是"属于"人的语言。"语言就落入了公众状态的专政之下了。公众状态先行决定了什么是可以理解的，以及什么必须作为不可理解的而被抛弃掉。"①在这里，"公众"指的是在主体性统治的时代中无限制地进行对象化的人们，语言就处在"公众"的专政之下，服务于他们的对象化。语言由此沦落为人贯彻主观意志、统治一切的工具。

　　正像任何手段一样，信息也是一定目的的手段。与技术通常被看作是可操作的工具，并且服务于人的目的这一观点相应，由技术所规定的语言——信息——也同样被看作是可以被操作的工具并服务于人的目的。"语言倒是委身于我们的单纯意愿和推动而成为对存在者的统治的工具了。"②信息语言成为不断增长的技术统治过程的主体，因为技术时代持续不断的沟通，是以信息的存储、再生产和传输等之类的中介来进行的，它带来了一种生产与统治的能力，这一能力直接显现为制作工具的人的技术发明能力的一种自我表现方式。信息使得人对存在者的统治具有了可能性，而且只有这样的语言才适合于保证这种统治，无论是对具有可塑性的人本身的统治，还是对作为具有可整理性的客体的其他存在者的统治。信息语言的统治在于，信息并非像符号一样只是事物的再现，其功能不只限于提供一种复制现实的样式，更重要的是，它被加以广泛传播，并在事物的建构过程中，扮演了构成者的角色。在这一意义上，信息也统治世界，世界就展开于信息的传输和反馈之中，信息在座架中预定了持存物。由此，不是信息由存在者，而是存在者首先由信息所预定，存在者整体最后就由信息论所控制。信息为了主体的意志与统治而塑造、整理和设定存在者的存在，这指示出技术的强求和限定。在信息的视野中，一切事物只被看作是可生产的对象之整体，被看作是单纯物质的和可预测的东西。这样和事物打交道，就不会再对事物有所顾忌，不再尊重其独立性、自身性以及它们的丰富特性，而是对其施加"命令"，把作

---

① [德] 海德格尔：《路标》，孙周兴译，商务印书馆2001年版，第372页。
② [德] 海德格尔：《路标》，孙周兴译，商务印书馆2001年版，第373页。

为资源和材料的存在者整体完全合并为同一性与单一性。信息甚至宣称，可以借助符号系统语言去建构世界整体，这就将符号语言的功能推到了极致。如逻辑实证论者就试图用数学符号表示一切自然和社会的东西，寻求语言和世界的对应关系。因而，信息毋宁说是一种构造体系，它把自己形式化，成为世界结构的普遍体系，世界本身被看作是一个典型的符号系统，世界图像就是在这种技术语言的视域之内被规定的。世界的一切都是在信息的视野中被思考的，而且必须以信息为模式被从头再思考一遍。这种语言具有巨大的强制性，任何人与物都不能逃脱它。

信息语言是在人的参与下产生的，是为人服务的。但是，语言在其本性上又是自主的，它本身一旦建立，就会在自主自为的轨道上去支配一切。当人们把在技术座架中构建的信息作为语言使用时，信息也反过来使用、操纵和统治人，使人受制于技术的座架，沉沦于"物"，因此，人实际上已经被技术的语言限定住了。由于技术化语言在根本上的非本真性，它对人的统治就表现为一种暴力，由其建构的世界就显示为将人囚居其中的牢狱。人在技术化的语言中被异化，从而成为其奴隶。"如果人们在技术的统治规定着一切这一意义之下，把传递消息与指示含义单一，准确而迅速的信息认为是语言之最高形式，那么就要由此得出相应的对人的存在与人的生活的看法。我们可以来读读控制论的一个奠基人，也就是现代技术中跨步跨得最远的原理的奠基人诺贝特·维纳的话：'看看整个世界并给整个世界下命令，这差不多是同一回事而且到处如此。'（《人与机器》，第95页）。另一处：'活跃地生活叫做用适合的信息生活'（同上书，第114页）。"[①]

信息已经成为统治的最为根本的形式，构成了一个具有统治性质的巨大牢笼。作为一种统治形式，它具有如下特点，即它首先控制的是人的思想，进而通过人的思想去控制其他存在者。思想其实就是一种信息，不同信息表现出不同思想。这就等于说人的思想是早已被限定好了的，完全处在语言的统治之下，情形是这样的：统一语言以统一思想，简化语言以简化思想，消

---

① ［德］海德格尔：《熊译海德格尔》，熊伟译，王炜编，同济大学出版社2004年版，第266页。

除语言以消除思想。在信息中，人们都被迫发出同一个声音，用同一种方式进行思维。海德格尔深刻地认识到信息语言对人的统治，及人在这一统治下所遭受的厄运。和以往任何时候相比，当今社会的人被以前所未有的方式和符号联系在一起，到处充斥的都是符号，人的生活完全被符号包围。人处于所谓的信息时代中，信息的传播已经不再受到时间、空间的限制，无孔不入地渗透于世界的每一个角落，无所不在地以各种手段影响着人生活的各个方面。如电视、广播、报纸、书籍，特别是电脑，把信息织成一张严密的不可逃脱的网，主宰着今天的一切，人就生活在信息语言的统治中。"每个钟点，每一天里，他们都为广播电视所迷住。每周里，电影把他们带到陌生的，通常只是习以为常的想象区域，那里伪装出一个世界，此世界其实不是世界。到处唾手可得'画报'。现代技术的通讯工具时刻挑动着人，搅动和折腾人——所有这一切对于今天的人已经太贴近了，比农宅四周的自家田地，比大地上面的天空更亲近，比昼与夜的时间运转，比乡村的风俗习惯，比家乡世事的古老传说更熟悉。"[1]"技术的成就以最快的途径为人所知晓，令公众瞠目，这也是技术世界的新特色之一。于是，对这种关于技术世界谈论所提到的东西，今天的每一个人都能在有巧妙导读的画报中读到，或者在收音机旁听到。但是——我们听和读到了某些东西，也即简单地知道某些东西，这是一回事情；而我们是否认识到，也即思考过所见所闻，却是另外一回事。"[2]信息语言的技术本质把自身和技术世界的一切都作为工具使用，使得物和人本身都日益工具化。在这里，人不仅作为物的工具，同时也作为人的工具，人完全被工具化而使其本质失落了。人仅仅作为信息语言的表达者存在，并非人说语言，而是信息语言借助于人的说来确证自身的存在。人在语言面前不再能保持自身曾经所是的主体地位。人每天从各种媒体上获取大量的信息，并自认为自己的能力因信息的增加而扩大，但实际上，在信息的淹没下，人不知所措，只能消极处之。信息的泛滥取代了人的能动，也取代了人对社会的参与。在很大程度上，信息统治着人，人在其统治下将自然语

①　[德] 海德格尔：《海德格尔选集》(下)，孙周兴选编，三联书店1996年版，第1235页。

②　[德] 海德格尔：《海德格尔选集》(下)，孙周兴选编，三联书店1996年版，第1237页。

言拱手交出。这就是现代人的处境。

信息的统治之所以可能，是因为，信息被认为是一种消除了随意性和不确定性的语言，它被固定在精确性和单义性的轨道上。在这里，精确性和单义性不是目的本身，而被看作是对世界进行技术统治的最可靠的工具，这正如前文所述，信息语言的简练、精确、规范、齐一，适于一切和计算、衡量、统治、控制、筹划相关的东西。信息被限定在一定方向上，以符合于存在者的可预定性。因为"说受到挑动，去响应任何一个方面的在场者的可订造性"①。作为信息的语言是一种通报方式，它向人传达某种方向性的知识，存在者就被限定在这一固定的方向上。信息语言将世界的一切包括人和物都完全形式化，成为平板状态的技术体系，在这个体系中，人和物都被彻底简化、贫乏的符号代替，于是，人的人性和物的物性都泯灭了，抽象为技术—物系统中的一个要素。因此，在信息中，一切都被抹杀了界限，产生出一切人都同样可以接受的千篇一律的事物，其结果就是造就了齐一化的持存物。

总之，在信息中，人和存在相互索求。存在要求人对一切进行计划和计算，而人则要求存在将所有存在者都显现为服从计划和计算的贮备物。技术中的一切东西，都能通过物质化的信息语言的方式得到生产和保存，在这里，很显然，信息才是唯一真实的存在，而存在本身则被封存而终结。信息给人一种虚假的透明形象，一种虚假的可读性，其实，在它们背后，本真的存在依旧令人无法辨读，信息的统治已遮蔽了存在。海德格尔深刻地认识到这种技术语言对存在的统治，以及存在在这种统治下所遭受的厄运。存在本身的遗忘，语言的异化，人、物、世界自身性的彻底丧失，这一切都源于信息的统治。而且，这种统治以一种非统治的形式表现出来，它通过语言引导人，以充分"调动"人的主体性。因此，信息语言的统治是无形的，具有隐蔽的形式。

四、语言技术化的根源

在技术时代，语言被技术化，成为占统治地位的主宰者。为什么会出现

---

① ［德］海德格尔：《海德格尔选集》(下)，孙周兴选编，三联书店1996年版，第1144页。

这种变化呢？海德格尔说："现在人们可以认为，只消技术把自身理解为一种手段而把一切都只按此一考虑来设想，那么从技术意义上去把语言说成是传信的手段就是理所当然的了。但是在迄今关于技术与语言二者之本真处的讨论的光照之下，上述解释还仍然停留在表面上。我们不得不放下上述问题，而来追问：在多大程度上，恰恰在将语言改称为单纯信息这一情况中，现代技术之本真处起得了这样的作用，即把人安排得逼索得去提供并保证自然能？在多大程度上，在语言本质自身中，居然存有出击点与可能性，去改变为技术语言，也就是改变为信息？"①

　　语言的技术化首先根源于语言本身的本质。也就是说，语言技术化的发生不是外在性的，而是内在性的。语言本身是"显示"，"但是作为显示的说也可以这样来设想并敲定，即显示只叫作：给信号。信号被用以报道自己本身并不显示的东西"②。语言被设想为"给信号"，这就为语言的技术化即信息提供了开端。声和光本身都不是信息，但是，当它们被事先约定好意指什么时，就被规定和预定成了信息。海德格尔举了电报通信莫尔斯信号的例子，这种信号是用点和线及其数目和安排的组合来表示字母、数字、标点和符号，从而编配出语音结构，这些语音结构又总是和确定的存在者相关联。在这一点上，它和传统的语言观也是相同的。传统形而上学把语言看作是符号，并将它和人发声的生理机制相关联，其所用的命题或陈述都是关涉存在者的，并在发展的过程中形成了对语言的逻辑—语法内容进行探讨的语言科学，作为语言科学的语言学蕴含着特定的技术去蔽的本质，它总是把语言看作一种表现现成存在者的现成存在物，从而只是某种服务于存在者的工具和手段。随着科学技术的高度发展，语言的数学化、形式化和符号化也加剧了，这就导致了语言本身生命力的进一步衰竭，被赋予了精确性、单义性及齐一性等特征，成为工具意义上的信息。正是在这一基础之上，一种新的关于语言的理论即信息论得以产生，并使得信息语言获得了保障自身存在的

---

① ［德］海德格尔：《熊译海德格尔》，熊伟译，王炜编，同济大学出版社 2004 年版，第 264 页。

② ［德］海德格尔：《熊译海德格尔》，熊伟译，王炜编，同济大学出版社 2004 年版，第 265 页。

根据，语言正是在这里完全失去原初的本源性，萎缩为信息。在此，海德格尔对技术化语言即信息的批判值得斟酌，事实上，信息技术的发展未必真的"导致语言走向技术化"，反倒是丰富、多样、充满活力。信息时代的人们借助于信息技术支撑起来的越来越丰富的社会交往能力，拓展了语言的表达空间和表达方式。

技术的本质座架极其深刻地规定着技术语言，以及技术语言向语言本身的全面入侵和扩张，最终导致语言走向技术化。"作为说的语言被改型成为只管给信号报道的语言，其所依据的技术计算原理，就是大型计算设备之所以被建造与作出贡献之根由。对我们头脑清醒的思考起决定性作用的事是，语言怎样才能还是语言并应是语言，这条规章须由机器之各种可能性来决定，语言成为什么样式与性格，由给出形式信号的各种技术可能性来决定，而给出形式信号的技术力量则以最高可能的速度推动着持续不断的'是否序列'（Ja-Nein-Entscheidungen）向前发展。什么节目才能摆到计算机里去，然后计算机，人们这样说，才能喂得饱，此事取决于计算机的建造与生产能力。语言的样式是由技术决定的。但是相反的情况不是也有道理吗：机器的建造按照语言的任务，例如翻译的任务？但是即使这样，语言的任务还是自始而且原则上受到总是要求信号的单一意义与给出信号的单一含义的机器的制约。"①

语言机器将从机器的功能出发对它而言是可能的东西普遍化为信息，语言的技术化即信息被机器本身制约着，它是伴随着语言机器的产生和发展而形成的。语言的技术化在翻译机器和语言机器中得到了充分的展现。"一切狭义和广义的计算，一切思维和翻译都活动在语言的成分中。……在计算和翻译的机器的技术设备的意义上的语言机器是不同于表达机器的。我们在整套装置的形式中了解表达机器，它接受和再现我们的表达，因此还不干涉语言的表达。与此相反，语言机器从它的机器的力量和功能出发已经制约和限定了我们可能的使用语言的方式。语言机器是——而且首先正还成为——现

---

① ［德］海德格尔：《熊译海德格尔》，熊伟译，王炜编，同济大学出版社 2004 年版，第265—266 页。

代技术如何支配语言本身的种类和世界的方式。"① 然而，语言机器还不是信息语言的真正技术的东西，只有当语言被形式化，从而展现出可加工性、可控制性和可统治性等特征，从而具备了产生语言机器的条件，语言机器才能被建造出来，因为语言机器只认识形式化的语言，形式化的高低程度决定着语言机器自动处理的程度。在技术中，语言受到座架的促逼，被进一步符号化、形式化，人工的信息语言符号取代自然语言，被广泛地运用在各门学科体系和机器系统中，由此获得了在技术限定下的特定意义。因此，语言技术化更深层的基础蕴藏于技术的本质中。技术"把语言规定为信息，这首先为建造思维机器和为建造大型计算设备而获得了足够的基础"②。信息语言和科学具有同一个本质来源（即技术），信息可以像经典力学、相对论那样被理解。可以说，信息语言和现代技术的电子化等具有同构性，特别是和全球性的网络体系的外在逻辑具有相似性。语言被看作是可制作的，这正像人造卫星是被制作的。

更深层地来说，语言的技术化扎根于形而上学的表象性的思维方式之中。从近代笛卡尔开始，直到洪堡，及至现代语言哲学，语言被日益突出地设定在主—客二分的模式中，当然，这一根源还可以回溯到古希腊。对把语言确定在技术的使用方面，确定在单义性与精确性等特性上，传统形而上学的表象性发挥了根本作用。表象式的思维把信息看作是和相应的存在者相一致的东西，在这里，主体意识是信息的终极来源，信息的存在是被主体意识构造出来的，信息只不过是对主体意识的表达。因此，信息实际上扎根于形而上学史，执着于表象性思维方式的语言就表现为科学的狂妄理性及其客观性理想，以及建立在这一狂妄之上的技术僭越。正是基于这一原因，反映了形而上学主—客对立框架下的理性思维的科学技术就影响并支配着语言，构造了座架的语言，最终走上了语言技术化的道路。

---

① ［德］冈特·绍伊博尔德：《海德格尔分析新时代的科技》，宋祖良译，中国社会科学出版社 1993 年版，第 187—188 页。
② ［德］冈特·绍伊博尔德：《海德格尔分析新时代的科技》，宋祖良译，中国社会科学出版社 1993 年版，第 189 页。

第三节　弃绝以转向

在《语言的本质》一文中，海德格尔谈到了"弃绝"这一词语，即抛弃和拒绝从前关于语言的看法，而这种"弃绝并不是一种损失"①，它显示的是一种朝着本真语言的转向（Kehre）。海德格尔认为，形而上学语言因包含巨大的危险而应该进行转向，人们也必须去推动形而上学语言的转向，使存在本身显现出来。因为，在技术化的语言中，展现的只是作为持存物的存在者，而存在本身作为涌现的原初意义却消失了，存在本身由此处于"虚无"状态，这是极度危险的状态，这种困境是由于技术的僭越造成的。但当现代技术的极端发展作为完成的形而上学耗尽了所有的可能性，在其本身中就孕育并显现出新开端的征兆，从而转向一种新的存在的可能性。正如存在并不固定地显现为某种存在者一样，技术化的语言也不是唯一的永恒的语言构造方式，也正如技术化的语言在过去有其生成一样，最后它也将趋于消失，让位于源始的语言本身。

一、形而上学语言的完成

作为现代技术本质的"座架"是形而上学存在史最后的极端的完成形态。在这里，完成并不是终结、结束，也不是已经达到了完美的至高境界，而是意味着"聚集到它的最极端的可能性中去"②，把某种东西展开到其本质的丰富性之中去，把某种东西带进这一丰富性之中，换句话说，就是生产出来，并且在生产中耗尽它的所有可能性。也就是说，技术的本质即座架作为完成的形而上学，并不是意味着形而上学终止了，而是说，它本质的可能性被耗尽了。具体而言，在技术之"座架"起着支配作用的地方，一切去蔽都被打上了控制持存物的烙印，而且把所有别的去蔽方式都置于自己的控制之内，从而不再让去蔽本身具有的基本特征显现出来，不再让这种去蔽作为自

---

① ［德］海德格尔：《在通向语言的途中》，孙周兴译，商务印书馆 2004 年版，第 159 页。

② ［德］海德格尔：《海德格尔选集》(下)，孙周兴选编，三联书店 1996 年版，第 1244 页。

身所是的去蔽显现。因此，作为形而上学完成形态的"座架"不仅遮蔽着一种源始的去蔽方式，即产生意义上的"带上前来"，而且还遮蔽着去蔽本身，即存在之澄明发生的领域。所以，技术的本质建立在思之缺席的基础上，而且以"座架"的方式把具有丰富本性的存在限定为持存物，从而成为"思之缺席"的典型而极端的形式，成为传统形而上学的完成。

与此相应，形而上学的语言也走向完成。技术的座架为自己订造了形式化的语言，即信息，使形而上学—技术对语言的说明到处横行，通过形式主义去解决语言的本质问题。但事情还不止于此，在座架的促逼和强求下，人们不只满足于以不同类型的人工语言去表述不同的科学技术，还致力于将各门科学技术的语言统一起来，使语言的形式化走向"语言的语言"，这也就是西方语言哲学和语言科学所致力于追求的"元语言"。"新近的语言科学和语言哲学研究越来越明显地把目标锁定在对所谓的'元语言'的制作上了。致力于这种超语言之制作的科学哲学，被认为是'元语言学'。这是很顺理成章的了。"①在海德格尔看来，语言科学和哲学从不同的理论出发，根据自己的需要制作了"元语言"（Metasprache，在英语中是 metalanguage），创出"元语言学"（Metalingustik），这种元语言学被认为是完全合乎语言发展的逻辑的，是语言发展的必然结果，而信息就是作为这一语言发展的结果的自我指涉的超语言（Übersprache）。

"元语言"中的"元"（meta-）有"超"（über-）的意思，从汉语来讲，所谓"元"，就是"开始"、"第一"，就是比某一类东西更高一级的、能产生这些东西的东西。按照这种解释，所谓"元语言"，就是用来分析和描述语言的更高一级的语言，是能产生语言的一种语言。元语言问题是语言科学和语言哲学的核心问题之一，在语言科学和语言哲学中，语言或符号系统被设置了等级和层次，其中元语言处于最高层。莱布尼茨、弗雷格、罗素、前期的维特根斯坦，以及维也纳学派等，他们都希望并试图设计出一种人工的元语言，这种元语言是具有高度精确性的符号系统，可以用来描述和分析哲学命题。结构主义和分析哲学都曾试图寻找一种元语言，希望站在元语言的

_____

① ［德］海德格尔:《在通向语言的途中》，孙周兴译，商务印书馆 2004 年版，第 147 页。

制高点上，将语言提升到一个更高的层次，来保证和追求信息的绝对性。

在语言科学和哲学中，元语言是与对象语言相对的。对象语言指的是用于谈论世界诸对象的一种语言，是人们要研究的那种语言，主要指被研究的语言材料，这种语言通常与语言自身之外的客观对象世界相联系，以研究语言外的事物为内容。对象语言一般是人们正在使用的自然语言。元语言指的是人们描述、分析和研究对象语言的那种语言，是以研究语言符号自身为内容的，因此，元语言又被叫作"纯理语言"，是用来描述和分析另一种语言及其成分特征所使用的一种语言或符号集合，它可以解释和控制对象语言的符号系统的转换。显然，元语言是一种"工具语言"或"人工语言"，能够用翻译算法和代码等来代替自然语言，因而具有一种构拟成分。元语言作为对象语言的单纯的抽象表达形式，超越了客观所指的对象，排除了对象语言所包含的那些现实世界的具体内容。元语言通常采取的形式包括形式逻辑、数学公式、程序语言等。

元语言主要有如下特点：1.元语言所使用的语言符号是形式语言中的抽象成分，它的数量是有限的，不可能太多，太多就不构成其为语言核心的"元"。2.元语言作为一级语言单位，具有最小性，不能被再分解，不能再消减成或解释成其他同类实体。否则，如果其语言单位较大，就意味着意义要素多，意义要素多，也就必然带来使用范围变小变窄。因此，元语言必然是一些"元素"性很强的基本词。3.义域宽广性，其意义比其他语言的意义范围要大，义域要广。意义覆盖面大，词义内涵要少。元语言不是一些孤立的语言个体，除了一些封闭性的词类和一些具有特殊功能的词语外，元语言还应包括有足够语义覆盖面的各个词类中的常用词与基本词。4.有生成性，能够由最小单位再加上某些规则来做新的表示，使之使用起来更具灵活的搭配组合能力，通过词与词的灵活组合使元语言的表意功能得到几何式的扩张；要求它们具有良好的组合性，能充分利用自身的特点，以成为复合构词，及组词成句的基本成分。在构词范围，就是能灵活地组成更多的合成词；在成句范围，就是能和更多的词语成分形成搭配关系；在语用范围，就是能适用于更多样的语言环境。5.通用性，它在语言中使用面最广，为大众所熟知，普遍运用于最一般的、通常的语言环境中。6.高频性，使用频率高，在所有的活动中经常被使用到，在已有的语言中出现次数多。①

语言哲学和语言科学虽然流派纷呈，但是，它们都各自有其专门的元语言体系，作为精确描述自然语言的研究工具，致力于将人的语言纳入形式化操作系统中，这个系统能够根据指定的符号去建构自然语言，或者从自然语言中提取符号。在语言的外在形态结构方面，运用了形式化和模式化等方法，并且将重点从消极的分类转向积极的生成转换，其严谨和精确程度已经使其成为一门科学。在语法和语音的形式化和规则化完成之后，语义的形式化就被提上了日程。因此，其研究领域进一步扩展到语言意义体系的结构特点，以及形式体系和意义体系的对应关系等问题，试图以同样严谨和精确的科学手段去建构一种行之有效的形式化、规则化的语义语言，产生出了原始语义的想法，它们借助元语言符号的编码和解码过程，把语言转换为符号之间的简化关系，以此来捕捉语言的意义，最终做到自如地生成语言。

一些哲学家在解决存在问题的过程中，对元语言的提出给予了极高的评价，并极力推崇元语言，认为它克服了长期以来把思想、存在和语言三者混为一谈的不足。例如，当人们谈论"事实"时，就必须使用关于事实的名称或描述，甚至还要用像"事实"这样的词。而人们谈论"陈述"时，就必须使用关于陈述的名称或描述，甚至还要用像"陈述"这样的词，也就是说，理论的建构必须运用元语言，即运用人们用以分析和研究语言的语言。人们正是通过元语言这种用以谈论事实与陈述的语言，对陈述与事实之间的符合作出断言。在他们那里，哲学是作为一种元语言而存在的，它变成了一种语言的批判，成为对于语言所建构的世界的探究，而不再是对于语言之外的现实世界的探究。之所以如此，是因为在语言哲学看来，语言世界是构成人类处境的最基本的方面，因而比所谓的自然实在要实在得多。哲学作为一种元语言这一现象一直延续着。

在海德格尔看来，元语言学无非是对语言的工具性及对象性的研究，其结果是把所有的语言进行普遍的形式化与技术化，使其成为通行有效的东

---

① 参见苏新春：《汉语释义元语言的结构、词义、数量特征》，http://www.china-language. gov.cn/doc/hanyujiegou-su.doc。

西，最终造就出一种单一运转的全球性的信息工具。元语言学力求对语言的精确描述，然而，在海德格尔看来，语言本身不需要精确性，因而不存在绝对精确描述的问题，处于技术时代中的人没有意识到这种技术化的元语言对语言本身的背离，反而引以为豪，甚至因为过去不曾有人想到这样做而贬斥他们。因此，元语言学实际上就是语言技术化的形而上学。和技术一样，元语言学也具有技术的本质即座架的特性，技术的本质限制和规定着元语言学。因此，元语言和人工技术及其制品如人造地球卫星、火箭技术等是同一的，二者虽然有着感觉上的外在差别，但就工具性而言，它们在技术的本质方面是一致的，有着共同的本质来源，都归因于人和存在、自然与语言的同一个关系。所以，海德格尔说："元语言学，它听来犹如形而上学——不光听来如此，其实它就是形而上学。因为元语言学即是把一切语言普遍的转变为单一地运转的全球性信息工具这样一种技术化过程的形而上学。元语言与人造卫星，元语言学与导弹技术，一回事情也。"① 元语言是一种能够自我复制的语言，因而是一种新的形而上学，一种新的柏拉图主义。

二、技术化语言造成的最高危险

在技术世界中，人处于无家可归状态，无处栖身。无家可归状态基于存在者对存在的离弃，其实质内涵是人处于对存在家园的遗忘中。在技术时代中，所有事物都被固定在持存物上，存在由此被剥夺了在技术之外的其他去蔽中显现自己的各种可能性。因此，强求性的去蔽掩盖了其他一切去蔽方式，它甚至不能把存在的去蔽状态归于一种显现，因为在它看来，事物本身无非就是技术加工与统治的单纯物质，即持存物。把事物展现为持存物，就使得存在本身遭受到危险，因为存在本身不再能自主地把自己的丰富特性展现出来，而是被降为技术统治的单纯的具有齐一性与功能性的物质，其结果是大大破坏了人们赖以生存的根基。当事物作为纯粹的存在者即持存物，最终被广泛地消融在可统治的状态之中时，事物的自身性就消失了，这就完成了

---

① [德] 海德格尔：《在通向语言的途中》，孙周兴译，商务印书馆 2004 年版，第147—148 页。

物本身的存在遗弃，物的存在处于危险中。在物本身的存在被遗弃的同时，人本身的存在也遭到遗弃。也就是说，在座架中，人也处于危险之中，因为他也失去了其本质的存在，成为持存物的单纯预定者。在技术座架中，人成为持存性的动物，作为持存物的表象者与制造者而存在，到处去贯彻自己的意志，试图把所有的事物都生产出来，从而造就自己作为存在者主人的身份。因此，人本身就面临着一种日益增长的被加以单纯的功能化的状况，这就使得人有失去自身本质的危险。当物和人都被遗弃时，存在便处于无家可归状态，无处栖身。从更深的层次而言，无家可归状态在于人根本没有把真正的栖居困境当作困境来思考，这是最高的危险。

在海德格尔看来，所有危险的根源在于语言的荒疏，即语言本身被深深地遮蔽着。由于技术化的语言具有技术的本质即座架的特性，因此，在技术的本质中隐藏着的危险，也同样存在于技术化的语言中。按照海德格尔的观点，语言的荒疏对人而言是一种深刻的危险，就像技术对人的统治和原子弹对人造成的威胁一样，都是人所面临的从不同侧面表现出来的危险，它们在根本上是一致的，而且，语言的危险甚至是更为根本的危险，它导致了一切存在自身性的消失和元语言统治地位的确立。而作为形而上学基础的感性世界和超感性世界的区分是造成这一点的终极根源，也是造成技术语言之危险的终极根源。

海德格尔把语言看作是人的"最危险的财富"，他认为："语言是一切危险的危险，因为语言首先创造了一种危险的可能性。"[①]之所以如此，是因为，"危险"就是存在者对存在的威胁，即存在者对存在的静态化和固定化。而人唯凭借语言才根本上遭受到一个可敞开之物，语言有所展现，被展现的存在者既可能是真相，也可能只是迷惑人的假象或伪装。因此，"语言不断地摧毁了去道说所谈论的内容的可能性"[②]，"危险就在于语言的被遮蔽的本质"[③]，"唯语言首先创造了存在之被威胁和存在之迷误的可敞开的处所，从

---

① ［德］海德格尔：《荷尔德林诗的阐释》，孙周兴译，商务印书馆2000年版，第39页。
② ［德］海德格尔：《在通向语言的途中》，孙周兴译，商务印书馆2004年版，第90页。
③ ［德］海德格尔：《在通向语言的途中》，孙周兴译，商务印书馆2004年版，第108页。

而首先创造了存在之遗失的可能性，这就是——危险"①。而且，语言本身虽然能够揭示和保存存在者之为存在者，即存在的真理，但在语言的实际发生中，在常人对语言的传达过程中，在闲谈和人云亦云中，语言必然被异化，不断地进入一种假象中，遮蔽存在之真理，从而危及它最本真的东西，即真正的道说。

现代技术世界作为一个被严重异化的世界，其最根本的和主导的异化，是语言符号的虚假自指性，或者说是语言的统治问题，是技术化的语言即信息疏离世界并进一步控制世界的过程所导致的世界整体的支离破碎。在这里，信息统治着现实的世界，它作为一种强大的力量，努力确保自身的真实性。这似乎是无法否定的，于是，处于技术中的人认为，和自然实在的世界比较而言，信息有着更高一级的实在性。这就使得信息的世界和实在的世界相颠倒，并使实在的世界虚无化，进而用信息语言的世界来彻底摧毁实在世界，并最终取代它。信息脱离开其生存的现实氛围，使自身居于现实之上，似乎具有一种改造现实的自动力量。这样，信息语言就反过来占据了现实的最高本质的地位。信息作为技术语言系统，原本不是一个真实的世界，而只是虚拟的世界，所以，由信息控制和建构起来的现代技术世界就是一个巨大的虚拟世界，在其中，语言脱离真实物并且规划和制造现实世界，因而是一个颠倒的世界。在这样一个由信息语言虚构的世界中，人远离本真的存在，包括人本身、物本身和世界本身，一切对人来说都是异己的，人的本真存在被消除尽净，从而被连根拔起而无处栖身。

在这一过程中，语言和符号渐渐地脱离了它们所指称的对象。所以，在信息中，存在着某种替换，即发生着显示的进一步衰退与普遍地转向符号，从而导致指称的符号和被指称的对象之间产生根本分裂。信息不是对事物本身的摹写，但由于信息总是在替代、伪装甚至规划和建构世界，这就导致了整个世界的蜕化，即从显示沉沦为符号，再从符号沉沦为信息。世界中本来是作为其自身的事物，后来成为被"看"的事物，再后来又成为被复制的符号，直到最后，自身完全消失，成为信息符号本身。信息以构设的方式从事

---

① 〔德〕海德格尔：《荷尔德林诗的阐释》，孙周兴译，商务印书馆 2000 年版，第 39 页。

物的功能性和有效性等方面来把握事物，表现出它在显现事物的方面具有极大的片面性和单一性，这正是技术时代的最大危险。"在今天，这样一种语言用法甚至毋宁是说明了我们还根本看不见而且不能看见这种危险。但近来被人们纷纷议论的、并且为时过晚地被议论的语言之沉沦（Sprachverfall），却不是下面这个事件的原因，而是这个事件的结果，这个事件就是：在现代的主体性形而上学的统治之下，语言几乎不可遏止地脱落于它的要素了。语言还对我们拒不给出它的本质，即：它是存在之真理的家。"① 存在本身在其趋于到场的真理中遭受到的危险，仍旧被遮蔽着和伪装着，这才是危险中之最危险者。

海德格尔说："现实语言的生命就在于多义性。把活生生的、动态的语词转换为一系列单义的、机械地固定下来的僵化符号，这或许就是语言的死亡，是此在的僵死和荒芜了。"② 真正语言的生命就在于其意义的多样性，但由于语言的技术化，丰富的、生动活泼的、不断变化的语言最终萎缩成一个单义的、僵化的、被机械地构成的呆板的符号系统，语言就失去它本身原有的丰富性和灵活性，再也不能显现存在，从而导致其生命力的衰竭，也使人本身失去了其本真存在。海德格尔认为，只有自然的语言才保存着语言的源始开端，只有语言的自然才是语言的本质，因此，形式化实际上就是对语言本质的侵犯。因为人的本质关联于语言的本质，所以，"只消人既对围绕他并承担他的在者也对他自身所是的在者的关系是处于让现象出来这回事中，处于讲出的与未讲出的说中，那么技术语言对语言之本真性的攻击同时就是对人之最本真的本质的威胁"③。"因此，语言的技术化最终是人的存在的技术化，它排除了对于开端性语言的倾听"④，信息语言因远离语言本身而危及到人的本质及生存，因而必须予以弃绝。

① [德] 海德格尔：《路标》，孙周兴译，商务印书馆 2001 年版，第 373 页。

② [德] 海德格尔：《尼采》（上卷），孙周兴译，商务印书馆 2003 年版，第 158 页。

③ [德] 海德格尔：《熊译海德格尔》，熊伟译，王炜编，同济大学出版社 2004 年版，第266 页。

④ 彭富春：《无之无化——论海德格尔思想道路的核心问题》，三联书店 2000 年版，第153 页。

在海德格尔看来，技术的白昼同时就是世界的黑夜，夜到夜半则是最大的时代贫困。这一贫困是存在本身的贫困，因为存在本身深深地隐匿着自身而离人远去，使得世界的意义也沉入暗冥之中。但是，这个贫困的时代却连自身的贫困也体会不到，因此已沉入贫困的深渊之中。这一时代的最高危险还不在于其处于深渊之中，而在于其处于深渊还被遮蔽着。人之为人是不能脱离存在的，如果人能先行进入深渊之中，响应存在本身在天命深处的召唤，经历并承受这一深渊，那么，世界时代的转变就将发生。

三、语言转向的发生

海德格尔认为："为了追思语言本质，为了跟随语言本质而道说之，便需要有一种语言转换（Wandel der Sprache）。我们既不能强行也不能发明这种语言转换。转换并不是由创造新型的词语和词序来实现的。转换触及我们与语言的关系。此种关系取决于命运。"[1]

海德格尔借用诗人荷尔德林的诗句，即"哪里有危险，哪里就有拯救"来说明，在危险最盛处，"转折"到来。他说："座架的本质是危险。作为危险，存在离开它的本质而转向这个本质的被遗忘状态，同时也转向它的本质的真理。在危险中由这种还未思索过的转折支配着。因此，在危险的本质中隐藏着转折的可能性，存在的本质的被遗忘状态得以如此转变，以至于随着这种转折，存在的本质的真理专门来到存在者中。"[2] 所以，座架具有两重性，它包含有两种可能性，一方面，它可能转向存在之本质的被遗忘状态（危险），另一方面，也可能转向存在之本质的真理（拯救）。也就是说，在技术世界的最高危险中蕴含着并由此而引发一种转折，即从存在的被遗忘状态转向存在本身，存在本身必将得到拯救从而显现出来。

在海德格尔看来，拯救并不是立于危险之旁，危险本身就是拯救。技术既是陷人于危险之中的力量，同时也是拯救人出于危险的力量。但是，这绝

---

① ［德］海德格尔：《在通向语言的途中》，孙周兴译，商务印书馆 2004 年版，第 269 页。
② ［德］冈特·绍伊博尔德：《海德格尔分析新时代的科技》，宋祖良译，中国社会科学出版社 1993 年版，第 244 页。

不是说，人能够运用技术的力量来克服由技术给人带来的危险，技术并不是直接引导人获救的道路，而是以其极端的片面性，从其反面向人启示拯救的道路，使人得以从迷误中走出，重新领悟源始的存在，去过符合存在的生活。所以，座架是危险，然而，一旦人从危险本身中惊醒，拯救的希望就必将产生。拯救不仅意味着技术的危险警醒着人，更意味着如何让技术成为顺应存在本身的展现。只有当危险本身不再被遮蔽起来，而是自由地敞开着被经验时，危险同时才是拯救。"只有当在转折的隐藏的本质中所转向的危险首先作为实际上的危险专门得到揭示，从存在的被遗忘状态向存在的本质的真实性的这种转折大概就发生了。"①

"拯救"意味着什么？"拯救"在此不仅是指使某物摆脱危险，其真正的意思是进入到存在本身之中去，追溯某物意义的最初显现，找回某物的原初意义，将它重新放回到正当的与合适的东西之中去，放回到它本己的本质之中，让它归入其本质之家，以便将其本质带入自由之中，即带入本真的显现之中，把它保护在那里。因此，真正的拯救就是妥善地加以保管和保护。技术的本质（座架）作为去蔽的一种方式，只有返归其源始的本质才是拯救之所在。具体而言，就是不再把技术的本质看作形而上学意义上的永恒的持续不变的持存，如柏拉图的理念，而是看作"让（持存）"或"允许（持存）"的一种，改变对持存物的基本态度，从促逼、强求、立法的态度转变为允让、任凭、让渡的态度，这也就是让自身显现者以自身显现的方式从自己本身被看到。

从危险到拯救的道路的转向其实是由存在本身的命运决定的。从危险到拯救的"转折"不是一条直路，而是在转出一条路的同时转入另一条路。存在本身在其历史发展过程中，有两次根本转折。在古希腊晚期，存在在形而上学的历史中从其本身转出而转入存在的遮蔽，进入危险之中。现在，它必须从存在的遮蔽中转出而转入存在本身的显现，从危险转向拯救，转向返乡之路。因此，"转折"最终是转向有待思的东西，返回到自行隐匿的"开

---

① ［德］冈特·绍伊博尔德：《海德格尔分析新时代的科技》，宋祖良译，中国社会科学出版社1993年版，第244页。

端"，返回到存在本身。

存在的历史必然发生转向，语言也随之转向存在的语言即语言本身。语言是在存在的命运中被展现出来的，"绝没有一种自然语言是那种无命运的、现成自在的人类自然的语言。一切语言都是历史性的，即便在人并不知道现代欧洲意义上的历史学之际，语言也是历史性的。就连作为信息的语言也不是这种自在的语言，相反，按照当今时代的意义和限度来看，它也是历史性的。当今这个时代是无所创新的时代。它只是把现代的老旧的东西，早就先行决定了的东西，完成到极致而已"①。技术化的语言即信息就是被完成到极致的一种形而上学语言，它代表的是一个被固定化、概念化和公式化的语言世界，它的单义性与精确性造成了语言本身的萎缩，扼杀了语言的本质。在技术化的语言中，技术伪装和假冒存在本身对人实行专制，使存在本身遮蔽，使其意义变得晦暗不明。这样的语言是非本真的语言，在技术座架的规整之下，变成重复和齐一的东西，原有的诗意空间日渐狭窄，最终荡然无存。所以，技术化的语言完全是一种无诗意的语言。技术化的语言损害了语言本身，是需要克服的，对技术语言与语言技术化的克服，实际上就是在存在的层面上对形而上学的克服，因为语言本身和存在相关联，它不仅是存在的家园，还是存在的根据。但是，对技术语言与语言技术化之弊端的克服，并不是要简单地否定和放弃技术及其语言，而是在评判传统形而上学语言观的基础上，努力限制技术向语言的极端侵害、泛化和滥用，把技术语言限制在技术世界的范围之内，防止它越出技术世界而被滥用，保护语言的诗意本性，维护语言的生命力，实现语言对人类栖居根基的庇护。从本质上来说，技术的克服就是技术语言向诗意语言的回归。

海德格尔认为，人必须通过找回本真的语言而找回存在，通过拯救语言而拯救人类，这才是人从语言中转向存在从而获得拯救的可能性。那么，如何达到本真的语言？一是返回，二是创造。前者通过寻找前苏格拉底时代的源始语言，恢复语言的原初状态，使语言本身的多义性和隐喻性显现出来；后者则是通过对发现的事物进行首次命名，对陈旧的逻辑语法及形式化

---

① ［德］海德格尔：《在通向语言的途中》，孙周兴译，商务印书馆 2004 年版，第 266 页。

语言系统进行更新和改造，消除陈旧语言那种流于表面的匮乏，使存在本身得以显现，使人类能够在语言之路上返回家园。虽然人在技术座架形式化要求的步步紧逼下，逐渐将自然语言拱手交出，但是，自然语言并不能完全被形式化，在语言所蕴藏着的一切真实东西的丰富宝藏中，还留有一些形式化要求的残余物，这就为拯救的发生提供了可能性。在海德格尔看来，从技术的将在返回到其曾在的路上，将在得以敞开，在这里，只有当人放弃其不断强化的主体地位时，语言中的存在才能自由地显现自身，并赠与人类一个诗意栖居的家园。

总之，存在的历史是由存在的天命决定的，技术语言的克服同样服从于天命，是天命使形而上学的语言走向极端化的座架语言，即信息，也使它发生转向，转向存在的语言，因而是对语言之思的召唤。这种转向并不是取决于人自身的努力，而要看存在之天命向人的发送，这就确保了形而上学主体性的清除。由于思想一向已经在存在之天命中运作了，因此，必须把思想的转向规定为切合着存在天命之时间性的"应时到来"，而非人为的结果。

第 三 章
将在的存在之语言

　　海德格尔对语言之本质的经验不同于人们以形而上学的思想方式对语言之本质的经验。他认为，形而上学通过传统的逻辑和语法形态，滑离了真正的问题路径，向后落入"什么"的问题之中，在概念的视域中对语言的本质进行界定，并长期处于对语言解释的霸权地位。在传统形而上学中，语言被看作和其他存在者一样的东西，是标志对象世界的符号系统，语言与世界的关系是单纯符号和其所指称或代表的特定存在者的关系，这样的语言对人而言只是可运用的工具。而技术化的语言是传统语言的继续和发展，是符号主义、形式主义和工具主义的语言观的极端表现。在工具性的应用中，语言对作为主体的人拒不给出它的真正本质：它是存在之真理的家。"海氏一向不从工具性来理解语言的本质。工具改变对象，而语言恰恰一任存在者如其所是。"[1] 在他看来，"就其本质而言，语言既不是表达，也不是人的一种活动"[2]，"语言的本质既非意谓所能穷尽，语言也决不是某种符号和密码"[3]。因此，语言是无法被作为工具来加以讨论的，关于语言本质的追问不能在它的非本质中进行，不能错误地使用本质的相似外观并错误地解释一切。语言的本质宣布它自己，不是在它被误用的拉平、歪曲、强迫进入交流手段、下沉入所谓的内在之物的纯粹表达的地方。

---

　　① 徐友渔、周国平等：《语言与哲学——当代英美与德法传统比较研究》，三联书店1996年版，第287页。

　　② ［德］海德格尔：《在通向语言的途中》，孙周兴译，商务印书馆2004年版，第10页。

　　③ ［德］海德格尔：《林中路》，孙周兴译，上海译文出版社2004年版，第325页。

　　形而上学的语言观还把语言置于人的对立面，用对象化的方式来把握，并未思及语言的本质。这样，"对语言的追问从根本上就已经被阻碍了。因为，认为语言和艺术、宗教、政治、历史等一样，是人们能够在某一特殊的学科中加以研究的另一个领域，这也许是一种偏见"①。所以，我们必须追问语言的本质，但不是在语言哲学中追问。虽然"我们据有语言科学，而这门科学取作专题的存在者的存在却晦暗不明。甚至对此进行探索寻问的视野还隐绰未彰。含义首先与通常是'世界的'含义，是由世界的意蕴先行描绘出来的含义，甚至往往主要是'空间性的'含义，这是偶然的吗？如果这种'事实'在生存论存在论上是必然的，那又是为什么呢？为了追问'事情本身'，哲学研究将不得不放弃'语言哲学'，将不得不把自己带到概念上业经澄清的成问题之处来"②。这不仅使得语言本身萎缩而变得僵化，更重要的是，思在其中受到限制，由此而使人的本质被戕害。所以，把语言从逻辑和语法中解放出来就成为眼下较为重要的事情了。

　　海德格尔认为，对语言的解放同时就是一种拯救，如果人们想从语言本身中有所收获，就不能以传统的观念去看待语言，而是必须注意到语言的更本质的显现。为了克服形而上学语言的危险，为了不在这条路上变得迷失，消除可疑的确定性，海德格尔作了许多努力，在全球化的技术时代中倡导一种克制态度。他开辟新的途径，立足于"存在—语言"之思，从他的存在之思出发来展开对语言的前概念的沉思，在存在的二重性（在场本身和在场者）之运作中来思语言，同时，通过思考存在的语言，"去洞察语言本质的质朴性，而不是谋取对语言作一种表象"③，以改变人与存在、语言之间的关系，认为没有语言，人就无法切近存在，无法切近存在的居所，人只有在本真的语言中，才能成其本质，才能"诗意地栖居"。海德格尔指出："我们询问而不是解释语言的本质。这就首先要求语言能达到我们，能

---

①　Heidegger, *Logic as the Question Concerning the Essence of Language*, Translated by Wanda Torres Gregory and Yvonne Unna, State University of New York Press, 2009, p.12.

②　[德] 海德格尔：《存在与时间》，陈嘉映、王庆节译，三联书店 2006 年版，第 193—194 页。

③　[德] 海德格尔：《在通向语言的途中》，孙周兴译，商务印书馆 2004 年版，第 263 页。

给予我们。"① 在他看来，"每个人总是在与他的先辈的对话之中，也许更多地并且更隐蔽地还在与他的后人的对话之中。……这是任何运思着的对话在某种更深刻的意义上的历史性本质。但它并不需要那些以历史学方式对思想家及其思想的过去做一番报道的活动。……对于我们当代人来说，通过对早期思想家所道说的东西作专门的解释而来准备这样的对话，这可能成为当务之急了"②。所以，他追寻存在的返回步伐，也就是使语言返回到它源始的存在之中，思入两个"开端"之中，一方面追溯古希腊关于存在和语言的词源 φύσις 和 λόγος；另一方面又创造性地运用了德语中的 Ereignis 和 Sage 两个词，对存在和语言作出了新的理解，并在这一过程中，使人以完全不同的面貌展现出来。在对语言问题的思考中，海德格尔日益远离传统形而上学，进入玄奥之境，使语言具有了本体论上的绝对优先性。

就思路而言，海德格尔对语言的思考开始于语言是"什么"和语言"如何"存在这样的问题，进而谈人和存在的问题。现在，为了理解作为语言的语言，如其所是地看到在统一体中的个别阶段，试图按照问题的相反顺序回溯，且不刻板地遵守这个顺序。

第一节　存在之作为显现

海德格尔认为，存在对世界的支配发生在语言中，而语言本身植基于存在的真理，应该在语言和存在的本质关系中去沉思语言。"对人来说至关重要的事在于把语言引入存在的真理之中，即让这种真理渗透到语言之中，弥漫于语言之中。"③ 因此，要洞识语言本身，就必须先理解存在的本质，或者说存在的真理。他反对用"是什么"来给"存在"下定义，在他看来，"Was ist das？"（"这是什么"）中的 ist 不是起系动词作用的"是"，而是表示"存在"或"有"，其存在性用法早于系词性用法，由此从知识论转向存在论，

① Heidegger, *Logic as the Question Concerning the Essence of Language*, Translated by Wanda Torres Gregory and Yvonne Unna, State University of New York Press, 2009, p.14.
② ［德］海德格尔:《在通向语言的途中》，孙周兴译，商务印书馆 2004 年版，第 118 页。
③ 涂纪亮:《现代西方语言哲学比较研究》，中国社会科学出版社 1996 年版，第 248 页。

认为不能追问存在是什么，对一般本质的追问并不完全合法，它是无价值的、流于表面的，或许还是武断的、错误的。因此，我们的任务不是在逻辑的观念中提炼出一般的概念，而是保持问题的恰当路线，摆脱一切抽象概念，追问存在如何在，即存在是如何显现的，而语言的根本意义就在于揭示存在，让存在本身显现出来。

虽然海德格尔在其后期的著述中还经常提到"存在"一词，但是，他同时也经常提醒人们："'存在'始终只是一个暂时的词语。"[①] 海德格尔要反对的是传统形而上学，这样，他首先要摆脱的就是形而上学的最高概念"存在"，置身于这一中心范畴之外，因为存在要求一种本已的有别于存在者的展示方式。那么，海德格尔是如何理解"存在"（Sein）的呢？他并没有凭自己的主观臆断来任意使用这一词语，而是通过追溯这一词语的原初意义，展现被后来的形而上学遮蔽进而遗忘的东西。他从现象学的角度对存在进行描述，在他看来，虽然"存在"一定是存在者的"存在"，即它必然要作为存在者显现出来，但"存在"本身却不是任何存在者，而是显现的过程。"存在"本身不断地向着将来显现出来，在多义而变动不居的道路上行进，人只能在"存在"的显现过程中去领悟和接纳它，而不能主宰它。所以，存在不再作为一个普遍概念而永恒自在地在场，而是"去存在"即 to be，也就是"成其本质"即 to essence。这样的存在是存在者作为其本身而存在的根据，但不是超越、原因等意义上的根据，而是显现、出场意义上的根据。

一、时间和存在

海德格尔指出："一般语言的含义内容广泛地由'空间表象'统治着。具有空间性的东西在表述含义与概念之际具有优先地位……时间性本质上沉沦着，于是失落在当前化之中，失落在现在。"[②] 也就是说，形而上学语言的本质是由物理学意义上的时间和空间参数中间距测量的确定系统决定的，后者使形而上学的语言处于确定状态中，偏离了本真的语言。为了重新找回语

---

① ［德］海德格尔：《演讲与论文集》，孙周兴译，三联书店 2005 年版，第 248 页。
② ［德］海德格尔：《存在与时间》，陈嘉映、王庆节译，三联书店 2006 年版，第 419 页。

言和时间之间的本真关系，返回本真的语言，海德格尔从现象学的视域阐述了时间和存在的关系。

海德格尔认为，原初的时间是首要的领域，是迄今所有问题的基础，它决定着存在、非存在和生成的观念，决定着每个事物、每种运动，人们对存在的理解是根据时间获得的。从哲学史来看，存在和生成是不可分的，又是不相容的。自原初的开端始，一切就都通过存在和生成被决定。如，赫拉克利特和巴门尼德两位哲学家的思想就以他们的根本概念和原则恰恰活动在这个原初的对立中，因此而支配着直到今天的西方哲学的一切追问，尼采的思想则在其实际的根本的位置中由这一对立决定。巴门尼德说，存在者存在，不存在者不存在，一切生成都是形成和消失，都承载着不，都是还不和不再，是无。相反，赫拉克利特说，πάντα ρεί，认为一切都是生成，是持续的生成，因而没有存在。尼采也说，只有生成，存在和这个生成是相似物，存在的世界是幻象，只有生成的世界。在这里，存在总是意味着被完成的存在、逗留、持续的保持、维持下去。在生成和存在的划界中，存在的确一直保持为持久性，因此，在时间中，只有现在永远是真实的，即，在我们的日常理解中，存在就是现存的和未消失的东西。

具体而言，科学—哲学的形而上学认为实在即真正的存在是永恒的、不变的，形而上学的功能就是认识始终如一的存在，求得其万世不变、放之四海而皆准的本质和规律，一劳永逸地达到对存在的认识。而现象之物不断流变、生灭不已、转瞬即逝，是无法把捉的。一句话，只有永恒的东西才是形而上学立足的依据，如果世界上的一切都在变化，没有永恒性，形而上学就不能成立。

这种观念由来已久。古希腊早期的自然哲学家们认为："各种自然现象与运动变化都由永恒不变的自然秩序、规律或'逻各斯'所支配。"[1] 亚里士多德也曾说："科学地认识的东西是不可变化的，而可改变的东西既处于考察之外，那也就无法知道它们是存在还是不存在。凡是出于必然的东西，当然能被科学地认识，当然是永恒的东西。……而永恒的事物既不生成也不灭

---

[1]　王贵友：《科学技术哲学导论》，人民出版社 2005 年版，第 273 页。

亡。"① 贝尔纳借用柏拉图的话说："人们从事科学是为了认识那永恒的事物，而不是为了认识暂时出现、但不久就消失的事物。"②

海德格尔认为，科学—哲学的形而上学的这一倾向必然导致其本身的僵化和危机。在他看来，一切都是变化的，形而上学却要在其中寻求永恒的东西，通过不变去理解变化，最终将变转化为不变，这就将存在物凝固化。造成这一结果的根本原因在于，形而上学在时间问题上犯了错误。要对其予以克服，就必须从时间问题入手，因为，"那诸如存在之类一般由之得到领会的境域，便是时间"③，"应着眼于时间才能理解存在怎样形成种种不同的样式以及怎样发生种种衍化"④。

在他看来，当形而上学肯定存在的永恒性时，实际上是将存在看作超越于时间之外、不随时间变化的东西，这是在通常时间观的视域中展开的。牛顿在谈到时间时说："绝对的、真正的和数学的时间自身在流逝着，并且由于它的本性而均匀地，同任何一种外界事物无关地流逝着。"⑤ 在这里，时间是抽象的、同质的，可以被重复地度量和计算。进一步说，在对时间的沉思中，一种自然的行进方式是，时间是在我们拥有它的地方、以说的方式、在现在之中被掌握的。或者说，时间是由"现在"构建的，时间本身被表现为现在，现在是当前的并处于现存的方式中，是现成在手的，是关于今天的，是马上可以掌握的，是人们能谈论的。这个现在被进一步拓宽和扩展，使得过去和将来都必须被置于和现在的关系中，过去是"现在不再"，将来是"现在尚未"，二者都具有现在的特性，连接为在手边的东西，但它们相对现在而言又是不存在的，是"无"，所以，存在的就只是现在。于是，现在就是时间的本质，时间就是一连串现在组成的序列，"时间既因现在得以

① [古希腊] 亚里士多德：《亚里士多德全集》（第八卷），苗力田主编，中国人民大学出版社 1991 年版，第 123 页。
② [英] 贝尔纳：《科学的社会功能》，陈体芳译，商务印书馆 1982 年版，第 54 页。
③ [德] 海德格尔：《现象学之基本问题》，丁耘译，上海译文出版社 2008 年版，第 19 页。
④ [德] 海德格尔：《存在与时间》，陈嘉映、王庆节译，三联书店 2006 年版，第 22 页。
⑤ [美] 爱因斯坦：《爱因斯坦文集》第一卷，许良英、范岱年编译，商务印书馆 1976 年版，第 86 页。

连续，也因现在得以划分"①。这种时间观仅仅着眼于当前的现成性，关注停留在现在这一时间点上的存在，指向现成者和不再现成、尚未现成意义上的非现成者，总是被表现为存在的框架和维度，在其中，运动按顺序发生并因此而在位置上是被决定的。由此，人们仅仅在现成的意义上领会存在，把持存的存在者规定为真正的存在，并与生灭的变易者加以区分，规定存在的永恒性。

海德格尔认为，通常的时间只是一种派生物，它源于非本真的时间性。这里的时间性指的是"在时间中流逝着"，"过去"、"现在"和"将来"的概念都是从这种时间领会中产生出来的。每个现在都具有立刻消失的特性，这个现在甚至现在不再是现在，它消灭了。在源于现在的时间之流观念的基础上，时间激起关于消逝的根本印象，因此，亚里士多德说："时间由于本性而更是消灭的原因，而不是生成的原因。"②黑格尔也以"时间消逝"表达，认为时间是消耗的东西，一切立于时间中的东西都是短暂的。根据这种对时间的领会，形而上学将"可变者"叫作"时间性的东西"，认为存在是超越于时间性之上的。甚至在说生成的地方，形而上学也固化和硬化着一切在词语意义中的事物。

形而上学存在的概念是根据以上确定的时间观念被创造的，而人们习惯上将被和空间放在一起的时间看作理解存在的源泉领域。这最初是在自然的经验（具有在白天和黑夜的交替中测量时间这一意图的事物的暂时经验）中获得的，同时，时间概念由在天空中遵循自己轨迹的太阳的升起和落下定位。因此，时间被等同于天空，时空就是事物之流的支配者。这个虚构的观念最终变成了物理学的空洞概念，带有明显的空间特征。

而对于古希腊人来说，存在是保持的东西，是在现存事物中保持的东西，是将自身保持在事物状态的变化中（例如，变得更大或更小）的东西，是保持在环境变化中的东西。也就是说，"存在"指的是"持续的在场"，

---

① ［德］海德格尔:《现象学之基本问题》，丁耘译，上海译文出版社 2008 年版，第335 页。

② ［古希腊］亚里士多德:《亚里士多德全集》第二卷，苗力田主编，中国人民大学出版社 1991 年版，第 127 页。

οὐσία，而持续和在场是有时间特征的，存在是在时间中被给出的，而不是被超验地给定的。这里的时间指的是原初的、本真的时间，它是迄今为止一切问题的基础，是真正的存在问题的恢复。

本真的时间性在本质上是绽出的，绽出则意味着向着某物"出离自身"，实即"显现"、"敞开"之义。时间性的显现、敞开便是时间，它是具体的、异质的，完全没有通常时间的"过去"、"现在"和"将来"的概念性含义，而是"让存在"，关系到存在之自由的实现。它是面向将来显现的各种可能性，并由此形成当前和曾在，表现为"将来"、"曾在"与"当前"三重绽出的境域式统一，并把当前和曾在作为可能性包含于将来之中。这样的时间"到时"——"让成熟、让涌现"，它使同时者即将来、曾在和当前这一以统一的方式涌现出来的东西自行开启。所以，首要和根本的不是当前，而是将来。这里的"当前"作为时间性展现自身的一种方式，其意义明显不同于"现在"持留的在场性，而拘于形而上学的人们却将当前非本真地现成摆在那里，使其在现在中展现自身，并将整个时间固定在现在中。处于敞开境域中的存在者也同样"被把握为'在场'，这就是说存在者是就一定的时间样式即'现在'而得到领会的"①。它处于刚刚在场又马上不再在场的现在中，既存在又不存在，因而是不真实的。真正的东西则永远存在、永远在场，"持驻"于现在，即所谓永恒。这样，永恒性概念就由现在而得以建立。由于源始时间性的绽出性质被作为现在序列的时间籼平，存在就被在现成存在者中领会为形而上学意义上的永恒实在。事实上，永恒的实在作为在场，只是时间性的存在的一种展现方式，是在形而上学中的显现。而在海德格尔看来，时间不是各个时期的并行，本质存在的东西的生成特征存在于时间的原初性中，它将自身时间化为未来，而不是流入到过去之中。时间对存在来说不是无关紧要的流，但时间也不会根据形成被理解，就其本质整体而言，时间并不运动，而是居于安宁和寂静之中。总的来说，存在和时间的关系已经变得完全不同于通常的理解，因此，在这里，存在之本质的完全转变成为显而易见的。

---

① ［德］海德格尔：《存在与时间》，陈嘉映、王庆节译，三联书店 2006 年版，第 29 页。

　　海德格尔的思想和现代的时间观虽然角度和出发点都有所不同，但也有很多相似之处，显示出海德格尔时间思想的理论意义。如爱因斯坦认为在时空中运动的观者能够建立自己的参照系并由此定义自己的时间，肯定时间的相对性，普利高津则提出了"时间先于存在"[①]的观点。对时间的重新认识使存在的问题发生了转向，开启了新的开端，奠定了从相反的方向追问存在的基础。

　　总之，海德格尔认为："时间性承担了使存在领悟得以可能的任务，因而也就承担了对存在的主题化解释、对存在之分说及其多重方式得以可能的任务。"[②] 形而上学存在的永恒性由流俗的时间而来，以流俗的时间为根据。他强调存在的流变性，倡导在这一视野内展现存在本身，并坚持认为对变化的存在的领会决定着对存在者的不同理解。由此，海德格尔消解了被人们一再探求的永恒存在，主张从描述永恒存在的理论中摆脱出来，返回到对变化着的存在的理解。一句话，人们应该在源始时间的基础上，去除可疑的永恒性，承认事物的变化和不确定性，以摆脱形而上学的困境。基于这一点，海德格尔考察了作为 φύσις 和 Ereignis 的源初存在及其运作。

二、φύσις 之涌现

　　按照海德格尔，语言本身"来自作为physis的自然的自身涌现"[③]。他追溯到了早期的古希腊，认为，在早期古希腊人那里，φύσις（physis）就是存在的源始含义，对 φύσις 的思考就是对存在问题的思考。因此，φύσις 就是"存在"，或者说，φύσις 就是存在者的"存在"。这样，他便否定了形而上学对存在的看法。在形而上学那里，存在是被作为"什么"即存在者来看待的。但事实上：存在不是"什么"，不是存在者，也不是一个空洞的词语。

　　为了探察存在本身，海德格尔考察了存在一词的词源。"存在（sein）"

①　Ilya Prigogine, *"The End of Certainty:Time",Chaos,and the New Laws of Nature*, New York: The Free Press, 1997, p.80.

②　[德] 海德格尔：《现象学之基本问题》，丁耘译，上海译文出版社 2008 年版，第 306 页。

③　徐友渔、周国平等：《语言与哲学——当代英美与德法传统比较研究》，三联书店 1996 年版，第 161 页。

作为一个动词，它所从出的词干之一是印度日耳曼语的 bhû，bheu，希腊语动词 φνώ 就属于这一词干，其意思是"起来，起作用，由其自身来站立并停留"①。从 φύσις 由之而出的这一词干来看，很显然，φύσις 最早并不是名词，而是动词。

海德格尔认为，在古希腊早期的思想家那里，有一种把存在作为 φύσις（涌现、自然）的非形而上学经验，在他看来，早期的思想家并没有在先验的本质和根据中去寻找存在者的存在，"并不思考作为事物的本质状态（Wesenheit）的 φύσις[涌现、自然]，而是思考 φύσις[涌现、自然] 的本质现身（动词）（das Wesen）"。② 在存在者成其本身的 φύσις（涌现、自然）中领悟存在的在场。"着眼于 φύσις[涌现、自然] 来谈论'成其本质'，那么，φύσις[涌现、自然] 就并非意指'本质'（das Wesen），ὅτι[什么]、即事物的'什么'（das Wes）。"③ 希腊语的 φύσις 意为"生长"、"使成长"。希腊人对此做何理解呢？"希腊人没有把生长理解为量的增加，也没有把它理解为'发展'，也没有把它理解为一种'变易'的相继。"④ 在希腊人看来："φύσις 乃是出现和涌现，是自行开启，它有所出现同时又回到出现过程中，并因此在一向赋予某个在场者以在场的那个东西中自行锁闭。"⑤ 因此，从根本上来说，φύσις 是通过敞开而去蔽的事情，所有存在者都从 φύσις 中生长出来。

海德格尔认为，φύσις 指"涌现"、"绽开"，是敞开着，展现着的意思。在早期希腊人眼里，φύσις 就是存在者"在场"的绽开，太阳的升起，大海的涨潮，花朵的绽放，植物的生长，动物和人类的生育等，都是一种 φύσις。那么 φύσις 是如何涌现和绽开的呢？它是在人的作用下发生的吗？不是。即使现代的人类可以控制动植物的生长，但太阳的升起却非人力所能及。那么，它是在上帝的推动下发生的吗？在古希腊人看来，也并非如此。φύσις 的本义指的是出于自身原因的展现，是依靠自己的力量

① [德] 海德格尔：《形而上学导论》，熊伟、王庆节译，商务印书馆1996年版，第71页。
② [德] 海德格尔：《演讲与论文集》，孙周兴译，三联书店2005年版，第296页。
③ [德] 海德格尔：《演讲与论文集》，孙周兴译，三联书店2005年版，第296页。
④ [德] 海德格尔：《荷尔德林诗的阐释》，孙周兴译，商务印书馆2000年版，第65页。
⑤ [德] 海德格尔：《荷尔德林诗的阐释》，孙周兴译，商务印书馆2000年版，第65页。

自然而然地"产生",是自身绽开,是自我展开的涌现,它是从其自身内部脱颖而出的,如鲜花的绽放,就是从花自体迸发的。因此,φύσις 不是一个外在的过程,而是使自身内部蕴含的东西展现出来,这种 φύσις(存在)只能从其自身获得规定性,它是最为源始的,而且脱出了形而上学的思维框架,因而不是人或神的产品。在这里,隐蔽者首次站立出来了。此外,φύσις 的涌现运作使得存在者成其所是,并保持其所是,所以,φύσις 还有"持存"和"逗留"等意义。这样,我们就又进一步看到,φύσις 是一种持续在涌现范围之内的力量,凭借这一力量,它在展开中进入某一现象并保持和停留于这一现象中,即自行开启并驻立于自身,如花朵在绽放中现象并在现象中保持其为自身。一句话,φύσις 就是既绽开又持留的强力。存在者之所以能成其本身,即它之所以能"存在",是因为 φύσις 这种力量把它保持在其"存在"中。所以,海德格尔说:"被思为基本词语的 φύσις,意味着进入敞开域中的涌现,进入那种澄明(Lichtung)之照亮,入于这种澄明,根本上某物才显现出来,才展现在其轮廓中,才以其外观(εἶδος,ἰδέα)显示自身,并因此才能作为此物和彼物而在场。Φύσις 是涌现着向自身的返回,它指说的是在如此这般成其本质的作为敞开域的涌现中逗留的东西的在场。但敞开域之澄明在光线之透视的通行中,即在'光'中,才变得最纯粹地可感知。Φύσις 是照亮之澄明的出现,因而是光的发源地和场所。"①

因此,φύσις 就其本质规定性而言,是指"涌现"和"持续"的过程与状态,以及让这一过程与状态发生并持续的力量。φύσις 是指一切事物的动态的展现和"生长"过程,它不是各种自然现象中的一种,不同于某个现成存在者的别的过程,它不是指量的增减,也不是通常所说的发展或变化的运动等人们所能看到的自然过程。这样一种展现是从无生有的过程,是存在者得以成其本身的显现过程。φύσις 指在绽放之中自持,是既展开着同时又持留着的,因此,它既包含从广义上来理解的生成变化的存在,又包含从狭义上来理解的持留不变的存在。φύσις 本身是出—现(Ent-stehen),它只有首

---

① [德] 海德格尔:《荷尔德林诗的阐释》,孙周兴译,商务印书馆 2000 年版,第 65 页。

先使隐蔽者展现出来，才能接下来使它驻停，因此，φύσις 首先是在升腾变化中成其本身的。

按照早期古希腊人的方式来思考，这样的 φύσις 就是存在的源始含义。在他们那里，φύσις 就是"存在"本身，是存在本身的涌现着和逗留着的运作，正是因为 φύσις 的作用，存在者才显现并被保持住而成为可见的。存在之为存在，就在于它是怎么"在起来"，是如何展现自身的，只有展现和生成的过程才能使事物成为事物，正是由于存在本身，存在者才成为并保持为可被观察到的现象。古希腊早期的思者把 φύσις 和源始的存在从思想深处密切相连，思存在之源头及命运。他们认为 φύσις 关涉到一切自身显现的事物，关涉到万物的生生不息，以及人与万物的共属一体，由此，他们生发出对存在的感悟。这是一种极具生命力的非对象性的感悟。希腊人把和 φύσις 相反的现象叫作 θέσις（安放、设置、章程）或者 νόμος（法则、道义意义上的规范和准则），这是就道义而不是就道德而言的。道义根植于自由的约束和传统的取向，关系到自由的作为和态度，关系到人类历史性存在的形成。它是 ἡνος（缰绳），后来在道德的影响下被降到了伦理层面。φύσις 还在和 τέχνη 的对比中来表现自身。τέχνη 所指的既不是艺术，也不是技术，而是一种知识，这种知识是对自由地计划、安排和控制安排的有所知的支配。τέχνη 是在有所知的产—出（Hervor-bringen）意义上的引发和建造。φύσις 作为和物理的东西相反的历史的东西（这和自然主义者关于历史的解释毫不相干），也是一个存在者的领域，即希腊人在 φύσις 的原初的更广泛的意义上理解的存在者的领域。φύσις 原本就包括一切，如天地人事，希腊人把存在的一切现象即作为整体的存在者看作是 φύσις。今天我们从传统观念看来处于对立关系中的两大领域，即物质的（物理的）与精神的（心理的）东西，包括人、灵魂、神、社会、风俗、习惯、政治、法律、伦理、日月星辰、风云雷电、山川草木、鸟兽虫鱼，在古希腊人那里以及稍后的时期都属于 φύσις。按照海德格尔的看法，φύσις 拥有的既绽开又持留的强力，首先是在以某种方式最直接地凸显出来的东西中，然后才在狭义的 φύσις 的东西中被体验到。"希腊人并不是通过自然过程而获知什么是 φύσις 的，而是相反。他们称之为 φύσις 的东西是基于一种对存在的诗—思的基本经验展示出来的。只有在这种展示的基础上，希腊人才能看一眼狭义的自然。"①

因此，φύσις 在古希腊早期并不是后来所说的和人对立的"自然"，而是和存在本身相一致。海德格尔也指出，在希腊哲学中，φύσις 一词的含义已经开始逐步收窄，有了对其内涵的狭隘化的倾向，即转向"物理的事物"。但是，在希腊哲学那里，φύσις 的源始意义还没有完全消失，当时，"心理的东西"仍然被包括在"物理的东西"之中，因此，φύσις 包含了在今天看来对立的物质和精神这两大领域。但是在后来和今天，φύσις 不是在原初的意义上被理解为绽开着又持留着的强力，而是从狭义上被理解为"自然"（physis）。这里所说的"自然"，已经与 φύσις 的原初意义完全不同了。希腊人将存在者整体称作 φύσις，希腊文中习惯于把它译为"自然"。后世的罗马人接受了希腊人的这一观念，但是他们误解了早期思者的沉思，把 φύσις 翻译为"自然"（physis），并使用了不同的符号即 natura（真正的意思为"出生"、"诞生"）来表现它，指称存在者的一个特殊领域。"拉丁译名已经减损了 φύσις 这个希腊词的原初内容，毁坏了它本来的哲学的命名力量。"②除拉丁文外，这种情形也同样存在于所有其他从希腊语到罗曼语的哲学翻译中。natura 又被转译为英语的 nature、德语的 Natur 等，在转译中也发生着转义，他们所理解的"自然"和希腊早期的 φύσις 出现了根本性的差异，自然不再被看作是显现出来的，而是被理解为现成的具体的存在者的集合，并把对这样理解的自然的研究叫做"物理学"（physics），这就违背了 φύσις 的原意，其源始意义被彻底丢弃了。这一翻译进程是存在的原初本质被隔断被异化过程的第一阶段，后来在基督教和中世纪成为权威性的。近代哲学从中世纪过渡而来，穿行于中世纪的概念世界中，借此形成了一些观念和概念，并由此倒溯回去对古希腊哲学加以解释，宣称克服了这一开端并且将其弃置身后。就这样，在口号及习语的误用中，我们失去了和 φύσις 的真实联系。

---

① ［德］海德格尔：《形而上学导论》，熊伟、王庆节译，商务印书馆 1996 年版，第 16 页。
② ［德］海德格尔：《形而上学导论》，熊伟、王庆节译，商务印书馆 1996 年版，第 15 页。

三、Ereignis 之给予

为了深入地说明语言及存在问题，海德格尔引入了一个被他认为比"存在"更丰富、更本源的新词语，即 Ereignis，这成为他后期思想的核心语词和主导词语。他之所以提出 Ereignis，目的不是要用它去替换"存在"问题，而是希望沿着一条新的道路去突破形而上学，为西方思想寻求出路。他把"Ereignis"看作自己思想的中枢和本源，认为 Ereignis 本身比任何过去的、当前已有的和将来可能的对"存在"的形而上学规定都要更丰富，通过Ereignis，存在本身的意义就可以得到理解。

对于 Ereignis，绝不能进行某种形而上学的把握，"我们决不能把大道带到我们面前，大道既不是站在面前的东西，也不是包罗万象的东西。因此，表象的—论证的思维就如同仅仅是陈述着的说，都是与大道不相符的"①。我们不能问"Ereignis 是什么？"如果这样问，就会重蹈形而上学的覆辙。"什么"是形而上学的问法，而 Ereignis 却不是一个形而上学的词语，不可以界说和定义，因而不能用形而上学的范畴去加以规定。Ereignis 原本就是不可说的，一旦被说出来，用某个词语表达出来，它就有了特定的所指，这个"所指"就指向"什么"。如果我们把 Ereignis 看作一个"能指"，然后依照"能指—所指"的理性逻辑的对应关系去看 Ereignis，那么，就有把"Ereignis"看作一个确定"对象"的危险。Ereignis 根本就不是一个概念性的"能指"或"符号"，它本身无所指，也没有一个和它相对应的"所指"，我们无法对它施以严格的逻辑分析。对 Ereignis 而言，既不可"问"，也不可"说"，因为它根本就不是问和说的对象，如果一定要这样做，就只能言说 Ereignis 的情形是如何的。

Ereignis（及其动词形式 ereignen）因其含义的复杂和丰富，长期以来，在如何理解的问题上一直困扰着学者们。因此，要理解 Ereignis 的真正含

---

① [德] 海德格尔：《面向思的事情》，陈小文、孙周兴译，商务印书馆 1996 年版，第24 页。译文有改动，在引文中，"大道"原被译为"本有"，是对 Ereignis 的翻译，学术界对 Ereignis 的翻译有诸多不同的看法，文中采用孙周兴先生的译法之一即"大道"，以与下文中被译作"道说"的 Sage 相对应。

义，就要沿着海德格尔自己的思路，从这个词的德语词根中寻找根据，然后再进行义理的疏通。

Ereignis 本是德语中的一个常用词，在现代德语中的通常含义是"事件"、"事情"，其动词形式"ereignen"的含义是"发生"，英美学者将它译作 Event 或 Happening。但海德格尔指出，这并不是他所思的"事情本身"，Ereignis 所命名的东西不能按照这个词通常的语义来理解，而应该挖掘其更深广的内涵，因为 Ereignis 不仅仅是一种"发生"，它具有更为基本和丰富的内容，是使一切"发生"成为可能的东西。

海德格尔将这个词看作是由两部分即"er-"和"eignen"组成的。"eignen"的意思是"具有……的特点"、"为……所特有"、"独具"、"适合于……"等。而且，"eignen"与形容词"eigen"（意为"自己的"、"特有的"）有词源关系，并因此而与"eigentlich"（意为"本来的"、"真正的"、"本源的"）相关。它的前缀"er"具有"使生发"、"去开始一个行为"、"开启"和"使（对方、尤其是自己）受到此行为的影响而产生相应结果"的含义。总括以上所说的，这个词就有"在行为的来回发生过程中获得自身"的意思。①

海德格尔还探究过 Ereignis 的词源，据考证，Ereignis 这个词源于一种扩展了的语言，是一种派生的语言用法。海德格尔在《同一与差别》中说："Ereignen heißt ursprünglich: er-äugen, d. h. erblicken, im Blicken zu sich rufen, aneignen."② 这句话的中文意思是："'居有'（Er-eignen）的原初的意义是:er-äugen，即看见，在观看中唤起自己，获得。"③ 理解 ursprünglich 这个词的意思的关键在其前缀 ur-，ur- 的意思是"原始"、"远古"、"事物之初"、"祖先"等，表示最初的状态，因此，ursprünglich 这个词的意思就是"最初的，开始的，纯朴的"。海德格尔用这个词告诉我们，他不是在通常的意义上理解 Ereignis，而是从其词源处、从其根本处理解的。Ereignis 的动词形式 er-

---

① 参见张祥龙：《海德格尔思想与中国天道——终极视域的开启与交融》，三联书店 1996 年版，第 163 页。

② Martin Heidegger: *Identität und Differenz*, Verlag Günther Neske Pfullingen, 1978, S.15.

③ ［德］海德格尔：《海德格尔选集》（上），孙周兴选编，三联书店 1996 年版，第 656 页。

eignen 指"发生"，尤其是"在眼前（显示出）的发生"，它原本意味着"去看"或"使……被看到"（er-blicken），以便在这种看（Blicken）中召唤和占有（an-eignen）自身。ereignen 之所以会有这样的意思，是因为 ereignen 来自 eräugen，也就是说，eräugen 是 ereignen 的前身，而 eräugen 这个动词又"与作为眼睛的名词 Auge 相联"①，因此，eräugen 的意思就是"把……置于眼前"、"收入眼底"、"带到位置上使之可见"，也就是"看"的意思。根据德语的发音，äu 和 ei 相类似，于是 eräugen 就很自然地被读作 ereignen，并相应地由此来解读 ereignen 的意义。在现代德语中，Eräugne 已经被另一个词取代了，这就是 erblicken（看见）。这样，ereignen 就和"呈现"、"显现"即真理联系起来，这里的真理涉及天、地、神、人之"四方"整体，"ereignen 意味着一个结合过程，在此过程中，四位一体的'四方'得以显现而进入真理之光亮和澄明中，并因此而成其自身，同时又在相互'转让'中共属一体。因此，ereignen 既有相互归属、相互转让（居有）之意，同时也有相互照亮和映射之意，即 eräugen 之意。这两个意思合在一起，才构成 Ereignis 之本义"②。概言之，Ereignis 的本义应该是：在直接经验到的独特性中成其本身。

　　这样看来，日常语言把 Ereignis 作为"事件"来理解就流于表面化了。"'大道'一词在这里的意思不再是我们通常所谓的事情、事件。这个词现在被用作单数。它所命名的东西只是在单数中发生——不，甚至不再在单个数中发生，而是独一无二的。"③ 实际上，"从道说之显示来看，我们既不可把大道（Ereignis）表象为一个事件，也不可把它表象为一种发生，而只能在道说之显示中把它经验为允诺者"④。所谓"允诺者（Gewährende）"也就是"给予者"、"递呈者"（Reichende）。Ereignis 不能被归结为其他什么东西，

---

① ［德］海德格尔：《诗·语言·思》，彭富春译，文化艺术出版社 1990 年版，第 11 页。

② 孙周兴：《说不可说之神秘》，三联书店 1994 年版，第 281 页。

③ ［德］海德格尔：《海德格尔选集》（上），孙周兴选编，三联书店 1996 年版，第656—657 页。

④ ［德］海德格尔：《在通向语言的途中》，孙周兴译，商务印书馆 2004 年版，第 258—259 页。

也不能根据其他什么东西来说明。Ereignis 不是其他什么东西的成果即结果，而是作为"给予者"，"它有所端呈的给予（Geben）才允诺着诸如某种'有'（Es gibt）之类的东西"①，Ereignis 给出了其他一切东西，使得一切其他东西发生，它引发万物，催生一切。它甚至也还为"存在"所需要，使"存在"得以"给出"或"有"（es gibt），让存在者进入其存在，以便存在作为在场达于其本己中。一切作为"什么"的东西都是由 Ereignis "给出"的，Ereignis 就是这个"给"或"有"（es gibt）本身。所以，是 Ereignis 让"有"成为"有"的。海德格尔多次强调：Ereignis 不是"存在"（sein，Being），而是高于"存在"的。"存在"是形而上学的最高规定，而 Ereignis 比形而上学的这一最高规定性要更高深、更本源、更丰富，"存在"必须从 Ereignis 方面去思考。"大道在本质上却不同于任何可能的形而上学的存在规定，从而也比这种存在规定更为丰富。相反，就其本质来源来看，存在倒是要从大道出发才能得到思考。"②Ereignis 不是一个"什么"，即它不是存在者，所以，它不具有任何确定的规定性，不能用其他东西来加以解释，但它又确确实实存在着。Ereignis 不是一个能够把存在者归于其下的包罗一切的普遍概念，它脱出于传统形而上学的概念方式之外，因而不能通过明确的逻辑概念和规则加以规定。所以，在海德格尔看来，Ereignis 是非形而上学的，它超出了所有形而上学的规定性。海德格尔提出 Ereignis，绝非用一个新的形而上学概念来取代"存在"这一旧的形而上学概念。海德格尔认为，Ereignis 就是 ereignen。这说明，Ereignis 不是一个静态的确定概念，不居留于名词性的本质（das Wesen）中，而是活动于动词性的出场（wesen）中，它首先意味着同一事件的不同参与者彼此依存一体的动态关联。"本有乃是于自身中回荡着的领域，通过这一领域，人和存在丧失了形而上学曾经赋予给它们的那些规定性，从而在它们的本质中相互通达，获得它们的本质的东西"③，因而，Ereignis 就是存在的发生，它比存在更源始，一切存在者都是因存在

---

① ［德］海德格尔：《在通向语言的途中》，孙周兴译，商务印书馆 2004 年版，第 259 页。
② ［德］海德格尔：《在通向语言的途中》，孙周兴译，商务印书馆 2004 年版，第 261 页。
③ ［德］海德格尔：《海德格尔选集》（上），孙周兴选编，三联书店 1996 年版，第 657 页。

而在，而存在却不在，存在给出（es gibt），这个给出存在的发生就是 Er-eignis，Ereignis 是一切存在的"根据"或本质渊源。

从 Ereignis 被赋予的内涵而言，Ereignis 确实是一个比 Sein 更合适的命名。首先，从 Ereignis 和 Sein 各自的语义来看，二者是有差别的。虽然 Ereignis 的动词形式 ereignen 只有"发生"之意，但 Ereignis 的语义除"发生"之外，还有"生成"、"转让"之意。而 Sein 的意义，即使在《形而上学导论》中有"自身涌现着的持续性在场"之意，其实质意义却只是"发生"，Sein 的动词形式 sein 和 Sein 没有意义上的差别。其次，Ereignis 有着"根本的"和"动态的"双重意义，即 Ereignis 的运作使得一切发生成为可能。Sein 则只有"在场"的意义。当然，"存在"既可以指特殊存在者的存在，也可以指整体存在者的存在，但后者却居于主导和支配地位。而且，Sein 既可以指早期希腊所理解的源始意义，也可以指柏拉图以来的形而上学所赋予的意义。从早期希腊所理解的源始意义来说，Sein 指自身涌现着的持续的在场，但它虽有动态性内涵却没有根本性、支配一切发生的内涵。从柏拉图以来，Sein 指一种普遍性的规定，虽有根本性内涵却没有动态性意义，使得 Sein 在很大程度上成为静态的东西。所以，从上述意义来说，Sein 无法表达使一切发生成为可能的发生、运行这样的内容。最后，Ereignis 具有创造性，是海德格尔不同于形而上学语言概念的最重要的指称形式之一，它既准确地命名了自己的思想所思考的东西，又超越了传统形而上学的语言指称形式。[①]

四、二重性之纯一性

在海德格尔那里，存在的第一个开端和第二个开端分别是 φύσις 和 Ereignis。我们已经探讨了它们的词源、词义等，那么，这二者作为存在是如何运作的呢？在海德格尔看来，存在本身是二重性之纯一性。海德格尔对存在本身二重性之纯一性的理解是与他的语言观相关的，他"是在语言与

---

① 参看刘敬鲁：《海德格尔人学思想研究》，中国人民大学出版社 2001 年版，第 156—158 页。

存在之本质关系中，也就是在语言与二重性之支配作用的关系中，来沉思语言"①。二重性之纯一性的提出是海德格尔后期寻求突破形而上学、走向非形而上学思想的尝试。"形而上学让人类悬挂于存在者中间，而同时，存在者之存在在任何时候都未能作为存在于存在之间的二重性（Zwiefalt），从形而上学的角度、并且通过形而上学而在其真理性方面得到经验、追问和接合。"②

　　孙周兴先生认为，存在本身的二重性之纯一性表现为海德格尔思想中的一个著名课题，即"存在论差异"（Ontoligische Differenz）③。"存在论差异"是一个非常重要的课题，它实际上触及到的是海德格尔思想中的一个根本问题，它与追问存在的问题方式的转变（"是什么"和"如何"）相关联，是颠倒形而上学的前提，是海德格尔哲学的起点。假如没有海德格尔对存在—存在者或在场—在场者的存在论差异的打开，存在就不可能被重新唤回，也就不可能再去动摇乃至颠覆形而上学的根基。简单地说，"存在论差异"指的是"存在"（Sein）和"存在者"（Seiendes）之间是有差别的，即存在不同于存在者。存在是"涌现"、"显现"，而存在者则是现成的、具体的、确定的东西。在海德格尔看来，存在本身不是对所有存在者的一般性概括，不是所有存在者的族类的普遍性，所以不能归结为某种抽象的和绝对的存在。存在也不是处于别的存在者之外的独立的东西，不是一个"什么"，因此不能作为确定的对象存在。它没有规律性和本质，不能通过某种逻辑理性方式构成。形而上学史上的各种概念（如物质、逻各斯、实体性等）所表达的都只是存在者，而不是存在本身。如果一定要谈存在的"本质"，那么，只能说存在"存在着"即"存在起来"这一"事情"。总之，存在是不断地显现，而存在者则是固定不变的东西。但是，存在与存在者并不是完全对立的，海德格尔认为，存在不是存在者，但存在离不开存在者，"存在总是某种存在

① ［德］海德格尔：《在通向语言的途中》，孙周兴译，商务印书馆 2004 年版，第 122 页。

② ［德］海德格尔：《演讲与论文集》，孙周兴译，三联书店 2005 年版，第 76—77 页。

③ 关于存在论差异的问题，海德格尔在《存在与时间》的导论中提出"存在者的存在本身不'是'一种存在者"，在《路标》中的一篇论文《论根据的本质》中提到"存在学差异"。另可参见孙周兴著作《说不可说之神秘》，三联书店 1994 年版，第 13 页。

者的存在"①，存在只能通过存在者显现出来。同时，一切存在者必须先存在着，然后才能成为当前的具有确定性的存在者，存在是使存在者成其本身的"事情"和先决条件，是使存在者显现为其本身的本源，所以，存在具有比所有存在者优先的地位，没有存在就没有存在者。因此，存在和存在者之间的不同并不是说，存在和存在者有着本质的区别，二者之间隔着一条鸿沟，处于两个完全不同的世界，而是说，它们之间有着一种"亲密的区分"。

海德格尔在其后期，进一步提出了存在与存在者的"二重性"(Zwiefalt)的思想。存在具有二重性，但二重性不是差异，而是存在本身的一体性的运作，它既指在场者，又指在场本身，因此，存在本身是在场和在场者的双重体。海德格尔说："存在本身——这说的是：在场者之在场，也即在场与在场者的从两者之纯一性而来的二重性"②。这就意味着海德格尔在存在（即在场者之在场）与二重性之间画上了等号。因此，所谓"二重性"，在海德格尔那里指的就是存在本身的"显—隐"运作。存在总是存在者的存在，这就是说，存在总是要显现为存在者，但存在者显现的过程同时就是存在本身消隐的过程，存在一旦显现为存在者，其本身就自行隐退，即"隐"入"无"之中，只有这样，存在才成其本身。正是二重性使得存在本身既是源始的"显"，也是源始的"隐"，即既"澄明"又"遮蔽"，由此，存在就既不允许被绝对地确定到一个固定的形态，也不允许被确定到一种和主体对立的客体性中，更不允许被确定到主体和客体完全被消融的纯粹的持存性中。

在古希腊早期，二重性的展开是作为 φύσις 而起作用的。φύσις 在古希腊早期被解释为"生"，而"生"在较原初的解释中又表明为"升起"，后来，人们把它和"见光"相联系，于是 φύσις 的意义就成为"升起在光明中"、"在澄明中亮相"。φύσις 作为自立于此者是自身亮相者，它总是要把自身亮相于向外观所显现的事物中。这一外观在希腊人那里就是 εἶδος 或 ἰδέα，ἰδέα 作为在一件事物身上所看到的，是这件事物赖以展现自身于人们面前的样子，并以这个样子在场，这也就是希腊意义的存在。在这里，

---

① [德] 海德格尔：《存在与时间》，陈嘉映、王庆节译，三联书店 2006 年版，第 11 页。

② [德] 海德格尔：《在通向语言的途中》，孙周兴译，商务印书馆 2004 年版，第 117 页。

φύσις 安处于自身中，是常住。然而，存在之强力不仅能够使其上升而显现，同时也能够使其下沉归入消隐中。在由 φύσις 涌现出来的 ιδέα 所呈现的事物中，作为涌现本身的 φύσις 却隐而不显，消失在涌现出来的事物中。也就是说，当存在者显现出来时，存在本身却必然地隐失于存在者之中，最终归于"无"。"φύσις 是指卓然自立这回事，是指停留在自身中展开自身这回事。在这样起的作用中，静与动就从原始的统一中又闭又开又隐又显了。"① 存在作为 φύσις，是涌现、去蔽的过程和状态，它是存在者是其所是的力量。φύσις"涌现"、"绽放"之际，存在者才得以显现。在 φύσις 的显现运作中，存在者才作为存在者而存在。φύσις 从被遮蔽者中出离从而使被遮蔽者驻定。如此之出离遮蔽，就是 αλήθεια。"在活生生地作为 φύσις 而在。这个展开着的起作用就是出现。如此出现导致显露。在这回事中已经有：这个在，这个出现，让从隐蔽状态中露出来。当在者作为这样一个在者在起来时，这个在者就把自身摆入并处于去蔽状态中，就是 αλήθεια（真理）中。"② 可以说，在二重性的展开过程中，αλήθεια 起着支配作用。αλήθεια 这个词本身也表明了一种二重性，αλήθεια 是由前缀 α- 和词根 λήθεια 组成，λήθεια 的意思是遮蔽，而 α- 则表示一种否定性，有"去除"的意思，合起来就是指去除某种遮蔽状态，让存在者从遮蔽状态中走出来，使其显现出来。"绽放"就是指从某种源始的遮蔽状态中绽放出来。从另一个角度说，存在者之所以存在，是因为它"存在"了，从"隐"处"显"出来了。在 φύσις 的二重性的展开中，在场者和在场以或明或暗的不同方式一起显现出来。在这里，不管是显现出来的某种特定的存在者，还是存在者的存在，都必然归属于 φύσις 本身的运作。"用赫拉克利特的一句话来作结论（残篇 D123）：φύσις κρύπτεσθαι φιλεî：在（升起的现象）喜欢隐蔽自身。因为在就叫作：升起的现象，从隐蔽中现出来，因此隐蔽状态，从隐蔽中出身，都是本质上属于在的事。"③

---

① ［德］海德格尔：《形而上学导论》，熊伟、王庆节译，商务印书馆 1996 年版，第 61 页。
② ［德］海德格尔：《形而上学导论》，熊伟、王庆节译，商务印书馆 1996 年版，第 103 页。
③ ［德］海德格尔：《形而上学导论》，熊伟、王庆节译，商务印书馆 1996 年版，第 115 页。

　　Ereignis 本身的运作也彰显为一种"二重性"。Ereignis 在成就万物的同时，又隐退于整个世界之中，是在场者之在场，它综合了在场和不在场、"有"和"无"、"显"（去蔽）和"隐"（遮蔽）的双重意义。一方面，Ereignis 作为存在的存在本身，是在场中的不断"到来"，成就着源始的绽出的在场。Ereignis 给世界带来光明，在 Ereignis 之"显"中，存在者万物（天、地、神、人）各自成其所是，显现出各自丰富而独特的面貌，"世界"在其中得以成就自身。另一方面，Ereignis 具有深刻的"隐匿性"，海德格尔用"抑制"、"拒绝"和"扣留"等描述 Ereignis 的这一特性，认为"隐匿"是 Ereignis 的源始本性。Ereignis 更偏于"隐匿"的一面，它将永恒的持续和永久的在场消融在自身中。Ereignis 就像一道能够穿透照亮一切的光，它使得一切为人所见，而与此同时，自身却始终不见；它使一切到来，同时又使一切离去；它居"有"存在，却同时意味着"无"；它"给出"（es gibt）存在，却又同时在收回。Ereignis 在发送存在的过程中并不是绝对地毫不保留地公开自身的一切，而总是在其运行中趋于隐退，时时刻刻抑制和扣留着自身，将自身归于神秘之中。"自行隐匿者拒绝到达。只不过——这种自行隐匿（Sichentziehen）并非一无所有。在这里，隐匿就是扣留，而且作为这样一种扣留，它就是——本有（Ereignis）。"[①]Ereignis 是绝对的隐匿自身者，它不可言说，不可显示，把自身收回于隐蔽之域，作为永远的奥秘牵引着人。

　　海德格尔在后期经常用 Lichtung（英文 clearing）来表现 Ereignis 的特性。人们通常把 Lichtung 译作"澄明"，而陈嘉映先生则译作"疏明"，似乎更符合海德格尔的本意，因为海德格尔强调的是光与影的游戏，而反对纯粹的光明。Lichtung 在德语中的意思是"林中空地"，它是从动词 lichten（使明亮、照亮；使稀疏）而来的，因而和"光"相联系，但又暗示着阴影的存在。海德格尔认为，Lichtung 和严实的密不透光的密林相对，由此用它来解释一切在场者和不在场者的敞开着的场地。Lichtung 说的是存在的本性，它不是绝对无遮无拦的光明，光明只是投射进而构成林中空地的一个部分，而不是林

────────────────

①　[德]海德格尔：《演讲与论文集》，孙周兴译，三联书店 2005 年版，第 141 页。

中空地的全部。林中空地显现光明的同时又在摇曳中遮蔽，它同时包含了光明和黑暗，是光明和黑暗的相互交织，而且其黑暗更为本源。虽然必须首先有"空"，才会有"林中空地"，但"空"只是有限的，它被周围密密匝匝的幽暗树林环绕着，被无限的黑暗包围着。存在者之存在就意味着其处于林中空地之中，万物正是在林中空地中才显现自身。这是一个本源的规定。因此，Lichtung 就是自身遮蔽着的庇护的澄明，这与 Ereignis 之本性即澄明着的庇护是相符合的。

从上文所述，我们可以看出，存在本身有着二重性，二重性是存在本身的一体两面，统一于存在本身。存在既显现，又遮蔽，二者既相互抗衡，又密切合一，遮蔽并不是一种单纯的自行锁闭，而是一种庇护（Bergen），其中始终保存着显现的本质可能性，显现之为显现就归属于其中。在这种显现和自行遮蔽的相互转让中，有着存在的本质丰富性。"自行解蔽不光是决不排除遮蔽，而倒是需要遮蔽，才能如其本质现身那样本质地现身，才能作为解蔽（Ent-bergen）而本质地现身。"[①]"涌现（自行解蔽）与遮蔽，是在它们最切近的近邻关系中被说出来的。"[②] 显现和遮蔽"处于飘浮不定的亲密性所创建和贯通的那个领域。在这种亲密性中蕴含着 ˇEv［一］的统一性和单一性（Ein-heit）。"[③] 而从根本上而言，存在的这种二重性之纯一性的运作本身就是语言。

第二节　语言说话

由于传统的科学—哲学的语言观把语言看作一种由人用来表达自己对事物的认识的工具和符号系统，只与存在者相关，因而语言最终也只能作为一种存在者。海德格尔认为，这种语言观在一定的意义上虽然不是错误的，但是，"这种语言观念的正确性和广泛流传，并不足以充当语言之本质

---

① ［德］海德格尔：《在通向语言的途中》，孙周兴译，商务印书馆 2004 年版，第 297 页。
② ［德］海德格尔：《在通向语言的途中》，孙周兴译，商务印书馆 2004 年版，第 295 页。
③ ［德］海德格尔：《在通向语言的途中》，孙周兴译，商务印书馆 2004 年版，第 297 页。

的探讨工作的基础"①，"它们全然忽视了语言的最古老的本质特性。因此，尽管这些观念是古老的和明确的，但它们从未把我们带到作为语言的语言那里"②。它们并没有触及语言本身，可以说，这种语言只是语言本身的存在方式之一，因而归属于语言本身的领域。那么，语言从根本上来说是如何存在的呢？

海德格尔认为，形而上学的语言观根本不理解语言的真正本性，极度贬低语言的重要意义，为了评析其不足，追问语言本身的情形如何，语言如何成其本质，就需要新的标准，"这一标准就表现在'语言说话'这个命题中了"③，"语言说话，因为语言道说，语言显示"④，"就我们没有真正操纵、控制语言而言，是语言说我们"⑤。即，首先不是人在说话，而是语言本身在向人说话，并要求人倾听和应合着说话。形而上学的语言是僵死的，而活的语言是说话，在说话中寻找语言的存在比在字典中寻找更有前景。而"语言说话"本身就表明，说话本质上不是一种表达。那么，说话是什么呢？哪一种说话构成了语言的存在？当仅仅某个人说话时，语言存在吗？"一个语言共同体的人们都在说话时，语言才存在吗？……假设语言共同体的所有人都同时说这门语言，它能因此而保证整个语言都被说、都为了交谈而出现吗？实际上，语言中的许多都不被说，语言仅仅是在特定的方面如作为口语被说。……如果地震把人们吓得哑了，语言就停止存在了吗？语言只是在被说的时候才存在吗？当一个人沉默的时候，语言就不存在吗？或者语言根本就不存在，而是一次次地在说话时出现吗？那么，它将不断地生成和消失，它就没有存在，而是一个生成。生成是否恰恰也是存在就是一个问题。语言在什么地方、什么时候、怎样存在？是在被说的地方、被说的时候。这是有疑问的。语言哲学忽略了前问题，导致了一系列熟悉的虚假问

---

①　[德] 海德格尔：《在通向语言的途中》，孙周兴译，商务印书馆 2004 年版，第 10—11 页。

②　[德] 海德格尔：《在通向语言的途中》，孙周兴译，商务印书馆 2004 年版，第 6 页。

③　[德] 海德格尔：《在通向语言的途中》，孙周兴译，商务印书馆 2004 年版，第 11 页。

④　[德] 海德格尔：《在通向语言的途中》，孙周兴译，商务印书馆 2004 年版，第 254 页。

⑤　[德] 伽达默尔：《哲学解释学》，夏镇平、宋建平译，上海译文出版社 2004 年版，第 235 页。

题。"① 显然，将语言看作存在于人类中的东西这一观点是成问题的，因为人们还不知道说话是怎样的。而且，"一种关于语言的说几乎不可避免地把语言弄成一个对象。于是语言的本质就消失了。我们这是凌驾于语言之上，而不是从语言而来倾听语言。那么就只能有一种从语言而来的言说……这种言说从语言之本质而来被召唤出来，并且被引向语言之本质那里"②。

鉴于此，海德格尔认为，对语言的追问隐含着现成在手实体的含义，因此，必须回到现象学的研究，坚持现象第一，现象先于词语和表达，之后才有概念。他就人和语言的关系问题提出一种与众不同的观点，主张语言自己言说，语言并不是因为有了人才有的，语言是自己给予自己的，说话的是语言，而不是人。而且，"我们在说话的时候是不会意识到语言的结构、语法和句法等这些因素的，语言真正的存在是它所说的东西"③。因此，真正存在的语言是语言自身说，即语言的自身显现，而不是人的说。进一步说，语言本身不具有说话器官，不是外在于存在和人的交流工具，不是单纯的外在符号，不是对显现者所做的事后追加的文字或声音表达，它和存在本身密切相关，语言首先是存在的语言，是存在的直接显现，是对居于大道之中的道说的显现，甚至可以说，语言就是存在或大道本身。相应于作为存在的 φύσις 和 Ereignis 及其二重性之纯一性，海德格尔用 λόγος 和 Sage 及寂静之音来言说语言，把语言看作存在本身的运作。

在这里，海德格尔直接指向的是传统的主体形而上学，反对与人类中心主义联系的逻辑理性的语言观，批判传统形而上学将语言现成化、凝固化而作为存在者的观点，转向存在本身的语言。海德格尔否定关于人和语言关系的形而上学观点，赋予语言以独立、先在的性质，确立了语言的本体论地位，让语言进入到一个不像惯常的逻辑思维那样可理解的领域。当然，海德格尔并没有放弃语言与人的本质的关联，但是却排除了人在语言中的中心地位，使人从属于语言。他认为，语言本身比人更强大，语言本身组建着人的

① Heidegger，*Logic as the Question Concerning the Essence of Language*，Translated by Wanda Torres Gregory and Yvonne Unna，State University of New York Press，2009，p.22.

② [德] 海德格尔：《在通向语言的途中》，孙周兴译，商务印书馆 2004 年版，第 141 页。

③ 张汝伦：《海德格尔与现代哲学》，复旦大学出版社 1995 年版，第 304 页。

存在，它规定着人，先行向人有所说，说着自己的存在本质，向人提出要求。因此，语言是存在和人的中介和统一。

一、话语之生存论上最原初的说话

在前期的《存在与时间》中，海德格尔对语言做了生存论的分析，由此在（Dasein）的展开状态来探求解决语言问题的可能途径，将语言的位置看作此在，因此，这里的语言是被以此在为基础进行理解的。在这一时期，海德格尔基本分析此在的存在建构，把着眼点放在人的生存状态上，"生存"是其出发点和目标。他认为，古希腊人并没有关于语言的词语，甚至也没有关于语言的概念，他们未对此在的存在结构予以确切洞悉，从一开始就"把语言这种现象'首先'领会为话语"①，源初地将话语（Rede, discourse）经验为此在的一种存在可能性，经验为此在存在的独特方式。在他看来，此在在世的展开状态在本质上就包含着话语，话语是此在展开状态的生存论机制，是此在的存在显现，因此，语言的基本结构是由此在的构成彰显的，"语言这一现象在此在的展开状态这一生存论建构中有其根源。语言的生存论存在论基础是话语"②。"话语对于此之在即现身与领会具有构成作用，而此在又等于说在世的存在，所以，此在作为有所言谈的'在之中'已经说出自身。……倘若我们反过来使话语这种现象从原则上具有某种生存论环节的源始性和广度，那么我们就必须把语言科学移置到存在论上更源始的基础之上。把语法从逻辑中解放出来这一任务先就要求我们积极领会一般话语这种生存论环节的先天基本结构……考虑到这一点，我们应当寻问有哪些基本形式能够把一般可领会的东西合乎含义地分成环节，而不限于寻问理论考察所认识的和命题所表达的世内存在者。"③具体而言，话语是此在在一世界一中一存在的样式，它和现身、领会一起，构成此在的三种同样源始的展开方式，而且话语还显示出比现身情态、领会和沉沦更为重要的地位，它把由领

---

① 〔德〕海德格尔：《存在与时间》，陈嘉映、王庆节译，三联书店 2006 年版，第 193 页。
② 〔德〕海德格尔：《存在与时间》，陈嘉映、王庆节译，三联书店 2006 年版，第 188 页。
③ 〔德〕海德格尔：《存在与时间》，陈嘉映、王庆节译，三联书店 2006 年版，第 192—193 页。

会、现身情态与沉沦组建而成的完整的此在展开状态相勾连，是在世的展开状态的源始因素，是一种特殊的在世的存在方式。

话语是此在对存在的去蔽状态予以解释并进行有意义的表达，是理解的一种存在方式，是此在在世界之中并向着世界的存在，是对展开的世界、他人的共同此在和本己的在世的领会，是最原初的说话，表现为命令、邀请、赞同、拒绝、警告、讨论、答复、调解、作出陈述、辩论等，在本质上属于语言。话语具有四个构成环节，即话语的关于什么、话语之所云本身、传达和公布。具体如下：

第一，任何话语都有其"关于什么"，都是从某种东西的特定视野和一定范围展开的。这里的"关于什么"不是现成在手之物，而是处于打交道之中的上手之物，它和此在在世的展开状态相关，是此在所关心的东西，有着世界性和在世界之中存在的特点，它在话语中展现为公开可见的，从而使此在所关涉的世界呈现出来，通常不同于命题之对某种东西予以规定的"关于什么"，不是要有意识地得到某种精确的认知，并不用于获取认识论意义上的研究性的知识，而是先于理论命题之类的东西，因而不能被从逻辑斯蒂语言这一方向予以看待。

第二，在对某个东西展开的每一个话语中，都有一个"所云"，即就被说到的东西的状况所进行的谈论本身。通过说，某个东西被展现在谈论中，即上述的"关于什么"在所云中被说出来，例如，关于"屋子"，在所云"屋子打扫干净了"中进一步被予以展现。所云展现的是对某物的通达、开显和揭示，即对某物的首次理解，涉及事实上达到的存在者的揭示状态。

第三，通过所云，话语使其自身向着有所领会的共在"传达"。传达并不是传统形而上学意义上的不同主体内心所掌握和占有的思想观念、知识、信息、经验通过声音得以察知的相互交流，而是生存论意义上的共在之共同现身和共同领会的分享。一切对某个东西的所云都是此在的存在方式，在本质上是共在，所以，一切话语在本质上都是传达，是向着他人并且和他人一起就某物进行谈论和讲说，在其中，话语的"关于什么"通过所云传达给他人，由共在一道领略并进入这个东西所展现的世界之中。因此，"在一种真正得到理解的意义上，共同言说者首先和源本地都卷入了同一件事情，而那些宣示者比那些听闻者则在一种更为源本的意义上卷入了事情之中"①。

第四，话语总是要让自己"公布"出来，将自身所云的被传达的某种东西展现为显而易见的，以便让他人知晓。话语的公布是此在本己地在世界之中存在的现身方式，通过语言的语调、节奏、幅度等表现自身的领会。此在并非作为形而上学式的和外在的东西相分离的内在的东西去将自己的领会展现出来，而是向来就在世地处身在外，参与到公开可见者之中，在相互说话中让世界展现出来，并由此相互共处地"走向公开"，置身于所谈论的事物中，彼此之间形成相互的理解。总之，在话语中，"此在本身及其现身情态都总是一同得到了揭示"②。

海德格尔就此说道："这四个环节并非简单地只是人们时不时地从各种不同的方面能够在语言中发现的特性的一种偶然的杂烩，相反，它们是这样的一些结构：就语言是此在本身的一种可能性而言，这些结构本身就成了既与的结构。"③"这四种结构环节整个地属于语言的本质本身，在本质上一切言说都是由这些环节所规定的；在这里，虽然个别的环节可以退居幕后，但它却永远也不会阙失。"④"它们并不是一些仅仅凭借经验敛在一起的语言性质，而是植根于此在的存在建构的生存论环节。从存在论上说，唯有这些东西才使语言这种东西成为可能。在某种话语的实际语言形态中，这些环节或有阙如者，或未经注意。这些环节常常不'在字面上'得到表达，这只说明人们采用了话语的某些特定方式；而话语之为话语，必然一向处在上述诸结构的整体性中。"⑤"人们试图把握'语言的本质'，但他们总是依循上述环节中的某一个别环节来制定方向：'表达'、'象征形式'、'命题'的传达、体验的'吐诉'、生命的'形态化'，诸如此类的观念都是人们依以理解语言的指导线索。"⑥"所有的这些规定从来都只是触及了语言本身的某一个现象

---

①　[德] 海德格尔：《时间概念史导论》，欧东明译，商务印书馆 2009 年版，第 366 页。
②　[德] 海德格尔：《时间概念史导论》，欧东明译，商务印书馆 2009 年版，第 365 页。
③　[德] 海德格尔：《时间概念史导论》，欧东明译，商务印书馆 2009 年版，第 365 页。
④　[德] 海德格尔：《时间概念史导论》，欧东明译，商务印书馆 2009 年版，第 366 页。
⑤　[德] 海德格尔：《存在与时间》，陈嘉映、王庆节译，三联书店 2006 年版，第 190 页。
⑥　[德] 海德格尔：《存在与时间》，陈嘉映、王庆节译，三联书店 2006 年版，第 190 页。

上的特性并且只是单方面地将其看作一种本质规定的基础。只要（语言的）整体结构未曾在一开始就获得开放——这个整体结构在存在上为语言本身奠定了根基，它使得语言作为此在的存在可能性而成为可理解的——那么，当人们将已经成了众所周知的各种关于语言的定义收集起来并以某种方式统一地加以结合的时候，这样做自然也就不会取得多大的成果。"①"决定性的事情始终是在此在的分析工作的基础上先把话语结构的存在论生存论整体清理出来。"② 在这里，海德格尔从整体上将话语的各个环节看作语言的基础。

另外，他还进一步考察了与话语相关的此在展开状态的结构：听、沉默、闲言等，这三者是和作为此在存在方式的话语同时出现的构成性现象。

听是话语在生存论上的可能性，对话语具有构成作用，它关系到此在的领会和理解，由于此在的领会和理解，他才听，如果听错了，自然无法领会和理解，因此，听也意味着理解，是对被揭示的东西之参与的共同理解。此在是和他人一起在世界中敞开的存在，听某物、某人、自己就是向它们敞开，并由此归属于物的存在，归属于某人的共在，归属于他自己首要的本真存在。此在之间的听表现为跟从、赞成、不听、反对等，它们在生存论上是听的原初本质，由此，倾听才是可能的。但是，在对某物的倾听中得到的声音不同于对物理声响及其混合物的感知，不同于形而上学式的主体对客体予以加工整理后的感觉。倾听是此在存在的方式，"共在由之而得以构成的这个相互—倾听，就是在相互共处中的一种跟从（Folgenge-ben），是操持的共同实现"③，更具始源性，和此在对自己所寓居的世界之中存在的事物的先行理解如风声、鸟声相关，是物理声音的基础。"此在作为本质上有所领会的此在首先寓于被领会的东西。"④ 同样，在对他人话语的倾听中，此在听到的首先也不是其纯粹的声响或音素，不是说话的行为，而是领会其"所云"，即其话语所关涉的东西所呈现的现象，它使听者参与到

---

① ［德］海德格尔：《时间概念史导论》，欧东明译，商务印书馆 2009 年版，第 366 页。
② ［德］海德格尔：《存在与时间》，陈嘉映、王庆节译，三联书店 2006 年版，第 190 页。
③ ［德］海德格尔：《时间概念史导论》，欧东明译，商务印书馆 2009 年版，第 369 页。
④ ［德］海德格尔：《存在与时间》，陈嘉映、王庆节译，三联书店 2006 年版，第 191 页。

话语所谈及者的被揭示的存在中。而人们听到的用以说出这个东西的措词也首先和话语之所云有关，由此可以把握和评价这一方式是否适合于话语所关涉的东西。另外，与听相应的话语之对答最初也产生于此在作为共在分享的话语所关涉者及其意义。听属于话语，是和话语同时被给予的，具有和话语同样的源始性，是说话的基础。"只有当某人能够言（reden）和听时，他才能够说话（sprechen）。"[①] 也只有这时，才有听的阙失——未加领会的闲听。总之，"就其本质而言，有声的讲说和话音的聆听是以言说和听闻为根据的，言说和听闻的存在方式就是在—世界—中—存在与共在。只是由于有着言说的可能性，有声的讲说才能够存在，与此相同，只是由于相互共处在相互倾听的意义上原初地具有共在的特性，才会存在对话音的听闻"[②]。

沉默（das Schweigen）是话语的另一种存在方式，是话语的构成因素，是让某物自己去言说，是此在将自己关于某物的领会清晰地说给他人的特殊方式。就本质而言，话语全然不是表现在外面而发出声音意义上的讲话。因此，沉默不同于喑哑和生性少言，沉默基于此在之"能"说，只有在说话中，才有真正的沉默，而后两者恰恰"不能"说，不说话，从而也"不能"沉默。"真正的沉默只能存在于真实的话语中。为了能沉默，此在必须有东西可说，也就是说，此在必须具有它本身的真正而丰富的展开状态可供使用。"[③] 沉默就隐含着展开、说话的可能性，是话语的表现，培植着理解，产生着此在的去蔽状态，使此在归于其本真存在中，将此在纳入到被谈论的世界和关于世界的谈论之中。而和沉默相对的喋喋不休之能说并不代表此在的展开状态，不能达到本真领会，仅仅停留于表面，并且因空洞无物的高谈阔论而造成本已在话语中得到公开和领会的东西的重新遮蔽，使其陷于不可理解的状态之中。沉默则能更本原地展现话语所关涉者并给出对它的理解，揭露和消除偏离话语所关涉者的、言不及义的闲言，只有通过沉默这一话语方

① ［德］海德格尔：《时间概念史导论》，欧东明译，商务印书馆 2009 年版，第 370 页。

② ［德］海德格尔：《时间概念史导论》，欧东明译，商务印书馆 2009 年版，第 368—369 页。

③ ［德］海德格尔：《存在与时间》，陈嘉映、王庆节译，三联书店 2006 年版，第 192 页。

式，此在本真的、丰富的去蔽状态才能展现出来，此在的源始的、真正的现身情态也才能召唤出来。现身情态本身就具有沉默的特点，它不是完全通透朗照，而是有保留的晦蔽，它在关于存在的一切话语发生之前就预先展现出存在，由此生发出能听，能听进而构成此在与他人的本真的、透彻的相互共处。这样，话语就通过听和沉默而显现出来。

话语作为此在的展开方式，"有可能变成闲言"①，而其存在在生存论上对此在的日常存在方式来说就是闲言。作为日常此在展现在公众之中的交谈和传达，闲言是话语的非本真状态，是公众的平均领会和解释。具体而言，"话语通常要说出来，而且总已经是（有人）说出过的。话语即语言。而在说出过的东西里向已有领会与解释。语言作为说出过的东西包含有一种对此在之领会的解释方式"②。解释方式控制和分配着平均领会的可能性以及归属于平均领会的现身情态的可能性。公众表达自身所说的语言具有平均的可理解性，和所说的东西及其可理解性相应，伴随着公众之中的领会，在其中，被传达的话语无需听者参与到话语所谈及者的存在中获得原初的领会，人们抓住的只是话语之所云即被如此这般说到的东西，而对所谈及者仅仅给予大致和表面的领会，单纯让无内容的话语之所云得以流传，由此形成日常此在进行领会和解释的存在方式——闲言，即，"无须先把事情据为己有就懂得了一切的可能性"③。总之，"闲言与在闲言中得出的公众解释事情的讲法都是在共处同在中组建起来的。……闲言是共处同在本身的存在方式，而不是靠'从外部'对此在起作用的某些环境才产生的"④。而虽然共在没有源始地参与到话语所关涉的东西，被讲说的话语也能被理解。"人们的意思总是同样的，那是因为人们共同地在同样的平均性中领会所说的事情。"⑤"因为话语丧失了或从未获得对所谈及的存在者的首要的存在联系，所以它不是以源始地把这种存在者据为己有的方式传达自身，而是以

① ［德］海德格尔：《存在与时间》，陈嘉映、王庆节译，三联书店 2006 年版，第 197 页。
② ［德］海德格尔：《存在与时间》，陈嘉映、王庆节译，三联书店 2006 年版，第 195 页。
③ ［德］海德格尔：《存在与时间》，陈嘉映、王庆节译，三联书店 2006 年版，第 197 页。
④ ［德］海德格尔：《存在与时间》，陈嘉映、王庆节译，三联书店 2006 年版，第 205 页。
⑤ ［德］海德格尔：《存在与时间》，陈嘉映、王庆节译，三联书店 2006 年版，第 196 页。

人云亦云、鹦鹉学舌的方式传达自身。"① 闲言还通过书面无声的胡编乱造加以传播，这源于读者肤浅阅读中的平均领会，它对未经亲眼所见的实事进行讨论，不能区分源始之物和学舌之物，且由于自认为领会了一切而不想做也不需要这种区分，而仅仅关注关于某物的所云，并对此亦步亦趋地进行言谈。

在闲言中，确保事情真实和恰当的只是某个观点，而非实事本身及话语和实事的切合，即去蔽不是用于实事而是用于话语，和话语所关涉的东西的存在也与此在无关，成为对原初领会的东西的纯粹形式上的空洞无物的意指。被如此说到的事质就因为缺乏领会性的存在关联而失落，而话语之所云如词语、句子、格言，作为对共在中传达的世界和此在所做的解释，成为世俗方式中可用的现成东西，而关于事质的确定领会和解释也就成为世俗可用的现成东西。由于缺乏恰当的领会，话语自然成为无根的可理解性，对话语的听不再是和共在一起参与到被谈论的原初地揭示出来的事质中，而是参与到根据所云进行道说的共处中，是对纯粹讲说的听闻，而领会则是基于纯粹听说的领会。如此被听并以一定方式领会的东西被不断重复和广泛传播，加剧了被源始地讲述的东西的无根状态。由于和这一无根状态相应的话语所表达的观念被固化，话语在重复的讲说中也遭受着无根状态的加剧。即使是那些源始的、创造性的意义及通过它们创造的言辞，在表说的时候也被降为闲言而处于无根状态。

"闲言这种话语不以分成环节的领会来保持在世的敞开状态，而是锁闭了在世，掩盖了世内存在者。"② 作为话语，闲言本质上就倾向于遮蔽，以一种不充分的方式进行着解释，因此，解释事物的日常方式是以闲言为生的。闲言无意识地使展现转向其反面即锁闭，因为人们认为，所谈到的东西总是处于揭示状态中，是自明的，并相信自己也已达到了对它的领会，不对其追根究底，不在源始的领会中去探询事质，由此将话语的实质意义即对去蔽状态的解释转变成遮蔽，把所谈的东西锁闭起来。因此，闲言不仅不揭示，还

---

① [德] 海德格尔：《存在与时间》，陈嘉映、王庆节译，三联书店 2006 年版，第 196 页。
② [德] 海德格尔：《存在与时间》，陈嘉映、王庆节译，三联书店 2006 年版，第 197 页。

阻碍着揭示。而闲言就驻留于此在之中，占据着统治地位，我们最初就是从闲言中获知许多东西的，并局限于闲言的平均领会。此在无法避开闲言，因为闲言是不可根除的东西，此在已经被植入闲言中，其现身情态及此在和世界的基本关涉也受制于闲言，因而此在必然会受到闲言的影响，不可能对事物予以真实的领会、解释和传达。这一关于世界和此在的解释就是此在的日常解释，这个解释包含了人们在日常共处中所说的东西，接管了此在在其中作出决断的本真的事务，被挤压成对每个人都毫无差别的可理解性和可通达性，而常人所说的东西完全引导着解释和领会的世俗化，控制着首先驻留于常人中的此在存在的各种可能性，使此在在闲言中迎合于常人，颠倒成一种处于沉沦状态的异在。于是，"作为在世的存在，滞留于闲言中的此在被切除下来——从对世界、对共同此在、对'在之中'本身的首要而源始真实的存在联系处切除下来"①。由此，此在便处于被闲言所遮蔽的隐而不显的无根基状态。但是，"除根不构成此在的不存在，它倒构成了此在的最日常最顽固的'实在'"②。

上述所谈的话语是此在展开状态的源始生存论环节，具有特殊的"在世界中"的存在方式，是此在可理解性的含义和意义，"现身在世的可理解性作为话语道出自身。可理解性的含义整体达乎言辞（word）。言词（word）吸取含义而生长，而非先有言词物（word-things），然后配上含义"③。"把话语（Rede）道说出来（get expressed）即成为语言（Sprache）。因为在（语言）这一言语整体中话语自有它'世界的'存在，于是，言词整体就成为世内存在者，像上手事物那样摆在面前。语言可以拆碎成现成的言词物。因为话语按照含义来分环勾连的是此在的展开状态，而这种存在者的存在方式是指向'世界'的被抛的在世，所以，话语在生存论上即是语言。"④话语产生

---

① ［德］海德格尔:《存在与时间》，陈嘉映、王庆节译，三联书店 2006 年版，第 197—198 页。

② ［德］海德格尔:《存在与时间》，陈嘉映、王庆节译，三联书店 2006 年版，第 198 页。

③ ［德］海德格尔:《存在与时间》，陈嘉映、王庆节译，三联书店 2006 年版，第 188 页。

④ ［德］海德格尔:《存在与时间》，陈嘉映、王庆节译，三联书店 2006 年版，第 188—189 页。

展现，但话语不会产生去蔽状态这样的东西，相反，基于在之中的去蔽状态及其形诸有所领会的存在是事物展现的可能性条件。作为存在的条件，话语进入到对语言本质的规定中。因此，话语是解释和命题的根据，也是形而上学语言的根据。

总之，"话语本质上属于此在的存在建构，一道造就了此在的展开状态"①。话语在此在去蔽状态的形成中起着展现或解释的作用，把传达中意蕴所具有的指引联系带向显现，并将显现的意义连接起来，将此在的生存论环节勾连并统一起来，使此在由此而得以组建。很显然，在这里，语言是围绕此在来谈的，是被在此在生存状态的视域内阐释的，语言和人的生存状态密切相关，被看作此在的一种生存方式。海德格尔执着于此在以达到语言，认为通过对人的生存状态的分析，才能深入到语言问题。这种语言是"生存状态的本体论的"，其中此在对于语言起着决定性的不可替代的作用，表现出了一些主体性的残余，具有一定的主观色彩。后期，海德格尔反思了《存在与时间》中的种种问题，对它进行了批评，认为，由于在一定程度上运用了形而上学的语言，试图通过对此在（Dasein）的生存论分析来进行的形而上学转向并没有得到充分实现。进一步说，《存在与时间》陷入一种危险，主客二分的框架没有完全突破，不仅没有从以主体性为出发点的倾向中摆脱出来，而且还不知不觉地陷入甚至于增强了主体性，这就背离了他原初的本意。《存在与时间》一书没有完成其预想的任务，所以，他进行了相应的自我修正，使重点发生转移，直接突出语言的地位，强调语言本身的维度，直接把语言和存在本身相联系，围绕存在的语言本身来谈，从而也调整了对语言的认识及其和此在的关系。

二、λóγος 之聚集着的说

为了避免形而上学逻辑的统治，更本源和本真地理解语言本身，在追问语言本身时，海德格尔返回到了语言的开端处，即前苏格拉底时期的古希腊，回到了希腊语的 λóγος，想努力拯救被后人称作"逻各斯"的 λóγος，

---

① ［德］海德格尔：《存在与时间》，陈嘉映、王庆节译，三联书店 2006 年版，第 197 页。

恢复 λόγος 的源始意义，即原初的语言。

海德格尔"把 logos 视为语言的位置"①，他从基础本体论出发，把语言问题置于哲学的核心地位，认为语言是一种植基于作为真理的存在之中的 λόγος，λόγος 是语言的基础。在海德格尔看来，λόγος 是一个非常古老的词语，首先必须被规定为谈、说，并和存在本身相关。现在，当人们谈到 λόγος 时，对这一词语做了诸多解释，往往看作是思考、理性、判断、学说、概念、定义、根据、关系、规律等，而这些解释都和逻辑相关。在海德格尔看来，这些解释都没有阐明 λόγος 的本义，远离了 λόγος 和语言、存在本身的关系，如果停留在这些理解上，自然也就看不出 λόγος 和语言、存在的关系了，因而也就贬低了作为逻各斯的语言的意义。在《存在与时间》中，海德格尔认为，这样理解的 λόγος 远离了生存论的基础，被经验和阐释为现成的东西，相应地，由 λόγος 所展现的存在者也就只能是现成性的。他认为，语言的本质不是某种现成的话语方式，不是被用来表达或交流和现成事物相应的现成观念的工具。据考察，λόγος 的动词形式是 λέγειν，其词根是 λεγ，而 λεγ 的基本意思是"话语"，因此 λόγος 的基本含义就被解释为"话语"（Rede，希腊语为 αποφανσις）。海德格尔认为，λόγος 作为话语具有"使……公开"的意义，即把言谈时"话题"所及的东西公开出来，亚里士多德曾把话语的功能解释为 αποφαινεσθνι，即"有所展示"。因此，λόγος 就是让人看某种东西，让人看话语所及的东西，而这个看是对言谈者而言的，也是对相互交谈的人来说的。在具体的话语过程中，话语即"让人看"具有说出即"发声为词"的性质。λόγος 就是发声，而且是向来已有所看的发声。海德格尔认为"λόγος 之为 αποφανσις，其功能在于把某种东西展示出来让人看；只因为如此，λόγος 才具有 συνθεσις（综合）的结构形式。综合在这里不是说表象的联结或纽结，不是说对某些心理上发生的事情进行操作……把某种东西作为某种东西来让人看"②。这些表明，海德格尔已经对 λόγος 的源始意义有了深刻的认识。但是，在这里，"话语"意义上的

---

① [法] 马克·弗多芒·默里斯：《海德格尔诗学》，上海译文出版社 2005 年版，第 35 页。

② [德] 海德格尔：《存在与时间》，陈嘉映、王庆节译，三联书店 2006 年版，第 39 页。

λόγος 还只是被当作此在生存论的一个基本环节，即组建着此在之意义整体
的环节，它以 Artikulation（发音、分节表达）的方式把人之此在勾连（Arti-
kulation）为一个整体。

海德格尔在其后期，不满意于把 λόγος 分析为生存论的"话语"，于是
继续追根溯源，并在赫拉克利特那里找到了 λόγος 与"语言"的关系的渊
源。在这一过程中，他指出了 λογος 和存在的关系，进而阐述了 λόγος 是怎
样规定语言的本质、又是如何变成话语的。在《形而上学导论》中，λόγος
的基本含义不再被解释为"话语"，而是解释为"聚集"。由"话语"到"聚
集"，海德格尔对 λόγος 意义的不同解释，体现了他语言之思的深化，为他
成熟的语言观定下了基调。后来，在《逻各斯》一文中，他对 λόγος 做了
更进一步的考察。

海德格尔认为，λόγος 的本义要到其动词形式 λέγειν 中去寻觅和理解，
于是，他从分析 λέγειν 这个希腊词语入手，来梳理 λόγος 的义理。他认为，
λέγειν 这个词具有多义性，在赫拉克利特所处的时代，λέγειν 确实有"言
谈"、"告诉"、"说出"及"叙述"等含义，但是，他认为，声音、符号和
表征等都不能引向语言的本质，λέγειν 还有比上述意思更加本源的含义。在
古希腊的早期，"λόγος 的意思原本不是说话。这个词在其所指的意思中和
语言毫无直接关系"[1]。λόγος 及其动词形式 λέγειν 是在一个与现代语言观完
全不同的层面上意指"说"的。更为源始地来看，对希腊人来说，λέγειν 一
词还有一个更早的意义，即"放下来和放在眼前"（nieder-und vorlegen），
指的是把某物摆在某处，同时，也指把某物和他物集中在一起，其中，起支
配作用的是"聚集"之义。海德格尔举了一些例子，认为在 Ahrenlese（拾
穗）、Traubenlese（采葡萄）、Auslese（精选）等词语中，其组成部分 lese
都有"采集"之意。即使是读书的"读"(lesen)，其根本含义也是一种"采
集"，即把许多词连缀起来，集在一起，是把其他东西聚集起来摆放在前面，
也就是聚集性的放置。这些词语都是在"聚集"的意义上而言的。总之，
λέγειν 就是"采集"。所以，"真正说来，λέγειν 的意思就是：把自身和它者

---

[1]　[德] 海德格尔：《形而上学导论》，熊伟、王庆节译，商务印书馆 1996 年版，第 125 页。

聚集起来的放下和放在眼前"①。而 λóγος 就是作为这种 λέγειν（置放）而发生出来的，因此，在希腊人看来，λóγος 的源始意义是采集的集中，是纯粹的聚集着、采集着的置放活动。采集不能被设想为一种追加上去的合并，不是单纯地杂乱地堆成一块儿，而是相互协调，使之和谐地显现出来，是使纷然杂陈和互相排斥的东西进入一种归属一体的境界中，即多样性的统一。总之，λóγος 在被名词化进而解释为话语之前，是一方对它方的关系，是"把我们的迎受（Entgegentragen）和向我们的赠受（Zutrag）聚集起来，这种聚集在自身中是源始统一的。……一切承受、赠受和迎受，首先并且仅仅源出于这种聚集"②。它保留着把各种不同的东西聚集于一身从而呈现自身这种源始的意义。

在对 λóγος 最初指的是聚集、集合、采集以及这些词所表示的情况有所了解之后，我们就进一步有了新的认识：这个作为"聚集"或"采集着的放置"的 λóγος，实际上就是"存在"（ἕν，φύσις），它关涉到源始的存在的集中状态。λóγος 把所有的在场者都聚集起来并显现，让它们都进入其在场。把所有在场者都聚集入其在场中、同时让在场者在其在场中呈放出来的 λóγος 是一种统一，所以，λóγος 就是源始的具有统一作用的"一"（ἕν）。用赫拉克利特的话说，就是 Ἕν Πάντα，人们一般把这句话译作"一切是一"或"一是一切"（Eines ist Alles），海德格尔认为，正确的翻译应该是："一统一着一切"或"一使一切合一"（Eines einend Alles）。这里，"一切"指的是 Πάντα τὰ ὄντα，即存在者整体、总体。Ἕν 是具有统一作用的"一"，是统一一切者，它通过聚集而起统一作用。赫拉克利特的话表明，"一切是一"正是 λóγος 在其中活动（west）的方式，所以 ἕν 也就是 λóγος（聚集者）。换句话说，由于 λóγος 是源始的聚集着的置放，所以，λóγος 就聚集着一切，统一着一切，从而在 λóγος 那里，一切就都成为"一"了。λóγος 纷然杂陈的东西聚集入在场而使其成为在场者，聚集的结果就是共属一体的状态："一是一切"。λóγος 是既聚集自身也聚集它

---

① ［德］海德格尔：《演讲与论文集》，孙周兴译，三联书店 2005 年版，第 221 页。

② ［德］海德格尔：《在通向语言的途中》，孙周兴译，商务印书馆 2004 年版，第 105 页。

者的摆置，所以，λόγος 原初是揭示的发生，是作为聚集和庇护的在场的发生。

　　海德格尔由此断定，λόγος 也是存在，因为一切存在者都在存在中，都是在存在中统一的，存在把一切存在者聚集（versammelt）起来，使得存在者成其为存在者。最初，在希腊人那里，λόγος 就是"存在"，即 φύσις，φύσις 是涌现的过程及保持在这一过程中的状态，万物都因 φύσις 而成。λόγος 从另一条道路即"聚集"和"聚集状态"去展现存在。λόγος 的采集行动具有敞开的根本性质，采集就是"使公开"，所以，λόγος 就是起公开作用的采集。λόγος 既是持存者，又是聚集者，它把存在者集合在一起，所有存在者都根据 λόγος 而进入其存在。所以，λόγος 是这样来标示存在的——存在者从其自身而来、被聚集于其自身并保持于这一聚集中。作为存在者之内在的集中和呈现的 λόγος，就是存在。存在者不仅根据 φύσις 而成其本身，同样也根据 λόγος 而成其本身，所以，λόγος 与 φύσις 即存在是同一的，就是说，λόγος 也是存在本身，λόγος 之"聚集"是存在本身的运作。在古希腊人那里，λόγος 和存在是合一的，存在首先要"聚集"为一个统一体才能表现自身，因此，λόγος 被看作是处于"聚集"状态下的存在，是存在的另一个名称。总之，λόγος 就是存在本身（φύσις）无所不在的运作，是把一切聚集起来的"存在"。

　　进一步，λόγος 也即显现、去蔽（Ἀλήθεια）。λόγος 的意义就是"带向呈放"（zum Liegen bringen）、让存在者一起呈放于眼前、让自行涌现的存在者之涌现被人看见。因为 λόγος 让眼前呈放者作为其本身而呈放于眼前，所以它就使存在者去蔽（Ἀλήθεια），从而进入存在之中，因此，作为"聚集"的 λόγος 就是聚集存在者进入无蔽状态而显现出来，包括人与所有其他存在者都被聚集起来放置到"无蔽"之中。但是同时，在带向呈放中，起支配作用的是安放，而在安放中起支配作用的则是保存、庇护。当 λόγος 聚集着让一切呈放于眼前时，关注的是被呈放者在无蔽领域中的庇护（Geborgenheit）。"Λόγος[逻各斯]与自身中同时既是一种解蔽又是一种遮蔽。Λόγος[逻各斯]就是 Ἀλήθεια（无蔽）。无蔽状态需要遮蔽状态，即 Λήθη，以之作为它的储备，解蔽就仿佛从中汲取力量。Λόγος[逻各斯]，即采集着的置放，与自身中就有这种解蔽又庇护的特性。"①"去蔽"和"聚集"是存在之二重性的纯一性运作，作为"采集着的放置"的 λόγος 突出了"去蔽"与"聚集"的一体性，λόγος 将在场者聚集到在场之中，而"在场"（An-wesen）就是已经来到无蔽中并在无蔽中持续，保持在无蔽之中。

由于 λόγος 就是"聚集"着"带向呈放"，因此，它又被引申为语言。"ὁ λόγος（这个逻各斯），τὸ λέγειν（这种置放）就是采集着的置放。但对希腊人来说，λέγειν（置放）始终也意味着：呈送、陈述、讲述、道说。于是，ὁ λόγος（这个逻各斯）或许就是表示作为道说的言说、表示语言的希腊名称。不止于此，作为采集着的置放，ὁ λόγος（这个逻各斯）或许还是希腊人所思的道说（die Sage）的本质。语言或许就是道说。语言或许就是：聚集着让在场者在其在场中呈放出来。"②"这个 λόγος［逻各斯］本身必须在其本己的意向特征中被看待：它是 ἀπόφανσις［言谈］，即意指着的、从对象而来并且从对象中获取的［ἀπό（从……而来）］对这个对象的称呼和谈论。相应地，我们也要这样来看待 ἀποφαίνεσθαι［显现］：让对象为自己（媒介）并且从其自身而来'显现'（erscheinen）为它自身。……λέγειν［言说、采集］给出寓于其自身的存在者；现在这就是说，它在存在者无遮掩的'作为什么'（Als-Was）中给出存在者，只要有一个什么（Was）凸显出来，不是作为一个迷惑性的'什么'，而是仅仅作为如此这般被发送出来的'什么'。"③"终有一死的人的道说和言谈早就作为 λέγειν（即置放）发生了。道说和言谈的本质是让事物一起呈放于眼前，即让一切被置放于无蔽状态中的在场者一起呈放于眼前。原始的 λέγειν，即置放，早就以一种贯通并且支配一切无蔽之物的方式展开为道说和言谈。"④ 语言是包容一切的统一的关系，是从聚集在一起而呈放于眼前的东西的无蔽状态中获得自身的本质的，而使遮蔽状态转向无蔽状态的去蔽过程是存在本身，所以，语言就是存在。

---

① ［德］海德格尔：《演讲与论文集》，孙周兴译，三联书店 2005 年版，第 236 页。

② ［德］海德格尔：《演讲与论文集》，孙周兴译，三联书店 2005 年版，第 246 页。

③ ［德］海德格尔：《形式显示的现象学》，孙周兴编译，同济大学出版社 2004 年版，第 106 页。

④ ［德］海德格尔：《演讲与论文集》，孙周兴译，三联书店 2005 年版，第 225 页。

在 λέγειν 中成其本质的语言，不是从有声表达方面得到规定的，也不是从意指方面得到规定的，而是从存在本身获得规定的。在早期古希腊人那里，用 λόγος 一词去表示语言，此外再没有别的表示语言本身的词语，因为在他们的源始经验中，语言和存在就是一回事。语言的本质在希腊人那里显现自身为 λόγος，这就是存在本身的涌现。正是因为 λόγος 把所关涉的东西公开出来，使人能够通达那所关涉的东西，因此，语言的本质就向人显现为 λόγος。所以，在古希腊那里，语言本身就是 λόγος，存在的语言就是"采集着的放置"、"聚集"。λόγος 把纷然杂陈和相互排斥的存在者"聚集"为一体而进入其存在，语言也是一种"聚集"，它把万物聚集为一而使之显现出来。而"存在之意义原则上是多样的（多重的）。从 λέγειν[言说] 的意义中已经在先地确定了一点，即，每一个被称呼者都是作为某物的某物"①。所以，海德格尔强调 λόγος 和语言之间的密切联系，把 λόγος 看作是语言的基础。他说："逻各斯建立起语言的本质。"② 只有当语言被建立在作为 λόγος 的存在的基础之上时，才可能有本真的语言。λόγος 就是让存在者在敞开中聚集起来并达乎言辞。λόγος 既意指把某物"带向呈放"、"使公开"，又意指"说"，这两个含义又源始地完全浑然一体。就原初情形而言，一切言说都是让某物显现出来，而一切让某物显现出来的活动也都在自身中包含了言说。"因此，逻各斯成了语言本质的规定性，在这个意义上，语言就是存在，即本质的逻各斯。"③

海德格尔认为，作为 λόγος 的语言本身，是经验存在的道路之一，所以，走向语言本身，就是走向存在本身。但是，海德格尔认为，即使是在古希腊人甚至在赫拉克利特那里，对作为 λόγος 的存在也没有被本真地听，因而也就没有从存在本身思语言本身，也就是没有把语言思为存在本身，从而也就没有领受到本真的语言，而是把 λόγος 的"带向呈放"具体化为"说"，以词语方式付诸声音，使其适应某个现成的事物，语言也就成为一个只具有

① [德] 海德格尔：《形式显示的现象学》，孙周兴编译，同济大学出版社 2004 年版，第120 页。
② [德] 海德格尔：《形而上学导论》，熊伟、王庆节译，商务印书馆 1996 年版，第168 页。
③ 张汝伦：《海德格尔与现代哲学》，复旦大学出版社 1995 年版，第 298 页。

现成性质的东西。"因为语言的本质是在采集在之集中状态时被发现的，因此只有当说和听都涉及就是有在之意义的集中状态的逻各斯时，成为日常谈话的语言才达得到它的真理。"①

三、Sage 之给予着的道说

在传统的形而上学中，语言被西方人叫作 γλῶσσα（希腊语），Sprache（德语），lingua（拉丁语），langue（法语）和 language（英语）等。在这些语言的命名中，语言的主体是人，人是语言的发动者，它是出声的，是人声带振动的产物。因此，这里所谓的语言，或者被看作是人的活动，或者被看作是人进行交流和表达的工具。海德格尔认为，这是传统形而上学对语言之本质的曲解。在他看来，语言这个词语（Sprache，Langue 和 Language 等）就像存在（Sein）范畴一样，已经被西方人用滥了，完全不能被用来表现他所思的语言。海德格尔力图挣脱传统形而上学，因为形而上学不但歪曲了语言本身，而且扼杀了语言的生命力，并进而曲解了存在本身，把存在问题置于二元对立的表象性思维的层面，最终扯断了人的存在之根，使得对人之本质的探究也趋于非本真化。海德格尔极力避免传统形而上学在符号表达系统层面上对语言本质的探究和对语言的运用，希望用一个非形而上学的词语来命名他所思的语言。但是，要进行新的命名，还必须小心谨慎，因为整个世界都被形而上学的概念方式所充塞，稍有不慎就会误入歧途。在《从一次关于语言的对话而来》一文中，海德格尔在与手冢富雄的对话中说，他在思考语言的本质问题时，一直都不愿意使用"语言"这个词，只是迫于找不到一个合适的词而勉强为之。当手冢富雄问他是否找到一个更合适的词时，他给出了一个词"Sage"（道说），也就是说，海德格尔用 Sage 这个古老的德语词来取代形而上学的 Sprache（语言），由此来界说和命名他所思的纯粹的语言。Sprache 总是在句法中围绕着某个"什么"即对象而说的，Sage 则完全不同，它不是就"什么"而说的，即不为了某个存在者的说，而是存在自身的言说。

---

① [德] 海德格尔：《形而上学导论》，熊伟、王庆节译，商务印书馆 1996 年版，第 173 页。

Sage（"道说"，英译为 saying）通常被人们在贬义上使用，作为"流言"、"传闻"、"谣言"等之意。另外，Sage 还有一层意思，也就是"传说"（海德格尔在《演讲与论文集》中提到另一个与 Sage 切近的词即 Mythos，即希腊语中的"神话"一词 μύθος，μύθος 指的是神的外显和在场，是对神意和启示的传达，是借神意来说，因而也是在存在的敞开中说，呼唤无蔽中的显现者），如"英雄传说"、"诸神传说"等。不过，这两种关于 Sage 的日常意义和海德格尔之所思相距甚远，并不是海德格尔所思的 Sage 之本义。关于"道说"（Sage）的本真理解，海德格尔给出了一个解释："'道说'（sagan）意味着：显示、让显现、让看和听。"① 按照这一解释，Sage 的本义就是"显示"，而"显示"就是"使得……被看到"、"使……显露出来"，简言之，Sage 就是"显示着的让看"，"也许就与在让显现和让闪亮意义上的显示（zeigen）相同"。② 这样，海德格尔就把作为道说的 Sage 和作为显示的 zeigen 联系起来。在德语中，有一个古老的、今天已经消失了的词语 Zeige（其动词形式为 Zeigen，即"显示"），它从显示方面而不是从标识方面来提示语词、符号，名词 Sage 和 Zeige 同义，而动词 Sagen 则和 Zeigen 同义。Sage 是"让照亮和让出现"，而 zeigen 是"让某种东西呈现出来"，在这一意义上两者恰是相同的，二者都表现出"显示"之义。Sage 又是如何"显示"的呢？海德格尔重视语词的暗示作用，重视语言本质的承传。在他看来，"让显现和让闪亮乃是以暗示方式进行的"③。也就是说，Sage 之"显示"乃是以展示迹象的"暗示"的方式进行的，而暗示乃是有所澄明的掩蔽的消息，如雷电预示着雨的来临，彩虹预示着雨过天晴。也就是说，这种"显示"并不完全靠可见的声音和文字这些符号，这些符号和它们所标志的存在者是一一对应的表象关系。而 Sage 不是对存在者的表象，不是对那些已经显现的东西在事后追加上去的语言表达，不是对存在者的直接的一一对应的表达，而是作为暗示让存在者显现

---

① [德] 海德格尔:《在通向语言的途中》，孙周兴译，商务印书馆 2004 年版，第 251 页。
② [德] 海德格尔:《在通向语言的途中》，孙周兴译，商务印书馆 2004 年版，第 137 页。
③ [德] 海德格尔:《在通向语言的途中》，孙周兴译，商务印书馆 2004 年版，第 137 页。

出来，通过有限的标示去显现丰富的意义。Sage 承载着原初的消息，而消息并不是知识性的"信息"，作为 Sage 的"道说并不仅仅扰乱信息的解体过程，而是从大道的不可订置因素而来已经超越了信息……大道由于其进入（Einkerhr）而取消了一切在场者的单纯可订置性，并把在场者带回到其本己之中"①。

　　然而，Sage 的这种显示从何而来？是什么推动着 Sage 的显示？在这里，海德格尔是"通过倾听和感知语言的本己要素（das Eigene）来了解语言的本质"②的，因而是在和 Ereignis（"大道"）的关联上来使用 Sage 这一词语的。也就是说，Sage 是海德格尔着眼于 Ereignis 方面来思的非形而上学意义上的语言。道说（Sage）作为"让……出现"，是把既澄明又遮蔽的自由与开放"给予……"。海德格尔认为，"给予"是作为存在的语言的道说（Sage）的能力。在德语里，作"有"解的"Es gibt"中的"gibt"，其原形"geben"的意思就是"给"。而其中的"Es"也并不是无人称代词，而是确有所指，指的是原本的语言之"发生"——Ereignis，正是 Ereignis"给出"了作为显示的 Sage。Ereignis"给出"了澄明的境域，这个境域把在场者和不在场者带入它们各自的本己中去，才"有"了世界，"有"了世界中的一切。在这个境域中，在场者能够进入澄明中在场从而持存，不在场者能够从这澄明中离去并且在离去的同时仍然能够保持其持存。Ereignis 取消了所有存在者的单纯可预定性，让它们自由地显现出来，进入自身的本质之中。在海德格尔看来，基于 Ereignis 的 Sage 作为显示，乃是最本己的成道（ereignen）方式，是大道（Ereignis）的成道（ereignen），也就是 Ereignis 的"开辟道路"。Ereignis 不断地"开辟道路"，它开启了一切道路，Ereignis 的"开路"过程也即 Ereignis 的"展开"，Ereignis 本身的"开路"或"展开"就是 Ereignis 的语言，因此，Ereignis 乃作为 Sage 而运作。作为语言的 Sage 的"显示"出自 Ereignis 的本性，是 Ereignis 的运行和展开，也就是 Ereignis 说话的方式。正如海德格尔所言："有所带来的居有使作为道示的道说在其显示

①　[德] 海德格尔：《在通向语言的途中》，孙周兴译，商务印书馆2004年版，第266页。
②　[德] 海德格尔：《在通向语言的途中》，孙周兴译，商务印书馆2004年版，第238页。

中活动，此种居有（das Eignen）可谓成道（ereignen）。它给出澄明之自由境界，在场者能够入于澄明而持留，不在场者能够出于此澄明而逃逸并且在隐匿中保持其存留。"①

Sage 是语言本质的整体，既去蔽，又聚集，或者说，Sage 既是开启之域，又是隐藏之域，一切显现的东西和隐退的东西都基于作为显示的 Sage。"说支配并构成了一切显现进入其中、一切消退从中离开的澄明的境域，支配并构成了每一个在场进去展示自身、透露自身的澄明的境域。"Sage 以自身多样的显现处处让显现者持留于其本身，让在场者显现着到来，让不在场者隐匿而离去，把在场者释放到它的当下在场中，把不在场者禁闭在它的当下不在场中。Sage 是自身含有丰富内涵中的、包容所有显现的聚集，它处处让显现的东西持留于其本身之中。Sage 贯通于自由的澄明领域，一切在场者和不在场者都居于澄明之中自行显现，自行诉说。在一切向我们招呼的东西中，在一切作为被谈论和被说而和我们照面的东西中，在一切向我们说出自身的东西中，在一切还没有被说而又期待着我们去说的东西中，同样也在那个已经由我们实现的说话行为中，作为 Sage 的显示都起着支配作用。

这样的 Sage 与 Ereignis 相应，是一种"给予"着的"说话"，"给予"是语言的一种基本性质，它所"给予"的东西，不是用形而上学概念来说的存在者及其存在，而是我们称之为"世界"的东西。Sage 在"既澄明着又遮蔽着之际开放亦即端呈出我们所谓的世界。澄明着和掩蔽着之际把世界端呈出来，这乃是道说的本质所在"②。既澄明着又遮蔽着被端出的世界是道说（Sage）中的本质存在者，Sage 保存并滋养着我们的世界。在 Sage 中，包容了天、地、神、人四重性的世界便展开了，也就是说，作为存在的语言的 Sage 是让天、地、神、人四方相互面对而运作的最本己的东西，属于天、地、神、人四重整体之"世界"的相互作用，Sage 就发生在实体作为物在其中显现出来的那个"世界"之内，这个世界是天、地、神、人四方的超语言的联合体，也是作为 Sage 的语言的基础，在此基础上，人作为终有

---

① ［德］海德格尔：《在通向语言的途中》，孙周兴译，商务印书馆 2004 年版，第 258 页。
② ［德］海德格尔：《在通向语言的途中》，孙周兴译，商务印书馆 2004 年版，第 193 页。

一死者和其他三方处于相互作用和运动之中，归属于世界之四重整体。Sage把天地万物聚集到切近处，在切近中，天、地、神、人四方彼此通达。语言在表面上只涉及人，实际上，在更深的层次上，其本身也包含着和其他三方的关系。这些关系和人之间的联结是通过作为 Sage 的语言内在的本质运作来实现的，Sage 在四方中起着语境的纽带作用，它将四重整体中的每一方与其他三方连接在一起。在 Sage 的境域中，四重整体中的一切东西都能够被命名，四重整体中超语言的存在能够通过用以命名的词所说出的有意义的语言予以表达，而指称某东西的语句的意义则和这一境域保持着本质的联系。所以，在 Sage 中，世界的四重性得到了显现、充实和保护。在这一境域中，表象性的思维不再能立足，世界也就不再作为一个对象被置于人面前，人本身就是作为四重整体的世界的一部分，四方处于最亲密的切近之中。在这一四重整体中，"我们得以洞明作为语言之本质的道说（Sage）如何回转到切近之本质中。凭着从容的审慎，我们才可能洞识切近与道说作为语言的本质现身如何是同一者。于是，语言就决不单纯是人的一种能力。语言之本质属于那种使四个世界地带'相互面对'的开辟道路的运动的最本己的东西"①。

这样的语言不能再被叫作"语言"（Sprache）。海德格尔主张道说和人的说话是有区别的。他说："道说（Sagen）与说话（Sprechen）不是一回事。某人能说，滔滔不绝地说，但概无道说。相反，某人沉默无语，他不说话，但却能在不说中道说许多。"②进一步说，人能够说许多，而什么也没有道说，因为，当人们说出的话语和道说的本体论特性相分离时，即说的内容和四重整体的四方没有联系时，人尽管不停地说，却什么也没有道说。而当人和存在应合时，他就能够在什么也没有说的情况下道说许多。道说是根本的东西，它是语言的本质，而人的说话则是道说的具体表现。体验语言的本质在一定意义上也就是体验与 Sage 密切相连的四重整体，要理解语言的本质，就必须将其四方联合在一起，人只是四重整体中的一方，虽然人是语言

---

① ［德］海德格尔：《在通向语言的途中》，孙周兴译，商务印书馆 2004 年版，第 211 页。
② ［德］海德格尔：《在通向语言的途中》，孙周兴译，商务印书馆 2004 年版，第 251 页。

的说出者，但绝不能将语言的本质归结为在实际言说中表现出的纯粹的人的因素。

Sage 和 λόγος 二者在本质上是相同的，Sage 的"使……显露出来"的本性和 λόγος 的"带向呈放"的含义毫无二致。而且，海德格尔说："道说乃是把一切闪现嵌合起来的显示之聚集，此种自身多样的显示处处让被显示者持留于其本身。"① 从中我们可以看出，Sage 也同 λόγος 一样，具有"聚集"之义。

四、寂静之音

关于语言的说，海德格尔提出一个非常富有诗意的说法：寂静之音，认为语言是作为寂静之音说话的。和存在的二重性之纯一性相应，海德格尔认为语言也具有同样的特性，语言是区分存在本身和存在者的二重性之纯一性的"寂静之音"（Geläut der Stille），让已经在场的东西显现或隐藏自身。作为"寂静之音"的语言意味着什么？海德格尔认为，寂静绝不是悄然无声，或者说，寂静绝不是相对于声音的发出而言的。对于存在的语言 Sage 而言，"声音"不是决定性的因素。它当然也是一种说（Sage），但却不是人的发声的"说"，不是人用语言器官吐出来的语言，而是一种显示（Zeigen）。正如海德格尔所说的，语言在其本质中并非一个有机体的吐白，不是一个生物的表达，因而不是人声带的振动。他谈到 Sagen（say）与 Sprechen（speak）的区别。"道说（Sagen）与说话（Sprechen）不是一回事。某人能说话，滔滔不绝地说话，但概无道说。与之相反，某人沉默无语，他不说话，但却能在不说中道说许多。"② 其实海德格尔在其早期的《存在与时间》中就研究过沉默，认为"闲谈"（人云亦云）只是说话，其实言之无物，而沉默才是言谈的一种本质可能性。"比起口若悬河的人来，在交谈中沉默的人可能更本真地'让人领会'，也就是说，更本真地形成领会。对某某事情滔滔不绝，这丝毫也不保证领会就因此更阔

---

① ［德］海德格尔：《在通向语言的途中》，孙周兴译，商务印书馆 2004 年版，第 257 页。
② ［德］海德格尔：《在通向语言的途中》，孙周兴译，商务印书馆 2004 年版，第 251 页。

达。"① 当人们说出的话语和 Sage 的本性相分离时，即说的内容未能和 Sage 所给出的四重整体的四个部分相联系时，尽管人在不停地说，实际上却没有道说出任何东西，发出的只是嘈杂之音。也就是说，本真的语言和声音并没有直接的关系。

因此，寂静不是声响的不动，而是一种真正的"宁静"，而宁静的本质则在于"静默"。前文讲过，存在本身是二重性之纯一性的"亲密的区分"，"亲密的区分"则是存在本身的运作，这一运作就是作为"寂静之音"的语言之说。"语言，即寂静之音，乃由于区一分之自行居有而存在。语言作为世界和物之自行发生而成其本质。"② 语言是作为"亲密的区分"的存在本身的静默无声的发生，它使一切进入其本己存在之中。语言在"区一分"中归本于静默。"区一分"是以双重方式静默的，它使物"物化"而归于静默，使世界"世界化"而归于静默。"区一分"本身就是"静默"，也就是说，"区一分"的运作（"物化"和"世界化"）本身就是静默无声的，物与世界都在"区一分"之静默无声中展开和发生，归于寂静。在寂静中，物成其为物本身，世界成其为世界本身，一切都自行发生，没有外力的侵扰和纷争。于是，语言的这种双重静默把物和世界庇护入宁静之静默中，使得物和世界实现了自身的本质，入于其本己，寂静因开展着、担待着和持续着物和世界的出场而安宁下来，从而将一切保藏于和平与安宁之中。在这里，语言之所以是寂静无声的，而一切之所以会由语言之寂静而归于寂静，是因为语言本身是自行抑制的。

寂静不是绝对的死寂的无声，死寂是没有运作的力量的，寂静不是停滞不动，寂静之静默是一种更高的运动。"严格看来，作为寂静之静默，宁静（die Ruhe）总是比一切运动更动荡，比任何活动更活跃。"③ 语言作为寂静之音虽然无声，但仍然在"召唤"，它的"召唤"让物和世界到来，让一切得以显示，因此是无声而有义。因为寂静之音的"召唤"使一切聚集而到来，

---

① ［德］海德格尔：《存在与时间》，陈嘉映、王庆节译，三联书店 2006 年版，第 192 页。

② ［德］海德格尔：《在通向语言的途中》，孙周兴译，商务印书馆 2004 年版，第 24 页。

③ ［德］海德格尔：《在通向语言的途中》，孙周兴译，商务印书馆 2004 年版，第 22 页。

把一切召唤入世界的四重性之整体之中，所以，聚集之召唤就是轰鸣，寂静之音实际上是无声之"大音"。"道说作为这种无声的召唤着的聚集而为世界关系开辟道路。"①当语言把物和世界区分开来而使它们得以显出时，并不是把物和世界拆解为两个互不相关的独立成分，而是使它们相倚而立，让物和世界相向而开展出来。在"物化"和"世界化"中，寂静之音以其显现、照亮使得"天、地、神、人"四重整体中的每一重都既能以自身的方式反映自身，同时又映射其他三重，从而各个成其本质，进入它在四重整体之纯一的本己之中，达于自由之境。也就是说，"天、地、神、人"之四重整体分别成其本质，但又在并非作为现代技术世界可测量的表象、生产和订造活动之参数的本真的时间和空间的切近中相互反映、相互面对、相互通达。在寂静之音的召唤中，"天、地、神、人"之四重整体被聚集而到来，达于"四重整体之纯一"。这不是由理性论证出来的，而是由语言显现出来的。因此，语言之区—分的情况是这样的：区—分把物和世界召唤到它们亲密而单纯的一度中去。语言召唤物的到来，被召唤的物将世界之天、地、神、人聚集于自身，让四重整体栖留于自身那里，让世界在物中得到自足而静默。同时，世界赐予物，让物居于世界之恩赐中而静默。世界让万物出场，世界承受着万物，而万物则担待着世界。因此，他以"世界—物"或"物—世界"这样的写法来表示物和世界的浑然一体关系。

如上所述，存在的语言与传统形而上学的语言相区分，因为它在已被言说的东西中还说出尚未言说的东西。作为存在的语言的寂静之音显示了语言的二重性，它一方面将四重整体显现出来；另一方面则让存在本身隐藏起来，拒绝将存在本身完全暴露出来。这样的语言对于传统语言的本质即表达或符号保持缄默，因为在符号中，语言被变成了陈述，而陈述则不能说出"神秘"的寂静之音。存在的语言拒绝走向符号化意义的语言，寂静之音显现为说（陈述）之说，它在已经说出的东西中隐含着、暗示着尚未言说的东西，寂静之音因拒绝陈述而使存在得以保藏。

寂静之音并不是什么人的要素，相反，人的要素则是从寂静之音的语

---

① ［德］海德格尔：《在通向语言的途中》，孙周兴译，商务印书馆 2004 年版，第 212 页。

言之说而来的。对人而言，追问的关键所在是：人的声音是怎样获得其规定的。在这里，人的声音和科学的、技术的、语音的和生理学的解释毫不相关，它真正相关于对寂静之音的倾听。人的本质通过语言而被带入其本己，从而它始终被转让给语言之本质，即转让给寂静之音。由于语言之本质即寂静之音需要人之说话，才得以作为寂静之音为人的倾听而发声。作为发声，人的声音最终源于寂静之音。只是因为人归属于寂静之音，终有一死的人才能够以自己的方式作发声之说。"寂静之音"是人的"说"、人的语言之所以可能的渊源。也就是说，人的"说"只是语言的发声，是语言的大地因素，它不是以人自己为根据的，而是植根于它和寂静之音的关系之中。所以，海德格尔说："在说话中表达出各种各样的东西，首先是我们所谈论的东西：一个事实，一个事件，一个问题，一个请求等。只是由于在日常的说话中语言本身并没有把自身带向语言而表达出来，而倒是抑制着自身，我们才能够不假思索地说一种语言，才能在说话中讨论某事、处理某事，才能够进入对话，才能够保持在对话中。"① 作为人的语言的渊源，"寂静之音"是人力所不能及的，不是用属于人的语言符号所能表达和穷尽的。因此，对于"寂静之音"，人必须首先沉默，并在沉默中去细细倾听语言本身的呼唤。

五、词语破碎处，无物存在

为了深入探讨语言和存在的关系问题，海德格尔将词语看作详细说明语言本体论之可能性的基础。他认为，追问存在问题，就是把存在带入语言和词语之中，因此，存在问题就被直接和语言、词语联系起来。"词不是一个孤立地拿出来的词项，也不是一种与被命名的实体的存在没有实在意义的归属关系，只有考虑到词和物如何被联结为一个本质的联合体时，才能对存在作出规定。从这个意义上说，词本质上就是所表象的实体与作为用以表象名称的词之间的联系。"② 由此，词语与存在发生关系，具有本体论的意义。海德格尔借用诗人格奥尔格的诗句，即"词语破碎处，无物存在"，在"语

---

① [德] 海德格尔：《在通向语言的途中》，孙周兴译，商务印书馆 2004 年版，第 148 页。
② 涂纪亮：《现代西方语言哲学比较研究》，中国社会科学出版社 1996 年版，第 364 页。

言—存在"的界面上来谈论词语和物的源始的对应与和谐关系，认为词语和物之间的联系在对存在的说明中是十分重要的，由此来经验语言本身。这句诗包含的意思是，"词语使物存在"，没有作为物之名称的词语，物就不存在，也就是说，物之为物或者说存在者之存在就被聚集在词语中，归属于词语中，物的存在是在那个用以命名的词的宣告中显现的。但这是与传统语言观的常识格格不入的。从常识来看，情形恰恰相反，也就是说，首先有物，然后才有表现物的词语，而且归根结底，词语无非也是一物。海德格尔借诗人格奥尔格的诗句把传统语言观中词语和物的关系倒转过来了。

在海德格尔看来，通过人之口说出来的词语，并不只是人在生物和生理学上的发音器官活动的产物，不是人用来表达事物的工具，"语词和语言绝非什么事物都可装入其中赖以交谈和书写方式进行交流的外壳"[①]。因此，在海德格尔那里，"词语"并不是人们在通常意义上理解的作为语言符号的词语，本质性的概念也不是词语意义的唯一特性。海德格尔所说的"词语"使那些各种各样的词语成为词语，因而它是词语本身。词语是"存在之渊源"，任何物都有一个名称，而"词语本身"却没有名称，也就是说，找不到一个词语来命名"词语本身"。换句话说，"我们无论何时以何种方式来说一种语言，语言本身在那里恰恰从未达乎词语。……但是语言本身在何处作为语言而达乎词语呢？……在我们不能为那种关涉我们、掠夺我们、趋迫或激励我们的东西找到恰当词语的地方。"[②]总之，由于词语本身不是任何确定的存在者，所以，没有表示词语本身的词语，因而也没有表示语言本身的语言——元语言。

海德格尔在讨论词语和存在的关系时，通常是以"命名"为题来进行的。在海德格尔看来，命名就是给事物一个"名称"，而"名称"绝不单纯是一个标记或符号，而是具有创始性的词，命名是作为此在的人最原初的活动，人是以词语就存在者之存在来命名存在者的，"词语"是命名事物即

---

① [德]海德格尔：《形而上学导论》，熊伟、王庆节译，商务印书馆1996年版，第15页。
② [德]海德格尔：《在通向语言的途中》，孙周兴译，商务印书馆2004年版，第148—149页。

给予事物名称的东西。由于词语本身不是任何存在者，不是某个现成的可以摸得着的物，因此，它对事物的命名不是把一个现成约定好的符号加到另一个现成的物体或对象上去，不是对已经被表象出来的存在者的把握，也不是对眼前之物的表现。这样，词语对物的命名并不是通常意义上的作为词语的一方和作为物的另一方之间的关系，这样的关系实际上只是存在者之间的关系。"这种命名并不是分贴标签，运用词语，而是召唤入词语之中。"① 动词"命名"（nennen）派生自名词"名称"（Name），也就是拉丁文的 nomen，希腊文的 ὄνομα。其中包含着词根"γνω"，γνωσις 指的是认识。名称就是让人认识的，谁有一个名称，它就可以被人广泛认识。因此，命名是一种道说，也就是一种显示，它把那个可以在其在场状态中如其所是地得到经验和保持的东西开启出来。"正是在命名中，存在首次在词中显示出来。命名活动把存在包裹在词之中。"② 基于这一思想，海德格尔不同意卡西尔的相关观点。卡西尔在谈到名称时，从人类文化哲学的角度说，"没有名称的帮助，在客观化过程中取得的每一个进步，就始终都有在下一个瞬间失去的危险。……语言作为一个整体，成为走向新世界的通道。这里的一切进步都开辟了新的视野，开阔和丰富了我们的经验"③。卡西尔的这一思想明显带有科学—哲学的形而上学的立场。按照海德格尔，给存在者一个名称，就是让它显现出来，而如果没有名称，存在者就不能作为存在者显现，即不能存在。即，某物的存在不是说，它作为某种固定的存在者在人的视野中出现，而是说，它作为赋有某种意义的东西向人显现，而这一意义的显现有赖于给它命名的词语。或者说，某物的真正存在能否被展现出来，取决于语言是否给出恰当的词语。

在语言中，词语通过其创始力量对物显示出一种不同的、更高的授予度量的支配作用。词语是从寂静之音的庇护之所那里涌出来的，它是先于一切地是"有"的东西。对于词语，我们绝不能说"它存在"（ist），而只能说

---

① ［德］海德格尔：《在通向语言的途中》，孙周兴译，商务印书馆 2004 年版，第 12 页。
② 涂纪亮：《现代西方语言哲学比较研究》，中国社会科学出版社 1996 年版，第 248 页。
③ ［德］卡西尔：《人论》，上海译文出版社 1985 年版，第 169 页。

"它给出"（Es gibt）。"Es gibt"说的并不是"有词语"，而是说"它（词语）给出"，词语乃是"给出者"（das Gebende）。词语给出的是"存在"，它是"给出"存在者之存在的"给出者"。"它（词语）给出"展现了词语的奥秘这一事情本身，即词语本身不是物，却使物（包括日常所谈的词语）成其为物，进一步说，本身不存在的词语给出存在。这个作为"给出者"的词语本身就是"存在的语言"，即海德格尔所说的 Ereignis 之 Sage。由于词语不是任何存在者，即不是任何确定存在着的东西，因此，存在者的存在也不是任何现成的固定的存在者，而是由语词"给出"的东西，也就是被语词创建起来的东西，存在是在词语中首次显现出来的。

我们这里说词语"给出"存在，并不是说，词语是存在者存在的条件，是存在者存在的根据和原因，"词语并不为物设立原因。词语让物作为物而在场"[①]。我们说的是，词语本身首先将存在赋予物，使实体通过词语的命名而成为物，使实体回到物，"让"物成其为本身，"令"物存在，并且使人获得一种新的语言经验。这里的"让"和"令"，其实指的是词语的"召唤"和"聚集"作用。词语是居于世界四重整体中的事物展现自身的一种方式，"事物在言词中、在语言中才生成并存在起来"[②]。词语有其本质的丰富性，只有词语才能够让某物作为它所是的物显现出来，将它按其本然带入敞开领域中，并因此让它在场，词语持有并保持这一物在其存在中。无论什么事物，只要它进入词语之中，它也就敞开自身因而存在了。因此，"词语破碎处，无物存在"（其中的物指的是以任何方式存在的一切东西，包括天、地、神、人等都是物）这句诗是说，词语给予事物以存在，在词语中，存在"绽出"。词语不仅能够给事物提供名称，还能够赋予其在场。正是词语首先把存在赋予物，物则是被词语赐予其存在的东西。语词使存在者的本质展现出来，将其本质从非本质那里召唤回来，使存在者达到其本身，获得了存在，存在者的存在是词语为其争取到的。唯有为物找到了相应的词语之处，物才成其为一物，它才存在。如果缺了词语，物就因其名称的缺失而失去了它独

---

① ［德］海德格尔：《在通向语言的途中》，孙周兴译，商务印书馆 2004 年版，第 230 页。
② ［德］海德格尔：《形而上学导论》，熊伟、王庆节译，商务印书馆 1996 年版，第 15 页。

特的敞开方式，从而必须以词语来敞开自身的物也就不存在了，不但世界沉入晦暗之中，连人也不能进入光亮之域。"词语把一切物保持并且留存于存在中。倘若没有如此这般的词语，那么，物之整体，亦即'世界'，便会沉入一片暗冥之中。"① 正是词语将天、地、神、人聚集在一起，让世界四重性聚集于物，在物那里显现出来，让四重整体的世界栖留在自身那里。每一个被命名的物都是这四重体的统一呈现，四方都呈现在被命名之物中，物在四重体相互作用的范围内就成为语言事件，是潜在的语言体。可以说，世界的可理解性是被语言地构建的或者是被象征地构造的。当一个物相对于这四重体之中的任一要素而言都显现出来时，这个物之物性也就显现出来了。如果被命名的物只和这四重体的某些要素有联系，甚至和它的任何一个要素都没有联系，那么这个物就只是作为实体的存在者，而不是物本身。就此而言，词语就是"让存在"、"让显现"意义上的"道说"（Sage）。

但是，并非所有的词语都能同等地使存在显现出来，使实体回到物，让事物如其所是地显现并让其在场，词语有基本词汇和非基本词汇之分，只有一个"适当的"词语把事物命名为存在者，事物才存在。而通常的认识可能使"逻各斯"、"真理"、"符合"等基本词汇变成不可理解的东西，这种状况又进一步导致伪问题的产生，造成词语的误用，破坏人和事物之间的本真关系，如果用不合适的词语去命名事物，如把对象性的词语加于事物，把事物作为对象去看，那么，事物就被毁掉了。词语的随意使用及其造成的语言的遮蔽是比词语逻辑意义上的规则更大的暴力，它造成的不是关于作为空洞外衣的词语的改变，而是关于事物的本质的。所以，在物成其本身之前，必须首先去"发现"词。只有当表示物的词语被"发现"、且该词语可用于表示此物时，物才显现为物，物才存在，这时，物才不再处于暗冥之中，而是在澄明中显现出来，使我们认识到事物存在的真理。

由此看来，我们必须抛弃以往的看法，即事物在词语还缺失之时也存在而且已经存在这一思想。但是，现代技术正是扎根于这一思想中，它不承认是词语给出物的存在这样的看法，认为在词语和物的一致关系中，物具有着

---

① ［德］海德格尔：《在通向语言的途中》，孙周兴译，商务印书馆 2004 年版，第 167 页。

实体上的绝对优先性。例如谈到实体 Sputnik（人造卫星）时，人们自然会认为，人造卫星之为人造卫星，其存在并不依赖于这个实体的名称由以组成的那些字母，不依赖于后来加给它的名称。因为，实体在被命名前已经存在着，没有实体，就没有它的名称，名称对实体仅仅具有表象的功能。在名称被用来作为表象和交流的载体之前，实体必须先呈现出来，这样它才能作为被命名的东西加以表象。然而，在海德格尔看来，如果座架的形式化的语言没有强求人，如果那种强求的词语没有被谈到，也就不会有技术的持存物。呈现于 Sputnik 中的存在依赖于"Sputnik"这个词，人造卫星这个"物"也是被它的"名称"促成的。"人造卫星"这个具体确定的词语就是一个"指令"，这一指令是由词语本身发送出来的，词语总是先行的，人只能在词语中接受词语的指令，去展开自己的制作活动。恰恰由于词语隐含地固有本体论的意义，才有可能使那个在说出名称之前已呈现出来的实体变成一个能在语言中被表达、被表象的实体。不同实体的存在与存在本身的关系是不同的，在充分识别实体各自的存在方式的差别之前，必须首先考虑这些实体的名称。名称支配着实体被表象和体验的方式，甚至对实体的使用也总是与名称相伴出现。正是在这一意义上，我们说，是词语"人造卫星"让作为"物"的人造卫星存在。"倘若不是那种尽其可能地在技术上提高速度的急迫——唯有在这种速度提高时期之内，现代机械和仪器才可能存在——招呼着人，并且把人订置（bestellt）到它的指令之中，倘若这种指令没有对人挑起和摆置这种急迫，倘若这种摆置（Stellen）的词语没有被谈论，那么，也就不会有什么人造卫星了：词语缺失处，无物存在。这就是说，诗中有一件莫名其妙的事情：语言的词语和词语对物的关系，词语对任何存在者——它所是和如何是——的关系。"①

"词语缺失处，无物存在"主要表明了词语的显现作用。海德格尔还从这句诗中引出另一句话，即"词语崩解处，一个'存在'出现"②。这句话更

---

① ［德］海德格尔：《在通向语言的途中》，孙周兴译，商务印书馆 2004 年版，第 153—154 页。
② ［德］海德格尔：《在通向语言的途中》，孙周兴译，商务印书馆 2004 年版，第 213 页。

深层地道出了在词语的起始处语言的隐蔽之维。所谓"崩解",不是破碎、打碎、崩溃或消散,而是"隐退"。海德格尔解释说:"在这里,'崩解'意味着:宣露出来的词语返回到无声之中,返回到它由之获得允诺的地方去,也就是返回到寂静之音中去——作为道说,寂静之音为世界四重整体诸地带开辟道路,而让诸地带进入它们的切近之中。"① 词语本身总是有所透露,而这种有所透露又总是入于无声之中,因而就是返回不在场而给出在场。词语作为"给出者",只有进入不存在即"无",返回到它的渊源深处即"静寂之音"中去,才能"给出"存在,即让存在者存在。

因为"任何存在者的存在寓居于词语之中。所以才有下述命题——语言是存在之家"②。海德格尔在其论文《艺术作品的本源》中说过一段话:"语言不只是、而且并非首先是对要传达的东西的声音表达和文字表达。语言并非仅仅是把或明或暗如此这般的意思转运到词语和句子中去,而不如说,惟语言才使存在者作为存在者进入敞开领域之中。在没有语言的地方,比如,在石头、植物和动物的存在中,便没有存在者的任何敞开性。因而也没有不存在者和虚空的任何敞开性。由于语言首度命名存在者,这种命名才把存在者带向词语而显现出来。这一命名(Nennen)指派(ernennen)存在者,使之源于其存在而达于其存在。"③ 即,存在者之存在的显现依赖于语言的命名,语言通过给存在者命名而创建了存在者的存在,因此,存在者的存在是被语言给予的。正因为一切存在者的存在都栖居于语言,所以,海德格尔认为,语言并不单纯是人们用来表达和交流思想的简单工具,而是存在的住所,运作于能够显现的一切东西之中。他说:"在'存在之家'这个说法中,我并不意指在形而上学上被表象的存在者之存在,而是指存在之本质,更确切地讲,是指存在与存在者之二重性(Zwiefalt)的本质。"④

在这里,海德格尔把语言本身看作存在显现的途径,看作存在之真理由以表现其自身的各种方式的基础。而且,他认为,语言是存在之本质的澄明

---

① [德] 海德格尔:《在通向语言的途中》,孙周兴译,商务印书馆 2004 年版,第 213 页。
② [德] 海德格尔:《在通向语言的途中》,孙周兴译,商务印书馆 2004 年版,第 154 页。
③ [德] 海德格尔:《林中路》,孙周兴译,上海译文出版社 2004 年版,第 61 页。
④ [德] 海德格尔:《在通向语言的途中》,孙周兴译,商务印书馆 2004 年版,第 114 页。

之境，是支配世界形成和人的此在的东西，它"给出"存在，在语言中，存在者才从混沌漆黑的世界中显现出来，才得以作为它所是的存在者存在。也就是说，在语言中，存在者才入于其视野，成为可得而见之的东西。语言是让存在者得以显现的领域，所以，语言本身就是存在者的存在，它处于存在之中，正是语言才使得存在者作为其本身首次进入敞开领域。当然，这并不是说，语言能够创造存在者及其存在，而是说，语言本身就其本质而言，在根本上就是一种存在性的"让……显现或到场"。即，语言本身就是展现存在的事件，具有解放和进入自由的能力，它既让存在本身显现出来，同时又让存在本身自行消隐，从而使得存在本身得以被聚集、保存和滋养。

　　语言是存在的家包含着语言对存在的揭示，"语言乃是在场之庇护（Hut des Anwesens），因为在场之显露已然委诸道说之成道着或居有着的显示了。语言是存在之家，因为作为道说的语言乃是大道之方式"①。即，存在体现于语言之中，通过语言向人们显现出来，存在必须进入语言之中，才能表现其所是。进一步说，语言的本质是存在的显现，是让在场者显露出来，它存在于其作为世界形成的力量而发生的地方，存在于预先形成和联结存在者的存在的地方，由于有了语言，才使对存在的领会成为可能，因而语言在人们关于存在的理解中具有建设性作用。因此，人通过他的语言栖居在存在之要求中，通过不断地穿行于这个家中而通达存在者。当我们走向一个物，我们就总是已经穿过表示这一物的词语，即使我们没有说出这些词语，没有想到语言方面的因素。而我们之所以遗忘了存在，其实就是因为我们把词语遗忘了，遗忘了语言是存在的家。海德格尔进一步谈到，欧洲语言和东亚语言不只有差别，而且是根本不同的东西，所以，欧洲人和东亚人就栖居在完全不同的家中，表现出他对不同语言所展现出的不同存在的认可。而他所说的这样一种原初的语言激活了形而上学对语言、存在和人的平板的僵化认识，让存在如花般自行绽放，让存在本身返回到自己的家园之中。

---

① ［德］海德格尔：《在通向语言的途中》，孙周兴译，商务印书馆2004年版，第269页。

第三节 "成为人"和语言

海德格尔认为，我们归根结底并不知道语言是什么，我们对语言知道的如此少，以至于语言仅仅和人的"此在"的观念联系在一起，而人在如何被适当地建基这一意义上的问题是成问题的，形而上学语言的本质则恰恰是通过不适当的人的确定本质及由此产生的概念予以规定的。如果人能够严肃地看待自己的话，那么，语言本质的问题实际上不是语文学和语言哲学的问题，而是人的一个需要。他主张，人类的与众不同是由于他和语言异于其他存在者的密切关系：他是唯一的"说话者"。"是人，这就是说：是一个说着话者。"①"从根本上看，语言作为有声的意指（Bedeuten），既使我们扎根于我们的大地中，又把我们置入我们的世界中，把我们维系在我们的世界中，所以，对语言及其历史力量的沉思就始终是对此在本身具有赋形作用的行动。"②语言是此在的存在可能性，是此在存在的基本方式，它使去蔽状态中的此在通过解释和意义展现出来，使人成为他自己，归属于语言的本质。"为了成为我们人之所是，我们人始终被嵌入语言本质中了。"③所以，"语言才产生人，才给出（er-gibt）人"④。"语言并非仅仅是人所拥有的许多工具中的一种工具，而正是语言第一次使人有可能处于存在的展开状态之中。"⑤"假若我们的本质不是植于语言的力量中的话，那么一切在者都会是和我们鸿沟永隔：我们本身就是的在者就和我们鸿沟永隔，不亚于我们本身不是的在者和我们鸿沟永隔。"⑥因此，应该如其所是地将语言置于被展现的人的"此在"的构成中。这里的人的本质是从其"源于语言"被加以考虑的，海德格尔正是要通过语言展现人的本真存在，为人的本质寻觅居留之所。

---

① ［德］海德格尔：《形而上学导论》，熊伟、王庆节译，商务印书馆 1996 年版，第 82 页。
② ［德］海德格尔：《尼采》（上卷），孙周兴译，商务印书馆 2003 年版，第 159 页。
③ ［德］海德格尔：《在通向语言的途中》，孙周兴译，商务印书馆 2004 年版，第 268 页。
④ ［德］海德格尔：《在通向语言的途中》，孙周兴译，商务印书馆 2004 年版，第 5 页。
⑤ 涂纪亮：《现代西方语言哲学比较研究》，中国社会科学出版社 1996 年版，第 249 页。
⑥ ［德］海德格尔：《形而上学导论》，熊伟、王庆节译，商务印书馆 1996 年版，第 82—83 页。

同时，海德格尔也指出："我们毕竟说过，神秘而暗沉的语言将通过人的存在而得到阐明。现在，我们反过来说，人的存在是参照语言的存在和本质而被决定的。"[①]"我们因此处于一种奇怪的状况中。我们发现，最初，语言由人的本质决定——接着，人的本质又由语言决定。在这里，我们处于独特的循环运动的状态中。我们该如何找到走出循环的路呢？根本不用找！我们不应该找出去的路，而要保持在循环中并让这个涡流运动运行起来。"[②]

关于人的本质，海德格尔首先关注的仍然是前问题的引发，因为它指引着存在的方向。在他看来，形而上学对人的本质的种种见解之所以没有真正揭示人的本质，是因为它在追问人的本质问题上一开始就走错了方向，它所提出的各种关于人的本质的说法无非就是指出人的"是什么"这一错误的问题，而在提出人的本质问题上还有其他的可能性。"真正的、恰当的前问题不是'什么'的问题，而是'谁'的问题。我们不会问'人是什么？'，而是问'人是谁？'"[③] 在他看来，关于"什么"的问题路径只是不断将人们拉近并构想为现成在手的存在者，走向确定的本质，这样的本质只能停留在存在者的固定不变的概念上，从存在者整体的角度去规定人，将人当作某一类存在者，这就把人作为一个现成的对象了，由此将对人的追问转入获取关于人的知识。而要领会人的本质，却原初地不能通过追问而获取知识，不能在谈论人的问题时强调理性和主体，不能将其仅仅建立在语词理解的基础上，而是必须掌握语言所及的、前概念的东西，进入对人进行追问的前视域。所以，可疑性在于问题本身，人们已经在追问的路线中迷失了。由于问题本身根本上就在一条错误的轨道上，将人导入歧途，错失了问题的路线，错失了作为本真存在的人，无法向前推进到人的原初本质，因而必须从"什么"的问题转变为"谁"的问题，转为"怎么样"的问题，去追问人的状况如何，

---

① Heidegger, *Logic as the Question Concerning the Essence of Language*, Translated by Wanda Torres Gregory and Yvonne Unna, State University of New York Press, 2009, p.24.

② Heidegger, *Logic as the Question Concerning the Essence of Language*, Translated by Wanda Torres Gregory and Yvonne Unna, State University of New York Press, 2009, p.29.

③ Heidegger, *Logic as the Question Concerning the Essence of Language*, Translated by Wanda Torres Gregory and Yvonne Unna, State University of New York Press, 2009, p.31.

追问人是怎样构成的，他以何种方式存在。这样，追问"人是他自己所是的人吗？"这个问题就不是同语反复而无意义的东西，而是人要解决的非常紧迫的难题，因为人偏离自己的本质而失去自己，处于不是其所是的存在中，转变成人的非本质并长久地保持在其中。而在一定程度上，就非人的东西问"它是它所是的那个东西吗？"是没有意义的，因为一切非人的东西都"不能"偏离自己的存在本质，对存在本质的偏离仍然是和存在的一种关系，非人的存在者甚至不能和它们的存在淡漠地发生联系。人则是"能在"，他进入存在的揭示和展现，就此而言，存在者的存在恰恰也属于人的存在。而之所以要追问"人是谁？"的问题，是因为我们设置了语言本质的问题，语言在一定范围内只和人相关，仅仅以人存在那样的方式存在，而人存在的方式基于他是谁。

总之，海德格尔认为："实际此在是其所是，始终仅仅作为本己的此在，而不是某种普遍人性的一般此在（das Überhauptdasein），对这种普遍人性的操心只不过是一种虚幻的任务。"① 由于人已经从他自身离开，不得不实施朝着他自己的转向，所以人的本质问题必须被重新提出来，这是一个长期的必然的任务。而问题的真实决定着答案的真实，问题本身就是答案，答案又是通过人的存在达到的。问题"人是谁"的提出就奠基于人的本质中，有它的独特性，而不是无关紧要的事情，因为，人们经历它并由于它而以某种方式改变。人最初正是在以"谁"来唤到我们近旁的人的范围内被遇到的，对"人是谁"的追问以凸显人本身变得成问题的方式打破了主体性，改变了人以前的存在，使人成为其所是的存在，成为人本身，由此规定的人不再是被分割的与客体对立的理性主体，而是具有完整性，并因此具有真实性。

一、具有时间性和历史性的存在

海德格尔要从基础上动摇并摧毁传统的人的本质的概念，认为人的本质不是理性，也不是和客体相区别的孤立的主体性，因此，将人在理性、孤立

---

① ［德］海德格尔：《形式显示的现象学》，孙周兴编译，同济大学出版社 2004 年版，第79 页。

主体的范围内加以表象是成问题的。这样，就进入到人之存在的时间性和历史性中。

海德格尔首先阐述了人们通常对时间性看法的几种倾向：

第一，在客观的、通常公共化的可以由时间测量的意义上理解时间性。这一观点将时间看作一切东西都能被塞进去的空洞形式，认为时间是"流"，是空间性的，是现在的系列，是毫无差别地"消失的东西"。在这里，时间性被等同于短暂性，时间性的东西被等同于短暂的东西、易逝的东西。一切东西和变化都发生在这一时间的历程中，人也被定位于这样的时间中，也是暂时之物，他自己的每一天都依照这种时间进行调整。由此，人的存在是一个过程，人总是处于时间中，他生存并会消失，是作为存在者而逗留着的生存。确定的存在者总是不断变化着，当人被看作存在者时，就预设了人被抛于各种变化中。由此，人、历史事件、自然进程是时间性的，而空间关系、数字关系等是非时间性的，理念、上帝等则是超时间性的东西。但严格地说，这里所谓的时间性只能称作"在时间状态之内"，一切事物都能"在时间状态之内"，人这样时间性的东西也能在时间状态之内，如人的出生和死亡日期，且人在时间中存在，之后和他人交流。这种时间观念有它自己的真理和必然性，但在时间状态之内的东西不是时间性的，它只是一种框架和维度，而不是原初意义上的，没有抓住时间性的本质，疏离了人的适当的、本己的存在，不是决定人的存在的力量。

第二，在主体化的意义上理解时间性。它将时间本身主体化，完全从客观领域那里退回到主体，将时间看作专门属于人并因此属于主体的东西。也就是说，在这里，时间不是从客体中获得的。由此，时间被转移到人的内心这一精神的经验领域，转移到主体，并因此被否定了客观性。按照这一观点，人的此在是时间性的，而一切非人的东西都是非时间性的，时间被指定给了主体并因而归结为纯粹主观的东西，是像我的、和我有关的、由我产生的东西，而只有在人是主体这个情况下，时间才能在人的指定的基础上被解释为某种主观的东西。动物则不会像人一样有时间感，因为动物既没有时间，也不能失去时间，仅仅人才有时间或没有时间，仅仅人才会失去时间。由此，持此观点的人认为，将时间归结到作为主体的人是无可驳斥的。海德格尔指出，这一观点指向的是人的确定概念：作为主体的人，但如果时间被假设为仅仅在主体中，时间就不具有真正的力量。

第三，在生物学的意义上理解时间性，从而驳斥时间的主体化。生物学寻求研究动物的时间感，认为动物的行为在一定意义上是由时间规定的，如鸟在某个确定的时间开始筑巢和孵化，燕子在某个确定的时间飞往南方。海德格尔认为，如果动物的生命过程不仅在时间中消逝，而且有时间感并根据时间指导自己、因而被时间规定，那么，时间性就不是人的独特东西。但生物学的研究也没有证明动物有时间感并立于时间的力量中。动物以这样那样方式活动的行为处于一定季节条件的影响之下，但这和时间本身没有关系，也不能在时间意义上予以解释，它们只是完全不自觉地被自然的一般事件制约着。认为动物有时间感是在非批判地假设动物的存在和人的存在一致的基础上的形而上学的预设，由此出发，人就不能理解自身较同样具有生命的动物和植物的独特之处。

海德格尔认为，要获得人的真正本质，就必须首先改变时间观念，并由此改变人的"此在"。因此，要转变人的存在与时间的关系，赢得原初的时间，赢得和时间的原初关系。这一转变依赖于人自己如何理解时间，依赖于人自己将时间时间化。人们不能在看钟表并将时间确认为可由钟表测量的流这一事实中经验时间，也不能再把遇到的事和它在时间中的点相联系并由此定日期这一事实中经验时间。时间不是通常说的转瞬即逝，也不是纯粹的生成和作为进步的已经变成。时间不是对人无关紧要的框架，而是带着人之此在自身的本质的力量，是让人承载着其本身向前的传统。如果不凭借时间的本质，人就不会被带向将来。当人们将非纯粹之流的时间看作人朝向时间的位置时，人朝向存在的位置也就改变了，从而能够在自己建立的东西中经验自己的存在。

在海德格尔看来，原初意义上的时间性的东西指的是人之此在的存在即本真的烦的意义，是使烦的各环节可能统一于烦的东西，它使此在的结构整体能够作为烦而统一，是人的原初本质的基础，应该从人的基础方面予以理解，对时间是某种主观的东西这样的看法也源于这里。具体而言，此在的存在是由三个环节构成的统一整体，一是先行于自身的存在，指不断在筹划和超越自身的存在，表示此在的能在即此在的存在可能性，二是已经在世界之中的被抛的存在，三是依附于世界内的存在者的存在即沉沦着的存在，指人的日常存在。这三者分别表示将来、过去和现在，共同体现此在在世的存在，即"烦"。进一步说，在关于此在生存整体的追问中，向死而在关涉到先行决断，在先行决断中，此在朝向最本己的能在存在，能够从最本己的可能性来到自身，这就是将来的源始现象。此在在其罪责存在中领会先行决断，把罪责存在作为被抛的根据承担下来，而曾在就是被抛到世界之中。曾在源自将来，此在作为曾在而存在，对以往的事负责。另外，先行的决断有行动，它下决心寓于处境之中，让世内在场的事物来照面，把世内存在者唤上前来，在这一意义上，决断就是当前。当前也源于将来，但此在通常沉沦着，沉沦和当前对应，非本真的时间性虽从将来到时，最后却把当前突出为首要的了。将来、曾在、当前分别显示出"向（自身）"、"回到"和"让照面或寓于"这些现象。海德格尔说："领会首要地奠基于将来（先行与期备）。现身情态首要地在曾在状态（重演与遗忘）中到时。沉沦在时间性上首要地植根于当前（当前化与当前即是）。然而领会也是向来'曾在'的当前；现身情态也作为'当前化的'将来到时；当前也从一种曾在的将来'发源'和'跳开'，并且由曾在的将来所保持。在这里就可以看到：时间性在每一种绽出样式中都整体地到时，即：生存、实际性与沉沦的结构整体的整体性，也就是说，操心之结构的统一，奠基于时间性当下完整到时的绽出统一性。……时间性作为曾在的当前化的将来到时。"①

所以，时间性不是固定的属性，而是公开场的开辟，是出离自身本身，走向超越和自由，组建着此在的展开状态，展示出此在之所以能存在的存在论条件，此在随着时间性到时而进入生存、展开。即，作为存在的敞开状态的超越性实际上指的就是其时间性，或者说时间性正是此在的超越性的体现。地球上、植物或动物中的事件是时间框架中的"流"和"过程"，不像人那样在原初意义上是时间性的，因为它们不是在世的存在，没有烦，不会超越。因此，作为此在的基本存在方式的烦就表现为一种时间性，"实际生

---

① ［德］海德格尔：《存在与时间》，陈嘉映、王庆节译，三联书店2006年版，第398页。

命以这样一种方式存在，即，它在其存在的具体到时过程（Zeitigung）中为它的存在操心，甚至在它回避自身时亦是如此"①。人不是发生在时间中的东西，人自己就是时间，是时间本身的时间化，是根据将来决定自己的东西，他让自己服从于时间以便在其中发现自己。"此在"是由时间的力量产生的，是被定向和引导的，因此，人是作为时间的东西存在的，时间性是人的本质中独特的东西。此在从根本上由以出发去未经明言地领会和解释存在的东西就是时间，时间是此在领会存在的视域。"人的本真存在是在 σοφια[本真的、观察性的而理解] 的纯粹实行中到其时机的，也就是说，是在无忧无虑的、拥有时间的（σχολή）、纯粹觉悟的寓于始终存在者之 ἀϱχαί[本源] 的逗留中到其时机的。"② 总之，人之此在的本质就是时间性。

海德格尔将人的此在生存的本质理解为时间性，认为时间性的基本结构即生存之能在、当前化、曾在状态的共属一体结构，此在具有曾在、当前化和未来的共属一体的时间性特征，并因此规定为历史性。历史性的本质的内在要求只有在和时间的被改变了的关系中、在对时间的原初经验中才能理解。时间性是由死亡这一终端给出的，此外，还有出生这一终端，此在是处于生死"之间"的整体，是"之间"的演历，是出生和死亡两个终端之间的途程，对这一途程进行的生存论—存在论分析就是此在的历史性，它首要地关联于曾在状态，是把握此在的本真的能整体存在的不可缺少的一环。即，历史性指此在在源始基础上的演历，是存在向着本己能在筹划自己的演历过程。此在在这种时间性中向着本己能在的展开就是此在的"演历"。所以，"此在本身就是时间性，就是延展本身。此在生存着向来已经把诞生和死亡包括在它的存在中了，而此在作为烦，本身就是'之间'（Zwischen）。以这种时间论起论，此在的存在就可叫作'演历'。不是完成了的此在去经历去体验种种完成了的事物。此在始终在发生之中，在演历之中。这又是

---

① ［德］海德格尔：《形式显示的现象学》，孙周兴编译，同济大学出版社 2004 年版，第 78 页。

② ［德］海德格尔：《形式显示的现象学》，孙周兴编译，同济大学出版社 2004 年版，第 114 页。

说，此在且只有此在是历史性的"①。"真正的历史是一种演历。历史的追问是追问仍在演历的东西，即使这种东西表面上已经过去了。"② 实际的生命经验"乃是一个根本上按其固有的实行方式看来'历史的'现象，而且首先并不是一个客观历史性的现象（我的生命被视为在当前中发生的生命），而是一个如此这般经验着自身的实行历史性的现象（vorzugsgeachichtliches Phanomen）"③。"这种实际的、实行历史性的生命，亦即在自身的有所关心的自身居有之方式这个难题所具有的实际方式中的实际生命，原始地乃属于实际的'我是（我在）'的意义。"④

历史对于人的本质问题来说也是独特的东西，而作为历史的发生之事则是人存在的独特方式。这一说法似乎是武断的，因为，按照一般的观点，历史显著地以过去为特征，现在总是参照已经消逝的事情，被置于和过去的关系中。因此，现在和过去都具有历史的特征。而第三个领域即将来很明显在历史本质的问题中被忽略了，因为把将来包括在历史中被看作预言或占卜。因此，历史就是进入到过去，指向消逝的东西即衰退和归于无的东西，是一系列随时间一起经过并沉入过去的连续事件，这个系列在其消逝中变成了历史。这里，我们在广义上把握为"历史"的东西意味着任何一种变化，它是最一般的"运动"概念，如纯粹的机械事件之"流"、在生活范围内的"过程"。由这一概念出发，自然（有生命的和无生命的）也有其历史，如动物和植物的生命有自身的历史，整个地球也有它的历史。因此，存在着人类领域之外的历史，而在人类领域之内，历史可能是缺失的，存在着没有历史的人和人的群体。即，并不是每件归属于过去的东西都进入历史。这里的"历史"是从"是什么"被理解的，不是对人的独特规定，因此，这一概念对于人类参与其中的历史的特性描述而言是不够的。

---

① 陈嘉映：《海德格尔哲学概论》，三联书店1995年版，第154页。
② 陈嘉映：《海德格尔哲学概论》，三联书店1995年版，第154—155页。
③ ［德］海德格尔：《形式显示的现象学》，孙周兴编译，同济大学出版社2004年版，第53页。
④ ［德］海德格尔：《形式显示的现象学》，孙周兴编译，同济大学出版社2004年版，第56页。

历史与"流"和"过程"意义上的运动完全不同，其本质问题不是对历史的普遍规定，不能通过语言运用的任何标准化而固定，它关涉的是"人是谁"的问题，是在人的领域内的"事件"，是关涉人类的。对于人而言，历史的本质不在过去之事中，也不在过去与当今的联系中，历史是进入将来，它决定着进入历史的人，历史和历史的东西本身的决定没有将来就不能完全被实施。但人也同样被置于历史之外，因此，人在其被置于历史（将来）之外而进入历史（过去），人进入历史，同样也走出历史。地球既不能进入历史，也不能走出历史，和历史无关。因为历史不只是事情的系列，还要有人的参与，只有人是历史的。纵然某座山、某条河这些非人的东西能变成世界历史的决定性战争的地点，通过独特的进入历史而变成历史的，表现为一种独特的东西，但它并不因此而是历史性的。以这一限定，我们判定，"历史是人的存在"，是人的独特特征，而把"生物史"和"地球史"作为无意义的东西加以拒绝。但是，人的血液循环的变化、头发变白以及生老病死并不是历史。人创造了自己的历史，然而，人就其角色而言是被历史创造的。人出于自己的意愿在自身之前就承载着自己的历史，同时也被历史承载着。

海德格尔将历史理解为人的独特存在——发生之事，即活动和生成。进一步说，历史是已经生成的东西，是从较早以来就一直本质存在的东西。这个从较早就本质存在的东西不是从过去开始到今天还起作用的东西，不是现在还有效果的东西，因而不是人们所问的对象，而是发生之事，是人们的存在。它根据将来决定自己，将自己递送入将来，在它总是掌握作为传统而本质存在的今天和现在中有它的独特性。这个传统是人的历史性的最内在的特征，通过它，人被送入将来。本质存在的东西以从将来达到的方式朝着我们过来，因此，我们称发生之事为将来。它不是自己来到我们的，而是只有当我们能够跟随传统，能够将作为传统的已经存在的东西（已经存在的东西不是过去，不仅是消逝的东西，而且是继续运作和越出它而展现的东西，是早些时候以它自己的方式仍然本质存在的东西，是人之本质的本质存在的东西）接过来、而不是在今天存在的东西的纷乱中失去自己时来到的。因此，发生之事本身就是传统，被卷入发生之事意味着，接过传统，使自己从属于它，同时在它"本身"之中将其据为己有。历史是将来的人本身的存在，人被向前抛去进入将来是已经存在性的将来。已经存在性和将来不是两个时期，二者是统一的时间力量，是人立于其中的时间本身的力量。以此，语言的本质和人的本质等问题就变得可理解了。

而历史被理解为过去和有效的东西是由非本质的东西决定的，每个时代都有它的非本质、它的非历史。非本质有不让本质出现的特点，不仅是对本质的纯粹否定，而且在它自身中唤醒了本质的相似物，并引入歧途，展开为歪曲和迷误的引导。非历史不被限制到现在，而是平均地融入到过去，首先注视过去的东西。非历史的东西和没有历史的东西不同。植物和动物的生命绝不能是非历史的，因为它不知道"发生之事"。非本质、非历史没有对卓越的、偶然的事物的可能经历，它指向相同事物的发生和展现的完整联系，将发生之事尽可能远地挤压并固定到过去之中并予以展现，停留在可计算的、表面的、平常的东西那里，将特殊的、过度的东西作为纯粹不可计算的、不清楚的和不利的东西推到一边，趋于同一化的优越性并将这种状态凝固，是时间没有力量的证明，时间在这里是现成在手的框架、发生之事流过的现成在手的路线。在其中，历史被客观化和实在化，成为一个死的对象，因为它描述纯粹的过去，不能使得历史成为活的和真实的。这一意义上的历史是现成在手的稳定的流，将人和历史的关系平板化。它不能保证人通向历史的入口，反倒将人向历史遮蔽起来，是对历史的割断，是对历史事情的错误判断，是对历史存在的麻痹和颠倒。但是，非历史的东西不应该被轻视，也不应该在道德上被贬低。历史的东西不能以"善"和"恶"的标准被理解，一些在道德上善的东西可能是非历史的，非道德的一些东西可能是非常历史的。参照非历史的东西会使展现更能理解，但是历史绝不需要以此加以掌握。在过去之内，经常只有非历史的东西成为首先可以掌握的，即所谓的"事实"和人们已经对它们谈论的和所指的。一切历史的事情都具有非历史，即不可避免的、日常的东西。非历史不是任何否定性的东西，它和历史相关。

"人是谁？"这一问题最初是作为"历史的"决定得到阐明的。人的存在是历史的，而"是历史的"就是一种做决定（不决定和不想决定也是一种决定），是决定不断地更新。人的本质是由决定规定的，人是怎么样的依赖于人的决定，人被自己如何立于存在之中即人的决定支配着，人穿过了一系列决定，仅仅在决定中，人"恰好"是人，成为应该是的那个他，成为他自己。决定构成了人，以对决定的实施，人的存在经历一种更高的形式。然而，通过决定，人只是以某一方式让自己接近而不是立于自身适当的存在中，在这里，仅有倾向于平常的存在，而人本身还没有敞开，因为决定还没有发生。真正的决定和人本身之间有着独特的关联，它不是通过人的反思、以自我为中心作出的，而是通过完全忽略自己的爱好、心情和偏见作出的，即决定自己支持或反对参与某事，它不是处于一般中的东西，而是只能决定仅仅支持某一个，它不是决定人是否现成在手这件事，而是决定人是否想行动。决定存在于人们进行的行动中，是对某事的肯定或否定选择的实行，本质上是朝着发生的和如何发生的事情定位的，是以前事情的继续，因而决定不会因为实行而被完成，而恰恰在那时才开始并继续存在。所以，决定不是偶尔占据人，人们不能只是敷衍决定的实行和结果，而必须下定决心，坚定地进一步关注并时或回到它，让其持续地立于人们面前，决定人的存在，给予人的存在一种独特的形式和持久性，在其中，人参与到即将来临的"发生之事"中。

作为"处于自身决定之中的人"，人在委任和使命、操劳、现身三重意义的决定中，将自己原初地经验为时间性和历史性。

首先，决定就是人作为"委任"而对自己产生作用，在原初的意义上，委任作为人的使命就是人的决定，它是人立于其中的时间本身的力量，让人走向自己的将来。这一意义上的决定指的是人被带向前进入自己的使命，这一使命作为委任来和人会面，是人的已经存在性。动物、植物不会接过委任，也不会使自己服从于使命。委任和使命、将来和已经存在性是和它自身有关的原初力量，关闭在其自身内的这一力量决定着在场并支配着作为历史之物的人的存在，这从根本上构成了人的历史存在。

其次，在劳动中，人以创造的方式接过决定。这一意义的决定指根据人的使命和委任形成和联结人的整个行为和承载。劳动不是我们出于机谋、需要、消遣、无聊而参加的职业，而是对个别的历史时刻中人的本质作出决断

的决定。劳动是历史的人的"当前"展现，历史的当前出于使命和委任而作
为劳动出现，因此，历史的当前完全不同于现在，它源于将来和已经存在
性，从已经存在性穿过进入将来，是对决定的"决断"。劳动具有在场的特
征，它将人的适当存在转换到工作，使处于历史此在的工作中的人的任务予
以实施，存在者在它们的确定领域中首先向人显现，人被转换入存在者及其
关联中，关注存在者并让它们在其历史性中来访我们。这个转换属于人存在
的本质，动物和植物不会劳动，甚至拉车的马也不劳动，只和人类的劳动事
件有关。机器也不劳动，它劳动是人的一种错误理解。因为劳动被认为是机
器，那么，人作为劳动者就在历史存在的非本质的意义上被贬低为机器。劳
动作为人的根本行为，是相互在一起之可能性的基础，即使劳动本身是由个
体做的，它也会将人输送到相互在一起中，这个输送发生在人先于其本身被
安排的传统之中。

　　再次，人通过情绪而在任何时候都被决定为"彻底现身"。根本的情绪
支配着整个委任、使命和劳动，决断个别地处于"现身"和带有现身的情绪
中。情绪通常被看作是处于个体中的精神状态的特征和表现，被构想为某个
加在适当的精神器官即思维和意愿上的东西，被认为是对经验的渲染和遮
蔽。在这里，人们错误判断了情绪的内在本质和它的力量。海德格尔将情绪
看作是在人的原初此在处身其中的时间力量的根本事件，是人的"此在"的
根本力量，是人最深、最宽、最原初地出于自身的本质向存在者打开或锁闭
自己的东西。正是情绪将人转换入存在者及其存在之中，它预先对存在者的
范围进行划界，向人打开和关闭存在者。通过情绪，人被展现于对自身存在
的抑制和提升中，被展现于存在者本身中，并由此退回到因此而显现的存在
中。情绪通过让人本质地立于展现之中而决定人，它使人不再是个体的主
体，而是因为支持或反对而相互在一起。"成为人"就意味着：现身地相互
在一起，即使一个人是单独的。

　　决定让人经验委任和使命、劳动、情绪这个三重统一的意义，在它们的
统一体中，时间作为原初的力量，将人的存在决定为发生之事。因此，时间
被经验为人的决定，它是人的自我的历史突出之处。决定的本质应该在"做
决定"中理解，做决定不是单个的行为，而是适合于人的发生之事，这个三

重决定的统一体是发生之事的根本特征。在决定的三重意义（委任和使命、劳动、现身）中，人将自己的存在经验为时间性。时间的力量充实和限定人存在的本质，而作为时间之物的人在其本质的基础中是历史的，依赖于发生之事。

通过时间性和历史性，海德格尔对主体做了抨击和摧毁，同时，使存在者作为一个整体并根据它们的不同领域从遮蔽中展现出来，由此，存在者不是面对着主体站立的客体，而是原初的展现。

按照海德格尔，本质的东西必须根据人的历史存在即烦加以理解。烦是人的"此在"的更原初的深度，是人存在的根本本质，指暴露在存在中，和人的存在相关，和在三重意义上的决定相关，是作为时间性的"人"的根本构成，由此任何情绪都首先变成可能的。烦将此在的本质暴露在展现的存在者中，并转换和移交给存在，"此在"的每个事件都从它那里并在它之中发生。因为人被敞开于存在中，被输送到存在者中，被作为历史的存在加以扩展，因此，他只能通过立于揭示中、支持它或反对它、因此穿过他所是的存在而存在。在存在中敞开意味着自由，烦本身是对此在存在的烦，和物理的地球变化、本能的动植物生命不同，人的存在是"有意的"，因而也是"知晓的"，知晓和意愿决定着人的事件的发生，历史作为由人承担的事情，也总是有意的和知晓的事情，人就是将自己带出来并保持在知晓和意愿中，被向其他人宣告，宣告整个发生之事及其时刻的情况，宣告作为整体的历史存在，向着伟大时刻做决断，领会包含一个时代的历史的个别展现，引导这个时代的历史存在。烦也是对历史存在的自由的烦，自由不是做和让的独立，而是完成存在的不可避免性，接过知晓的意愿之中的历史存在，让存在支配人。因为"此在"是烦，所以，和人的存在有关的问题不是"什么"的问题，而是"谁"的问题，是把我们的存在看作时间的、历史的存在这一"谁"的问题。

人有他作为历史性的持续，是因为它持续地揭示着决断中的存在和基础，朝着转换和疏离的敞开关系中的存在实现本质。只有从对处于某历史时刻的人来说本质性的东西那里，才能获得人的本质。作为历史性的人的"此在"只有在对发生之事的伟大时刻做决定中才真正是历史的。做决定不是对大量所谓的意志力量的盲目承载，而是为神秘而被敞开和输送入存在中的行动。人无法期望被告知委任和使命，而是自身必须立于决断中，在对自己的知晓中决定自己将来想成为什么样的人，想如何设置自己的将来，内在地展现事物本身。

现在，我们回到和时间性、历史性相关的语言问题上。就作为时间性到时的时间的力量构成人的本质而言，人被暴露在展现的存在中，而那同时意味着，存在者的存在转换到人。作为整体的存在通过人或者在人周围支配，这一支配着的整体的存在就是"世界"。世界不是一个理论性的观念，它在历史存在的学问中宣告自身，这个学问是神秘的存在者之存在的展现性，发生在语言的最初事件中。存在仅仅通过语言起着支配作用，语言不处于被封闭的主体之中，它既不是主观的东西，也不是客观的东西，而根本就不在这一无根的区分领域中。我们之所以追问语言的本质，是因为人的此在是烦，烦是对决定的烦，是对此在的唤醒、克服和保存；因为作为自由的烦是知晓和能知道一切存在者之本质的烦；因为人不能考虑对纯粹事实的稍纵即逝的知识或驱动一切存在者的闲谈的知晓；因为知晓只能被建基和形成，只能被通过可加解说的词语即通过历史劳动中的创造性语言的成熟的可靠性加以传递和唤醒。语言是时间的历史的东西，是被委托给进入作为整体的存在者中的存在的揭示事件，在其中，进入存在者中的揭示发生了，递送到存在发生了。在这里，峡谷的可爱、植物的吸收、动物的诱捕、机器可计算的速度、历史活动的严肃、追问的勇敢——这一切都是语言。总之，语言是支配世界的形成和保存人的历史此在的中心，是构成人的历史此在的基础，是人的世界，有语言的地方才有世界，赢得或失去存在仅仅发生在语言事件中。

另外，此在时间性和历史性的先天结构为语言奠定了基础。如同此在一样，一切语言就其存在而言都是时间性和历史性的。就时间性而言，语言中的"时"、"态"和"序"这些时间性现象都源于时间性绽出的统一，植根在生存论的操劳活动的源始时间性中。语言学则根据"流"、"过程"、"心理时间"等传统的时间概念，将其看作"在时间中"的——相续，将"时"解释行为发生的时间和说话时的关系，是行为、动作、状态在各种时间条件下的动词形式，如现在时、过去时、将来时、过去将来时；"态"表示动作进行或终止的体貌，包括一般式、进行式、完成式、完成进行式；"序"则是时相阶段，指时间段，随时间发生的变化。按照海德格尔，这是不真实的。就历史性而言，每一时代都有它自己的语言和特殊的领会，这一点清楚地表现于特定的语词和用语所具有的统治地位上。作为传达、解释的表说状态，语言具有其生长和衰落。由于以表说方式存在的语言不再生长，便有"死"语言这样的东西，但其"死亡"并不排除属于此门语言的话语和去蔽状态的"生命"，它作为话语和解释事物的方式仍旧是有生命的，正像已故的此在依然是历史地有生命的，甚至比它活着时有着更为本真的生命。一门语言所蕴涵的去蔽状态能够超越语言的死亡而自我维持或者更新。例如，在对罗马人的此在的一种真切的历史学的领会中，拉丁语是有生命的，虽然拉丁语是"死了的"。这一语言作为教会语言被人们使用，表明它不再是活生生的，是一种"死的"语言。而拉丁语之所以是教会语言，并不是因为它有利于教条、命题、定义和准则获得一种国际性的理解，而是因为这一语言作为"死的"语言不再经历意义变换，因为它是一种适合于对特定的命题与观点的固定化的表达样式。与此相对，在任何一门"活的"语言中，意义的上下文是和对历史性此在的解释一起变化的，这样的句子会根据关于时间的历史的可理解性被解释。作为被表说的语言，它根据对此在当时的解释水平而变化，但这种变化并不总是一定要在语词的创造中表现出来。只有当语言出于对此在去蔽状态的领会而增加新的意义关联并因此增加词语和用法的时候，句子明白单义的平面化才会消失，才具有真正的存在。

而且，语言本身具有此在的存在方式，语言作为此在的存在方式完全具有此在的存在结构。世界上根本不存在一般性的可以为各种个别的人分有的语言，语言表面上均一的存在和特定的、当下切己的此在不相关，是语言最接近于常人的存在方式。出自这一存在方式，语言源初的、本己的存在就成为可能。语言的这种存在在一定意义上既可源于对语词多义性的掌握，也可源于对事质的源初领会。语词一经道出，它就归属于每一个人，但并不保证对它的重复包含了源初的领会。不过，真正进入话语中的可能性仍然存在，而这首先表现在，和语词一起被给出的去蔽状态能够通过特定的语句被修正并进一步发展。说出的话语首先能够帮助人们第一次去领会那些之前被不明确地经验过的存在的可能性。通过语词，此在的去蔽状态，特别是此在的现身情态就能以开放此在某种新的存在可能性这一方式展现出来。所以，话语本身就是时间性的，是此在本身的时间性样式。"由领会、现身情态与沉沦组建而成的完整的此之展开状态通过话语得以勾连。所以话语并非首要地在某一种确定的绽出样式中到时。但因话语实际上通常在语言中说出自己，而说的方式又首先是操劳议论着就'周围世界'说起，所以当前化就当然具有一种占优势的组建作用。"①"话语向来是对存在者的议论，虽说并非首要地与着重地在理论命题的意义上议论；因此，只有从时间性问题出发把存在与真理的原则联系问题铺开，才能着手分析话语的时间性建制并阐释语言构造的时间性性质。那时也就可以界说'是'的存在论意义了；而一种外在的句子理论和判断理论却把'是'降格，弄成为'系词'。只有从话语的时间性出发，亦即从一般此在的时间性出发，才能澄清'含义'的'发生'，才能从存在论上使形成概念的可能性得以理解。"②

　　总之，海德格尔认为，人和语言是时间的原初本质的东西，人能够说话，是因为人和时间有关系，人的生命是时间性的，因此，存在着语言和时间之间的相互关系，只有在时间性将自身时间化的地方，语言才发生，而只有在语言发生的地方，时间性才将自身时间化。同时，对语言问题的讨论又立于历史问题的领域，语言的本质是具有历史性的存在之言，历史是人的独特存在并因此是语言的独特存在。所以，时间性和历史性一直都是一个语言问题。

二、绽出的生存

　　海德格尔认为，任何从"普遍本质"的角度去"定义"人的观念都是对人本身的误解，都只能被归于形而上学的范围之内。因为人是作为不可定义、不可定型的"此在"而存在的。此在的存在不是指具体的、确定的人的

---

① ［德］海德格尔：《存在与时间》，陈嘉映、王庆节译，三联书店 2006 年版，第 397 页。
② ［德］海德格尔：《存在与时间》，陈嘉映、王庆节译，三联书店 2006 年版，第 398 页。

存在，而是人的存在的显现或者说其敞开状态，后者意味着人在不断超越。此在的生存、存在就是其超越，存在问题就是超越问题。但从生存论的角度看，此在通常和首先不是作为其自身而存在，而是融混于常人之中，此在日常的自我理解也产生于常人日常操持性的共同融身于世界中这一存在方式。由于此在首先在世界中遇到自身，公众依照共同操持的世界规定此在的目标和观点，所以，此在的一切概念和表达都是着眼于其所融身的世界而获得的。被表现在语言史中的这一情况并不是说，语言最初仅仅指向质料性的事物，原始的语言几乎没有超越对质料性事物的看法，这就完全混淆了对说话和自我理解的解释。语言和说话本身属于在世界中存在和相互共处的此在，此在确定的自我理解即此在出于自身而形成的确定概念是被预先规定的，但这些概念不是原始的。由于"常人的相互共处"和"融身于世界之中"这样的现象结构，就此在明确地意指着自身和道说着自身而言，此在运用了本身固有的意义和解释性的意义。这一现象表明，此在的存在还有待于在它的去成为它自身的可能存在方式中加以寻求。因此，必须从此在和其所属的世界中，动态地去理解它。

在前期的《存在与时间》中，海德格尔把此在的存在方式规定为"生存"（Existenz）。进一步，海德格尔认为，此在的"本质"在于它的"去存在"（德语为 Zu-sein，英语为 to be），如果我们能够谈论此在的"是什么"（essentia）的话，那么，它的"是什么"只能根据它的"存在"去理解。人的本质原本就不是某种固定不变的东西，此在不是现成摆在那里的东西，而是"去存在"。海德格尔心目中的人是没有确定的规定性的，无论把此在描述为什么，都穷尽不了他的存在可能性。他谈人的"去存在"，是要表明人的生存是一个动态的过程，如果非要说它的规定性的话，那就只能是可能性。海德格尔用可能性来标志人的本质，是为了否定将人的本质看作任何确定的东西。人这一存在者的存在与众不同之处在于，它是一种在存在的过程中领悟着自身存在的存在，人这种特有的存在方式不是 existentia（拉丁语，"存在"之意），因为 existentia 仅仅指的是现成存在的状态，这一存在方式和此在并不相干，此在的存在方式被称为"生存"。人自己的本质在于他的生存过程中，人正是从他的"生存"过程中来领会存在的意义的。海德格尔将其概括为："此在的'本质'在于它的生存。"[①]

海德格尔将"生存"一词所用的 Existenz（英译为 exsitence，源于 ex-sistere，其中前缀 ex- 指"外出"，词根 sistere 指"站立"、"显露"）与"绽出"（Ekstase）联系起来。从词源考察，Ekstase 最初是说"站出"，从而引出"出离"、"出离自身"，而 Ekstase 又源于希腊语的 ἔκστασις，意思是"某物脱离位置"、"移动"，和 ἔκστασις 相关的 ἐκστατικόν（绽出）这个词是指"站到自身之外去"（stepping-outside-itself）。海德格尔敏锐地注意到了这一意义和 Existenz 之间的联系。Existenz 这一词语源于拉丁语 exis-tentia，从语言方面来看，exis-tentia 是 ex-sisto（意为"走出来"、"显现"、"出场"、"生成"等）的名词化。existentia 表示"实际存在"，指的是处于产生、现存和消亡过程中的个体，和表示事物与人的过去、现在和将来都始终如一的恒常本质的 essentia 不同。在这里，essentia 相当于问"这是什么"时的"什么"（Was），而 existentia 则相当于问"怎样存在"时的"怎样"（Wie）。存在者是某种常驻于自身的状态，而 Existenz 则是从这种常驻于自身的状态中走出来，是"不存在"。今天，人们不假思索地用 Existenz 来标识存在，实际上，对希腊人而言，Existenz 所意指的恰恰是不存在。海德格尔用 Existenz 来专指人的存在，是要说明，一方面，人像一切其他存在者一样存在着，另一方面，人以超越存在者整体而跃入"无"（存在本身）的方式存在着。海德格尔在深入分析此在时，认为"此在"的存在是在时间性的诸环节——将来、曾在、当前——中"绽出"的，具有向着将来超越的本性，并在向着将来的超越中展现出当前和曾在，形成了人的历史性此在，于是，"绽出"就和存在本身联系起来了。

在后期的《关于人道主义的书信》中，海德格尔为避免人们将自己关于人的思考混同于所谓的存在主义，在谈到"绽出"时，改用了 Ek-sistenz（英译为 ek-sistence）一词。这一改动不仅进一步突出了生存的动态过程，避免了在与作为可能性意义的 Essenz（"本质"之意，拉丁语为 essentia）的对立中把 existentia（"存在"）理解为现实性的意义，而且，这一改动凸显了

[①]　[德] 海德格尔：《存在与时间》，陈嘉映、王庆节译，三联书店 2006 年版，第 52 页。

"存在"对人的主宰地位，因为此在本身是从"存在"中"存在"出来的。在 Ek-sistenz 中，其前缀和词根被分开，其中，前缀 Ek- 指的是"出来"、"到……之外"，而词根 sistenz 则源于拉丁语词 sistere，表示"站立"、"出现"和"涌现"之意。海德格尔特别强调"ek"的"超越"和"绽出"的含义，认为人的本质就是这种绽—出，而生存的本义就是绽—出，意味着不断地向外绽出，进入到存在的澄明之中。海德格尔说："人是什么？人所是的这个什么（Was），用传统形而上学语言来讲，即人的'本质'（Wesen），就基于他的绽出之生存中。……人是这个'此'（das"Da"），也就是说，人是存在之澄明——人就是这样成其本质的。"①"这种在存在之澄明中的站立，我称之为人的绽出之生存。"②人从自身走出，站到存在的敞开状态之中，去接受自行显现的东西，作为这一接受者存在，否则，如果在场中显现的东西达不到人，那么，存在本身对人而言就依然是遮蔽着的，人也被拒绝于存在的显现之外，于是，人就不能作为其本身存在。

人的这种绽出的生存（Ek-sistenz）与形而上学的 existentia 概念完全不同。生存是站入到存在的澄明之中，existentia 则是形而上学中和纯粹的可能性相区别的现实性，在中世纪那里，被理解为实际性即 actualitas，在康德那里被表象为在经验的客观性意义上的现实性，在黑格尔那里被规定为绝对理念，而在尼采那里则被看作强力意志的永恒轮回。在海德格尔看来，这些关于 existentia 的不同说法，实际上都是就现实性而言的。形而上学对人的规定正是从 existentia（现实性）一词的意义上作出的，即从现成的、摆在那里的东西（动物）这一角度对人进行属性上的规定。但是，通过作为现实性的 existentia 的规定，哪怕是对动植物乃至非生命物的存在，都没有被进行充分思考。生物无论在什么情况下都只能是生物，它们的本质是已经被规定好了的，从而是封闭和不自由的。换句话说，生物的现实性就是被注定了的，是不可超越的，它先行已经被规定为生物性，因此，它的现实性就只能是其生物性。生物总是被囚缚在其特定的环境中，对自身之外许多东

---

① ［德］海德格尔：《路标》，孙周兴译，商务印书馆 2001 年版，第 381 页。
② ［德］海德格尔：《路标》，孙周兴译，商务印书馆 2001 年版，第 379 页。

西的存在视而不见，不会站到自身之外去发现自身和他物的存在，并由此保持自己存在的本质。在任何情况下，生物都不能站到它们本身的存在之外，因而也从未被自由地放进存在的澄明之中。而人则不是被封闭在自身之内而自立的，其本性就是向着作为自我之根据的存在之澄明处出行。只有作为此在（Dasein）的人才能作为站出自身之外的生存，因为"'它在此'（es ist da），就是一个运动过程"①。此在向存在开放自身，不断地向着自身之外超越，站出去追问自身和他物的存在，在对存在的领悟中进入到存在的澄明中，是向着存在的"运动"。"因为生命就是'运动'，故精神生命的本质就在于：'成为道路，去实现它的各种性质'。"②所以，从根本上说，人本身不是动物，不是被现实注定的东西，而是不断地站出自身之外、向着将来筹划的可能性。existentia 是某种东西符合自己的普遍本质而具有现实性的情况，而人的"生存"不是在于人是否具有现实性，它是人被存在之澄明抛入其中的命运。

因此，人的本质是就其发生方面而言的，他绽开来，绽放到了"存在"的澄明之中。Ek-sistenz 突出标明的就是，人的存在是进入存在的澄明中的"绽出"（"出离自身"）。这里的人不是某种特殊的生物，也不是肉体和精神的统一体，因此，绽出的生存并不是对人的自然科学式的决定。"绽出之生存只能就人之本质来道说，也即只能就人的'存在'方式来道说；因为我们就我们所经验到的情况来看，唯有人才进入绽出之生存的天命（das Geschick der Ek-sistenz）中了。"③"在绽出之生存中，人就离开了形而上学的homo animalis（动物的人）的区域"④。同时，人作为绽出的生存也否定了人的理性本质。形而上学的理性仍然是作为一种现实性而存在的，因而也只是一种静止的固定不变的东西。而人作为生存（Ek-sistenz）意味着站出来

---

① ［德］海德格尔：《形式显示的现象学》，孙周兴编译，同济大学出版社 2004 年版，第 39 页。

② ［德］海德格尔：《形式显示的现象学》，孙周兴编译，同济大学出版社 2004 年版，第 38 页。

③ ［德］海德格尔：《路标》，孙周兴译，商务印书馆 2001 年版，第 380 页。

④ ［德］海德格尔：《路标》，孙周兴译，商务印书馆 2001 年版，第 415 页。

（Hin-aus-stehen）进入到存在的真理中，处于不断的发生过程中，是动态的，充满了可能性。"唯有人才具有这种存在方式。如此这般被理解的绽出之生存不仅是理性（即 ratio）之可能性的根据，而且就是人之本质于其中保持其规定之来源的那个东西。"①另外，人也不是作为一切存在者的中心即作为主体而存在，与此相反，人是作为 Sein-da 向存在的近处出行的。

绽出的生存（Ek-sistenz）建立在自由的基础之上。一方面，自由指的是去蔽着的让存在者存在，即人向存在持"开放"态度，不再干预存在。另一方面，自由在根本上并不是人的自由，而是人力所不能及的存在的敞开状态，是一种把人的行为置于敞开领域之中的自由。这种就根本意义上而言的自由，其本身就是出离自身的，因而是"绽出的"（ek-sistent）。海德格尔强调，绽出的自由并不是人类固有的本性，相反，是绽出的、揭示着的"此—在"（Da-sein）占有着人，人是被抛入绽出的自由之中的，唯如此，人才成其为人。"他置身于作为隐蔽场所的（Ortschaft）的存在者之无蔽状态中，而存在从其真理而来就是作为这种无蔽状态而本质性地现身的。人置身于这种场所中。这意思是说：人在这个场所中是绽出的（ekstatisch），因为他处处时时都是根据存在本身与他的本质的关联（也即与存在本身之场所的关联）而如其所是的。"②人的生存是从敞开之境得到规定的，因此，人的本质在于他处于和敞开之境的关联之中，绽出的敞开之境赋予人自由，人才可能去进行筹划，有了追问存在者是什么的可能，人的生存就是投入到敞开之境中去"参与"存在者的揭示。因此，海德格尔在《论真理的本质》中说："在此之在（Da-sein）中，人才具有他由之得以绽出地生存的本质根据"③。作为绽出的生存，人的此在"与显现于在中同时出现了置身于言词中，语言中"④。

---

①　[德] 海德格尔：《路标》，孙周兴译，商务印书馆 2001 年版，第 380 页。

②　[德] 海德格尔：《尼采》（下卷），孙周兴译，商务印书馆 2003 年版，第 990 页。

③　[德] 海德格尔：《路标》，孙周兴译，商务印书馆 2001 年版，第 218 页。

④　[德] 海德格尔：《形而上学导论》，熊伟、王庆节译，商务印书馆 1996 年版，第 171 页。

三、终有一死者

海德格尔说："对语言的沉思意味着：以某种方式通达语言之说话，从而使得这种说话作为那种允诺终有一死者的本质以居留之所的东西而发生出来。"①"人之说话作为终有一死者的说话并不是以自身为本根的。终有一死者的说话植根于它与语言之说的关系。"②在他看来，传统形而上学把人规定为理性的动物、主体乃至持存物的预定者，具有这些身份的人本身表现出无限的意志，表现出无限的向自然掠夺的倾向，自认为是存在的主人。与这些具有无限性特性的身份相对，海德格尔把人称作"终有一死者"，通过死亡明确突出人特殊的"时间性"，以此来说明人在与存在的关系中所表现出来的有限性。"死亡乃是触及终有一死的人的本质的东西；死亡因而把终有一死的人投入通往生命之另一面的途中，从而把他们设入纯粹牵引的整体之中。"③而语言作为存在的家则展现了存在的整体，由此，海德格尔用语言将人的此在的有限性和存在本身的无限性联系在一起。"'死和语言的本质关系在我们眼前掠过，但是这个关系依然是未被思及的'（Way 107，205）。只有能说话的才能有死。我们甚至说，只有能说话的能够存在。"④

在《物》一文中，海德格尔说："终有一死者（die Sterblichen）乃是人类。人类之所以被叫做终有一死者，是因为他们能赴死。赴死（Sterben）意味着：有能力承担作为死亡的死亡。只有人赴死。动物只是消亡。无论在它之前还是在它之后，动物都不具有作为死亡的死亡。死亡乃是无之圣殿（der Schrein des Nichts）；无在所有角度看都不是某种单纯的存在者，但它依然现身出场，甚至作为存在本身之神秘（Geheimnis）而现身出场。作为无之圣殿，死亡庇护存在之本质现身于自身内。作为无之圣殿，死亡乃是存在的庇所（das Gebirg des seins）。现在，我们把终有一死者称为终有一死

① [德] 海德格尔：《在通向语言的途中》，孙周兴译，商务印书馆2004年版，第4页。
② [德] 海德格尔：《在通向语言的途中》，孙周兴译，商务印书馆2004年版，第25页。
③ [德] 海德格尔：《林中路》，孙周兴译，上海译文出版社2004年版，第318页。
④ [法] 马克·弗多芒·默里斯：《海德格尔诗学》，上海译文出版社2005年版，第16页。

者——并不是因为他们在尘世的生命会结束，而是因为他们有能力承担作为死亡的死亡。终有一死者是其所是，作为终有一死者而现身于存在之庇所中。终有一死者乃是与作为存在之为存在的现身着的关系。"①

在通常的意义上，死亡是一种生命终结现象，是从生物学、生理学等提出问题的角度而言的。在动植物界的存在领域中，人们可以通过存在者状态上的确认，获得植物和动物在生命持续方面的资料和数据，认识生命起始、生长和持续之间的关系，研究死亡的种类，死亡发生的原因、机制和方式。传统形而上学把人表象为理性的动物，也就是把人归属于动植物界的存在领域，因而也就是从上述所说的生命出发来考察和规定人的本质。这样规定的人只能作为某种和其他存在者相同的存在者而存在。海德格尔认为，生物学生理学上的这种死亡研究是以某种存在论问题的提法为根据的。海德格尔承认，死亡是人的终结，人也和一切有生命的东西一样能够结束自己的生命，表现出生理上的死亡，但是，这却不是人的本真的死，本真的死绝不简单地是生命的完结。所以，人的死亡全然不同于动植物的死亡，不能从生物学生理学上来考察。对于动植物而言，它们活着并有自己的死亡，然而，它们的死亡只是其生命的终结，所以，动植物"不会"死，只会完结或消亡（verendet，丧命）。相反，人绝不是像动植物一样简单地完结，并不只是丧命。人能赴死（Sterben koennen），他能够死亡，能够面向死亡而存在，即能够本真地去死。当然，我们谈到动植物的时候也说"猫死了"、"树死了"，但这些说法仅仅是从人的死亡出发进行的比附而已。

在海德格尔看来，死亡绝不是一个无关乎生存的现成事实，而恰恰是最切近于生存的核心的。他认为，生存总是属于个人本己的生存，而死亡最能体现这一本己的生存特性。因为，死亡是绝对不能转让的，死总是某人自己的死，这是任何人都不能替代的。所以，就生存论而言，死亡也是人生存的可能性之一，并且还是人最本己的可能性。在人的存在中，无法超越的是死亡。此在是会死之人，是有死的，死是此在最终的可能性。人无力支配和把握死亡，他被抛于死亡中，不得不面向死亡而存在，不得不是终有一死

---

① ［德］海德格尔：《演讲与论文集》，孙周兴译，三联书店 2005 年版，第 186—187 页。

者，这是人由不得自己的无法改变的命运。但是，正是这一命运使人能够让自己同时也让存在本真地显现出来。因为当死亡使得此在的存在变得根本不可能时，此在就在这一生存的边缘有所领悟，认识到自己作为终有一死者是有限的，这就促使此在重新考虑自己存在的可能性，从而展现出自己的本真存在。此在通常存在于非本真状态中，在这里，此在在和"有"（他人他物）的种种关联中展现为某种确定的存在者，如教师、艺术家等，而这些日常角色显示的仅仅是作为存在者的此在，而不是此在本身，这些角色被加以抽象，就是理性的动物、主体、持存物的预定者，它们都不是人的本真存在。海德格尔认为，这实际上是从存在者的角度去追索人的存在。

但是，人"能赴死"，只有人能够认识到自己不存在的可能性，因此，人总是向着死亡存在，绽出地"先行到死亡中"。按照海德格尔，"赴死"是人超越非本真存在而进入本真存在的唯一可能性，"死亡"中包含有人生存的超越性。对人而言，死亡是不可实现的，人走向生命的终点并不是实现了死亡，反倒取消了死亡的存在。死亡是人最本己的可能性，是使一切其他可能性变得不可能的可能性，最后甚至是无可能性。因此，它是人之生存不可越过的最极端的可能性，人可以在实现别的一切可能性之际越过这些可能性，但绝不可能在实现死亡之际越过死亡。在这一存在状态中，除死亡的可能性外，再没有别的可能性。在先行的对死亡的领会中，所有的关联和意义都归于"无"。因此，死亡这种可能性只是一种无所关联的可能性，而只关联于人自身的存在。于是，走向死亡的存在就使自身的可能性敞开出来。"先行到死亡中"就是先行到去除了所有关联的"无"中，把"无"作为可能性来生存，"无"是由"否定"来规定的存在。因此，"先行到死亡中"指的是，不再遮蔽死亡这种可能性，而是提前进入死亡中，去本真地领会死亡，把它完全地展现出来并持守它。也就是说，人在先行的领会活动中，让死亡这种本真的可能性存在向自己显现出来，在这一可能的本真存在中，人不可能实现从而越过这一存在状态，而只能持守这一状态，把它作为可能性去承受，并把它承担起来。作为终有一死者的人是会死者，他觉悟着死亡、经受着"无"而存在。人不能作为任何现成的"什么"存在，而是始终以已经去死、能死和终有一死的方式生存着。只有会死者才能够真正承担起死亡，否定一切，从而也才能成就一切，肯定一切。因此，当人面向死亡而退出一切关联时，他就能作为其本身存在，即不是作为任何存在者，而是作为什么也不是的本真存在而出现。同时，当人面向死亡而作为自身存在时，他也就让除他之外的别的存在者不再作为某种确定的东西，而同样作为什么也不是的本真存在。

死亡使人不断地感受到对自身的威逼，意识到自己是终有一死者，意识到人之此在的存在即人生是有界限的，从而放弃自己永恒不朽的本质存在，超出尘世喧嚣而进入"无"的境地，领略到自身存在的时间性和有限性，于是它退出和"有"的一切关联，不再作为某种存在者出现，从而显现其本真存在，也就是作为什么也不是的自身出现。此在生存着（existiert），但它不是某种什么，即不是艺术家、教师，这些身份只是它作为存在者的可能性，是以它生存的多种可能性为根据和前提的。对于人而言，在对死亡的先行领会中，他敞开了自身最本真的存在之可能，正是在这里，人在其存在中只相关于其自身，从而区别于常人这一固定的存在者，并由之反离而去，作为什么也不是的自身而生存。人一旦以终有一死者存在着，那么也就意味着他本真地存在着，因此获得了本真的自身存在。"赴死"实际上就是"走向自身"。所以，从根本上说，人作为自身存在就等于说，他作为死亡而存在，他自身承担起死亡而存在。①

能够承担起死亡的终有一死者与存在本身有着本质性的关系，因为死是存在的庇护之所。"作为终有一死的此在（Dasein）的极端可能性，死亡并非可能之物的终结，而是那种有所召唤的解蔽之神秘的最高庇护（Ge-birg）（聚集起来的庇护）。"②在死亡这种存在方式中，向人显现出来的不是确定的现实存在者，而是"死"，死也就是无。也就是说，死没有与之相应的存在者，它所指向的只是"无"，而"无"正是存在本身。海德格尔把"无"看作存在本身的现身在场，认为"无"是比存在本身更加隐秘和本源的东西，而作为无之圣殿的死亡正是存在的庇护所，它庇护着存在，让存在本质地

---

① 参见黄裕生：《时间与永恒》，社会科学文献出版社 1997 年版。

② [德] 海德格尔：《演讲与论文集》，孙周兴译，三联书店 2005 年版，第 279 页。

现身于自身内。"在死亡中，聚集着存在的最高遮蔽状态。"① 只有在死亡中，存在本身才出场、显现并持续。只有死亡才能使人通达存在，因为正是死亡排除了一切确定的存在者，使人不再专注于存在者，从而可以纯粹地从存在本身去看存在。以终有一死的方式生存，就是以有限的方式本真地应合存在的呼唤，以有限的方式让存在本身现身到场，从而通达存在本身，并最终归属于存在的家。"就此而言，语言是我们有限性的真正标志，它始终超越我们。"②

四、倾听者

西方传统形而上学一直强调对存在的"看"、"观"，理念（ἰδέα、εἶδος，二者源于 ἰδεῖν）即如此。"希腊人在相当广义上是从视觉来考察语言，也就是从写出来的东西方面来看。说出来的东西就来居停于此中。"③海德格尔则不同，他强调的是"听"，否定眼睛的"看"在人们领会事物中的优先地位和作用，将人看作存在之语言的倾听者。他认为，就人发挥着展现历史的作用、具有历史的本质而言，其存在本身就是 λόγος，而 λόγος 作为存在的采集和讯问，和倾听有着直接的关系，因此，本真的存在的语言奠基于听，它要求沉默更甚于言谈，因此，人应该对语言本质的运作保持沉默，并对这一沉默保持沉默，以应合于存在之语言无声的寂静之音，并由此达到对存在之言说的倾听和领会，只有这时，人才真正成其为人，成为有 λόγος 的存在者，因而人必须先倾听存在之言。

在海德格尔看来，语言是独白，它仅和自身相关，孤独而本真地自己说话，但孤独不是单一，而是共性的缺失，是"在相互归属事物的统一者中的同一者（das Selbe）。显示着的道说为语言开辟道路而使语言成为人之说。道说需要发声为词"④。因此，语言也需要被说，需要一个对话者或他者，即人之此在，"一种从语言而来的对话必定是从语言之本质而来被召唤出来

---

① [德] 海德格尔：《在通向语言的途中》，孙周兴译，商务印书馆 2004 年版，第 14 页。
② 张汝伦：《海德格尔与现代哲学》，复旦大学出版社 1995 年版，第 304 页。
③ [德] 海德格尔：《形而上学导论》，熊伟、王庆节译，商务印书馆 1996 年版，第 64 页。
④ [德] 海德格尔：《在通向语言的途中》，孙周兴译，商务印书馆 2004 年版，第 268 页。

的"①。而只有在对语言之无声的说的倾听中，人之此在才能够言说。他多次谈到倾听和人的本质、人的说话的关系："如果把词语称为口之花朵或口之花，那么，我们便倾听到语言之音的大地一般的涌现。从何处涌现出来？从那种在其中发生着让世界显现这样一回事情的道说中。音（das Lauten）从鸣响（das Läuten）中发出，从那种召唤着的聚集中发出，这种对敞开者（das Offene）敞开的聚集让世界在物那里显现出来。这样，声音的发声者就不再单单被归为肉体器官方面的事情。这就摆脱了对纯粹语言材料作生理学—物理学的解释的视界。"②"人说话，是因为人应合于语言。这种应合乃是倾听。人倾听，因为人归属于寂静之指令。"③"如果人说话，那是因为人首先听到或注意到存在的声音，从根本上说，听或倾听是此在对听到的存在的归属，是此在对存在的呼唤的顺从。"④"说同时也是听。习惯上，人们把说与听相互对立起来：一方说，另一方听。可是，听不光是伴随和围绕着说而已，犹如在对话当中发生的情形。说与听的同时性有着更多的意味。作为道说，说从自身而来就是一种听。说乃是顺从我们所说的语言的听。所以，说并非同时是一种听，而是首先就是一种听。此种顺从语言的听也先于一切通常以最不显眼的方式发生的听。"⑤很显然，海德格尔所谈的人之此在的听是跟随存在之语言的道说的"能听"，这一"能听"对一切形而上学的概念与表象都予以限制，它让道说自行道说而不任意横加干涉，具有本真性。

进一步说，存在本身的二重性使得它和存在者区分开来，这"是一件从有待于敞开的在的本质中起来规定人的在的大事。追问在的本质的问题就和人是谁的问题深切地结合了。……而今追问人的在的问题在其方向与深广度上都唯有从追问在的问题来规定。人的本质在在的问题范围之内按照开端之

---

① ［德］海德格尔：《在通向语言的途中》，孙周兴译，商务印书馆2004年版，第141页。
② ［德］海德格尔：《在通向语言的途中》，孙周兴译，商务印书馆2004年版，第202—203页。
③ ［德］海德格尔：《在通向语言的途中》，孙周兴译，商务印书馆2004年版，第27页。
④ 涂纪亮：《现代西方语言哲学比较研究》，中国社会科学出版社1996年版，第261页。
⑤ ［德］海德格尔：《在通向语言的途中》，孙周兴译，商务印书馆2004年版，第253—254页。

隐而未露的指示，就须得理解并讲清楚为这个在需用以敞开自身的此处。人就是在这个敞开中的此。在者就站到这个此在中并进行活动。因此我们说：人的这个在，就字的严格意义说来，就是'此在'"①。"此在"（Dasein）这一称呼将人和存在本身联系起来，这样的人远不是形而上学的主体，也不是技术世界的参与预定者，它并不指称一个相对应的确定的现成对象，而是一种命名，是对存在的倾听，是必须这样或那样应答存在、必须对其负责的那个存在。和存在相关的问题的答案并不在命题中，而是在独特的回应中，回应是深思熟虑地作出回答，人接过回应并首先适当地让自己进入存在，跟随存在之语言的道说而有所道说。而要做到这一点，就必须先克服形而上学的语言，返回原始的存在的语言之中，只有这样，才能倾听并能够听到存在之语言的声音。

在早期希腊人看来，存在者是自身显现的东西，作为到场者出现在人面前。人本身也是到场者，在领会中现身，向着到场的存在者敞开自身，被带到存在之近旁，从人和存在的关系之中引向人的存在之领悟，并由此通达存在本身的二重性。人是存在二重性之解蔽的消息的传信者，"在人类中被实行的道语在自然内是作为一种晦暗的、预言式的（还未完全表达出的）道语。因此产生那些前意义，它们在自然本身没有剖释，而只有通过人才得到说明"②。"人之为人，是由于他应合于二重性之召唤，并在二重性的消息中见证这种二重性。从而在人与二重性的关联中占统治地位的和起支撑作用的东西是语言。"③"语言乃是在人与在场和在场者之二重性的解释学关联方面的基本特征。"④而这些恰恰是通过倾听而得以实现的，人通过对存在之语言的倾听，接受其道说的东西，并将其以有声的词语传达出来。"大道在其对人之本质的照亮中居有终有一死者，因为它使终有一死者归本于那

---

① ［德］海德格尔：《形而上学导论》，熊伟、王庆节译，商务印书馆1996年版，第204页。

② ［德］海德格尔：《谢林论人类自由的本质》，薛华译，辽宁教育出版社1999年版，第327页。

③ ［德］海德格尔：《在通向语言的途中》，孙周兴译，商务印书馆2004年版，第117—118页。

④ ［德］海德格尔：《在通向语言的途中》，孙周兴译，商务印书馆2004年版，第119页。

种从各处而来、向遮蔽者而去允诺给在道说中的人的东西。作为听者的人归本于道说，这种归本有其别具一格之处，因为它把人之本质释放到其本己之中，却只是为了让作为说话者（即道说者）的人对道说作出应答，而且是从人的本己要素而来作出应答。这个本己要素乃是：词语的发声（Lauten）。……使终有一死者进入道说的归本把人之本质释放到那种用之中，由此用而来人才被使用，去把无声的道说带入语言的有声表达中。大道在需用着的归本中让道说达乎说话。"① 在这一过程中，大道使得终有一死者得以成为说话者。

总之，海德格尔认为，虽然人是道说即存在之语言的声音，是道说的说出者，但人只有在归属于道说的范围内，在向道说作出回应时，才能说话，而人本真的话语只是对存在的语言的一种回答。语言在表面上只涉及人，但在更深的本体论层次上，它也包含与天、地、神三个方面的联系，这些联系与人之间的联结是通过作为道说的语言所固有的运作来实现的。在道说的基础上，人作为终有一死者与天、地、神一起处于相互运作之中。人是唯一能够倾听到道说所说的东西的存在者，并在倾听的基础上将存在展现出来。"只有当他自己的倾听和说指向存在的语言时，才能在他的说中达到真理。"②

五、存在的看护者

关于人和存在及其语言之间的关系，海德格尔进一步说："我们与语言的关系取决于我们作为被使用者如何归属于大道。"③ 人作为终有一死者是有限的，因而不能规定存在，相反，人倒是由存在规定的。这并不是说，人是完全消极的，在存在中没有任何地位和作用，实际上，存在的显现离不开人，存在必须相关于人而存在，因为人是存在的"此"。所以，海德格尔认为，人不是存在的主人，而是存在的看护者。在这里，他把人的两种身份即"主人"与"看护者"对立起来，否定前者，肯定后者。也就是说，海德

---

① ［德］海德格尔：《在通向语言的途中》，孙周兴译，商务印书馆2004年版，第261—262页。

② 张汝伦：《海德格尔与现代哲学》，复旦大学出版社1995年版，第299页。

③ ［德］海德格尔：《在通向语言的途中》，孙周兴译，商务印书馆2004年版，第269页。

格尔抛弃了传统形而上学对人的本质的规定，使人与存在的关系完全颠倒过来。作为"主人"，人将自身看作主体，而将存在者看作客体，认为存在者是由人构造的东西，人是存在者之存在的"构造者"，所以，人是存在的主宰者，存在是由人决定的。而作为"看护者"，人就不能专断地支配和统治存在，因为人不是存在的主宰者，相反，人是由存在决定的，存在对人提出要求，人的责任就是看护好存在，这才是人的本质之所在。

人之作为存在的看护者的身份是由存在的天命决定的，人必须作为存在的看护者，他原始地被存在本身抛入存在的敞开领域中，被抛进存在的真理中，使存在者作为它所是的存在者在存在的光明中显现出来。人的这一存在向来就是被抛的存在，人的存在本身因被抛而成其本质。这就是说，从根本上而言，人的存在并不是由他自己决定的，而是由存在的抛投决定的，因而存在于被抛状态（Geworfenheit）中。所以，海德格尔认为，人和存在的关系是人对存在的归属关系，"在人那里有一种对存在的归属，这种归属倾听着存在，因为它被转让给存在了"①。存在的转让是人本身对于存在的归属性的本源，存在让人作为本真的存在持守于其自身的存在中，因而存在由不得人自己。

由于人是由存在决定的，从属于存在，因此，人就是有限的。人绝不能把存在置于自己面前，既不能把它作为某种与自身相对的东西置于自己面前，也不能把它作为某种包罗一切的最高的东西置于自己面前。人也无法决定存在者的显现与否，"存在者是否显现以及存在者如何显现，上帝和诸神、历史和自然是否以及如何进入存在之澄明中，是否以及如何在场与不在场，凡此种种，都不是人决定的。存在者之到达乃基于存在之天命"②。也就是说，在敞开领域中，存在者是涌现者，是自行开启者，它作为在场者达于人。在这里，人也同样作为一种在场者存在，他向达于自身的在场者有所觉悟地开启自身。在敞开领域中，存在者是自行显现的，而不是借助于人的力量显现出来的。因此，存在者不是通过人对它的表象而存在的，人倒是作为

---

① ［德］海德格尔：《海德格尔选集》(上)，孙周兴选编，三联书店1996年版，第652页。
② ［德］海德格尔：《路标》，孙周兴译，商务印书馆2001年版，第388页。

把自行开启着的存在者聚集起来的东西而存在，人首先向自行开启的存在者保持开放，才遭遇到存在者，人只能接纳和保存自行开启者于它的敞开性之中。因此，人不仅不能主宰存在，而且也不能主宰存在者，因为存在者的显现是被存在本身的涌现决定的。人被存在的命运召唤去作为存在之自行开启的见证者和"接受者"，是存在用人让自身的真理在人身上显现出来，因此，人不能创造存在的真理，而只能让存在本身的真理原原本本地显现出来。人进入敞开领域中，对存在保持一种开放的态度，在绽出地生存之际看护存在的真理，让存在作为它所是的存在显现出来。

作为存在的看护者，人的唯一任务就是本真地现身于他被抛入的敞开领域中，对存在敞开，倾听存在，应合存在。存在的召唤才让人进入其本质中，人必须接受存在之天命的遣送，应合存在的召唤，才能获得其本身并持守其本身，才能达到自己的本质（wesen），即"存在的看护者"。作为存在的看护者，此在让存在本身存在。这一行为不是肯定意义上的积极作为，更不是作为主体的掌控和攻取，相反，它是一种否定意义上的退守自身，退守其纯粹的本己可能性，即死亡，作为有限的终有一死者存在。这一行为使得存在作为存在本身显现出来，让存在本身自然而然地涌现着去蔽，让存在本身进入自由之中。当然，存在的自由并不是由人创造出来的，不是人使存在者存在，人置身于存在之敞开领域中，受制于存在之敞开领域，参与存在者的去蔽。换句话说，人只有通过被抛而进入存在之敞开领域中，才能和存在者遭遇。作为存在的看护者，人只是让存在作为其本身来相遇，让存在本身显现，向存在本身开放，倾听并应答存在。他让存在者的存在自行显现，而不去试图改变其存在，使存在者成为其本身所是的存在者。

同时，海德格尔认为，存在和存在者的敞开状态也不是和人毫无关系的状态，不是完全脱离人而自在的状态，存在者的敞开状态需要人的契合。人作为倾听者（Hörender），通过倾听存在而看护存在，但人并不因此就是单纯的顺从者（Höriger）。人作为存在的看护者，并不是说人毫无作为，对存在听之任之。人在敞开领域中"参与"到存在者那里，即参与存在者的去蔽。当然，"参与"不是对存在者的征服和掌握，而是去接纳存在者及其敞开领域。从存在的源始意义即"涌现"来看，存在对于人来说并不是偶然地显现的，而是通过它本身的要求去涉及人，由此而使得自身得以活动和持续。"存在成其本质并持续着，只是由于存在通过它的呼求关涉（angeht）到人。因为只有为存在而敞开的人才让存在作为在场而到来。这种在场（An-wesen）需要一种澄明的敞开领域，并因此通过这种需要而被转让给人之本质。"① 只是由于有了对存在保持开放的人，存在才涌现着到来并逗留。存在作为涌现着的逗留需要一个敞开的场所，而人之绽出的生存正是这种敞开的场所（林中空地），存在就是由于对敞开场所的需要而被转让给人的本质。从根本上来说，人的本质基于自身和存在的关联，即人在其本质中是被存在所"用"的，人之为人就归属于存在之要求的"用"，而"语言乃是在那个以解释学方式被规定的'用'之中的基本特征"②。这一"用"显示存在如何通过人来展开自身的运作，又如何召唤人去看护自身的二重性。"'用'召唤着人去保存那个二重性"③。也就是说，由于人参与到存在的显现中，为存在所需用，所以，人的任务就在于，不仅对无蔽状态、而且对遮蔽状态都加以看护，把一切都看作是具有自身性的、在显现的同时又总是隐藏的东西。"人对存在者不是封闭的，而是开放的，即是，接近、联系存在者，展现、照明存在者。这就是说，如果没有作为历史—次性的唯一者的人，就像没有星月的夜空，漆黑一团，空无所有。"④ 存在用人，并不是把人作为工具来占有并使用，而是在"用"中让人作为其本己的自身显现，从而也让存在自己作为本己的自身显现。人作为本真的存在，他能够且不得不让存在本身显现，这既是存在的天命，也是人的使命。人只有履行看护存在的使命，才能真正地置身于存在的真理之中。

　　作为存在的看护者，就是作为自身的本真存在的人。作为人本身，人不是存在者的主人，不是世界的主体，不是唯一地投身于预定持存物并一味地

---

① ［德］海德格尔：《海德格尔选集》（上），孙周兴选编，三联书店1996年版，第652页。
② ［德］海德格尔：《在通向语言的途中》，孙周兴译，商务印书馆2004年版，第122页。
③ ［德］海德格尔：《在通向语言的途中》，孙周兴译，商务印书馆2004年版，第121页。
④ ［日］今道友信：《存在主义美学》，崔相录、王生平译，辽宁人民出版社1987年版，第33页。

对存在者进行算计和加工的技术人员，这些都不是人的真正身份。人的尊严和价值不在于作为上述身份来统治存在，上述观念反倒把人看作存在者了，这样的人与存在相去甚远。人的尊严在于作为存在的看护者，接受存在的馈赠，让存在作为其本身来相遇并与之同一。人对存在的责任和人存在的使命就是看护存在，而看护存在同时也就是看护自己的本质。人必须顺应存在的命运去看护存在的真理，并在看护存在的真理中获得自己的本质。由于人的本质根源于存在，存在是人之本质的渊源，所以，存在也就是人的居所，人只有在存在之中才能本己地存在。由于人处于存在的近处，因而就能发现存在。"人在其存在历史性的本质中就是这样一个存在者，这个存在者的存在作为绽出之生存，其要义就在于：它居住在存在之切近处。人是存在之邻居。"① 人栖居在存在之旁而看护着存在，而无家可归正是指人离开了应当居住的存在的近旁，作为主体而不断膨胀，统治和支配一切，以致严重地威胁着事物和人的存在。要克服无家可归状态，就必须重返存在之近旁并寓居于其中，从根本上消解人的中心地位，以存在为尺度而不是以人为尺度生活，学会在无名中生存，人才能够真正地更本源地成为人。

总之，人不是存在的奴隶，也不是存在的主人，而是存在之真理的揭示者。人和存在相互转让，相互占用，相互归属。从存在的角度而言，这意味着人被转让给存在，归属于存在，为存在所用，由此才获得其本质，作为"此—在"存在；从人的角度而言，这意味着存在被转让给人，其运作要通过人而起作用，通过人而得以显现和到来。进一步说，存在将自己发送给人，作为赠物而给予人，并召唤人去接受和看护，而人则受此召唤去接受和看护存在。离开了人，存在之赠送将无所达，因为只有人才能作为存在之赠礼的接受者，并展现存在；同样，离开了存在，人将因失其本质而无家可归，因为人只有在对存在的接受和应答中才能获得其本质，并展开自己的生存。在这样的人的视野中，"我们不能知道语言本质——这里所谓'知道'是一个传统的由表象性的认识所决定的概念。我们不能知道语言本质，而这无疑不是什么缺陷，倒是一个优点；由于这个优点，我们便突入一个别具一

① 〔德〕海德格尔：《路标》，孙周兴译，商务印书馆 2001 年版，第 403—404 页。

格的领域之中，突入我们——被用于语言之说话的我们——作为终有一死者的栖居之所中了"①。就此而言，人就不再是语言的主体，语言也不再是被任意使用的工具，而是存在的家，也是人之本质的栖居之所，人生活在语言这个住所之中，以应合的方式即诗和思的方式看护这一居所，看护存在的真理。这一点我们将在第四章阐述。

---

① ［德］海德格尔：《在通向语言的途中》，孙周兴译，商务印书馆 2004 年版，第 268 页。

第 四 章
本真的道说

　　在《语言的本质》一文中，海德格尔"把对他来说始终发挥重要作用的动词'思'（denken）和'诗化'（dichten），转换成了'道说'这个词"①。他多次谈到语言、诗和思的关系问题，将这三者密切地联系在一起。在他看来，语言是存在的家，而人则居于存在之近旁，存在的语言自身言说，以这样或那样的方式向人显现，但它又始终藏而不露，表现为不可见的"神秘"，同时，存在又在天命深处召唤人，让人去倾听。人之为人就是作为终有一死者，在绽出地生存之际倾听存在的消息，去应合它，看护存在的家。那么，人是如何看护存在之家的呢？只能是以符合存在之声音的方式，即诗和思两种方式，因为诗和思是语言的两种突出的本真方式，是对存在本身的道说，它们使语言在其最基本的本体论层次上，即在作为道说的语言的层次上得到实现。只有通过诗和思，存在才本真地显现，并在其中得以保护，人的本质也在其中得以安居。海德格尔在《关于人道主义的书信》中说："存在在思想中达乎语言。语言是存在之家。人居住在语言的寓所中。思想者和作诗者乃是这个寓所的看护者。只要这些看护者通过他们的道说把存在之敞开状态（Offenheit des Seins）带向语言并且保持在语言中，则他们的看护就是对存在之敞开状态的完成。"②海德格尔认为，对于诗和思，不能从人的角度

----

① ［德］莱茵哈德·梅依：《海德格尔与东亚思想》，张志强译，中国社会科学出版社2003年版，第69页。

② ［德］海德格尔：《路标》，孙周兴译，商务印书馆2001年版，第366页。

去理解，不能把诗和思看作人的文化活动，而应该从存在本身来领会，否则就不能超越形而上学的框架。只有在本真的诗和思中，语言才第一次成为语言，真正进入自己的本质，只有通过这样的语言，存在和人才能达到自己本质的栖居之所。

第一节　诗的道说

在传统的语言中，存在的语言之言说总是被遮蔽着，因此，海德格尔为了寻求语言之说，就去寻找一种纯粹的语言，这种纯粹的语言不再是工具，而是语言本身。根据海德格尔的观点，这种纯粹的语言只能是诗性的语言。他说："在纯粹所说中，所说独有的说之完成乃是一种开端性的完成。纯粹所说乃是诗歌。"[①] 由此，他把诗看作是语言中的最高成就，因为诗性的道说无所欲求，不计成效，只是纯粹地让自行道说，在这样一种道说中，事物不再被设定和表象为客体和对象。"因此，诗人常常反对在语言和思考中强调逻辑形式，它——如果我们正确地解释了他们的意见的话——可能使语言不太适合于它的目的。"[②] 海德格尔还说："语言本身就是根本意义上的诗。"[③] 他认为语言的本质和源头就是诗，在诗中，存在本身得以显现出自己的丰富本质，因此，诗是最本质意义上的语言，是原初的、源始的语言。

一、对诗的新解

语言的本质是诗，"诗是以内在的语言特性著称的"[④]。那么，诗的本质又该如何理解呢？对诗的追问自然从这里开始。为了真正地领会诗的意义，海德格尔首先区分了现代德语中的两个词：Dichtung 与 Poesie，认为两者的意义是不同的，Poesie 指的是诗歌，Dichtung 指的是诗。通常认为，"诗"

---

① ［德］海德格尔：《在通向语言的途中》，孙周兴译，商务印书馆 2004 年版，第 7 页。
② ［德］海森伯：《物理学和哲学》，范岱年译，商务印书馆 1981 年版，第 111 页。
③ ［德］海德格尔：《林中路》，孙周兴译，上海译文出版社 2004 年版，第 62 页。
④ ［德］伽达默尔：《哲学解释学》，夏镇平、宋建平译，上海译文出版社 2004 年版，第 227 页。

是某种语言作品，是文学的一个门类和组成部分，是文学体裁（包括诗、小说、散文等）的一种，属于传统美学的范畴。在这种观点看来，诗通过富于节奏和韵律的凝练语言来反映社会生活、表达人的情感，属于精神世界。海德格尔认为，我们不应该从上述意义上来理解"诗"，这样理解的"诗"只是艺术的一个分支，即诗歌（Poesie），它作为文化的一个门类而存在。海德格尔说："诗人在创造之际构想某个可能的在场着的在场者。通过创造，诗歌便为我们的表象活动想象出如此这般被构想出来的东西。在诗歌之说话中，诗意想象力道出自身。诗歌之所说是诗人从自身那里表说出来的东西。这一被表说者通过表说其内容而说话。诗歌的语言是一种多样的表说（Aussprechen）。语言无可争辩地表明自己是表达。然而，这个结论与'语言说话'这一命题相悖，后者假定，说话本质上并不是一种表达。"① 这样理解的诗即 Poesie 是从传统形而上学的语言观出发而被规定的，是相关于"什么"即存在者的。海德格尔所指的"诗"不是一种"什么"，它不是一种特殊的艺术，不是一种文学表现形式，不是一般所见的狭义上的"表达情感"的诗歌（Poesie），即所谓"诗学"与"文学理论"研究的对象。

海德格尔追溯并考察了古希腊语中的一个词"ποίησις"（Poiesis），他认为，"诗"是和古希腊人所谓的 ποίησις 有关的一种活动，现代德语中的 Dichtung 和它相对应，但却被后世翻译为"诗"（德文为 Poesie，英文为 poetry），从而失去了其源始意义。ποίησις 具有"制作"、"招引"以及"带上前来"（Her-vor-bringen）的含义，它展开为一种产生，是让到场者趋于显现的一种去蔽方式。也就是说，poiesis 的原初本义指的是一种"带上前来"的活动，这一活动把自行涌现出来的存在者从遮蔽状态带到无蔽状态中，以便让人们能看见，因此，poiesis 是对存在的召唤。在希腊人那里，"诗"其实就是"产生"（bringing-forth），事物的显现即事物从被遮蔽状态中解蔽出来就是 ποίησις（诗），所以，poiesis 作为这种意义的"产生"和"带上前来"，和存在者的存在即存在之真理的发生相关。它首先出现在 φύσις（自然）的涌现中，同时，也出现在技术的去蔽之中，由于这个词有"诗"的含

---

① ［德］海德格尔：《在通向语言的途中》，孙周兴译，商务印书馆 2004 年版，第 10 页。

义，因此，在技术的本性中深藏着原本的诗性。这样，海德格尔就将诗和"技术"从本源上联系起来。海德格尔坚持根据 ποίησις 的本义来理解"诗"，把 ποίησις 看作支配一切事物诗性去蔽的专名，认为在一切趋于到场的东西中，都闪现着诗性的光芒。在这里，诗是从更宽广的意义上，即在与语言的密切的本质统一性中被理解的。

所以，海德格尔说："诗并非对任意什么东西的异想天开的虚构，并非对非现实领域的单纯表象和幻想的悠荡漂浮。作为澄明着的筹划，诗在无蔽状态那里展开的东西和先行抛入形态之裂隙中的东西，是让无蔽发生的敞开领域，并且是这样，即现在，敞开领域才在存在者中间使存在者发光和鸣响。"① 在他看来，真正的"诗"是 Dichtung。Dichtung 的动词形式是"dichten"，其意思是"写作、创作"、"诗意创造"、"作诗活动"、"诗化"以及"编造、虚构"等。因此，"Dichtung"的含义除了"诗"之外，还有"虚构"、"筹划设计"、"构造成型"等意思。海德格尔运用 dichten 这个词时，特别强调和突出它所隐含的"发生"、"生成"和"创造"的意义，因此，诗是一种具有生成机制的活动，是一种出自存在的本性的生成方式。

海德格尔认为，和 Dichtung 相联系的诗才是原本意义上的诗，"诗的本质是真理之创建（Stiftung）"②，而真理的创建实质上也就是存在的创建。这样，作为存在的真理的生成和发生，诗就获得了一种与存在本身直接相关的意义。在海德格尔看来，"创建"并不是把存在提供出来或制造出来，而是使源始的存在显现出来，即存在之真理的运作。广义的诗就是应合存在之真理的展开，进入"神圣"（存在）的轨迹中有所道说，因此，诗具有去蔽和揭示作用，诗是对存在的揭示，是澄明之光的普照，存在就是诗的展现、运行。在诗中，至真至美的终极存在显现于天地万物之中。在海德格尔那里，"创建"就是一种命名，是对存在与万物本质的首次命名活动，通过诗对存在与万物的命名，世界便向人展现出来。新的命名让存在者得以本真地存在，通过诗的创造性命名，诗人创建持存，道说存在。诗召唤物到

---

① ［德］海德格尔：《林中路》，孙周兴译，上海译文出版社 2004 年版，第 60 页。
② ［德］海德格尔：《林中路》，孙周兴译，上海译文出版社 2004 年版，第 63 页。

来，达于一种隐蔽入不在场之中的在场，诗之命名着的召唤让物进入这一境域，让物之为物和人相关涉，让四重整体聚集于自身，从而使得"事物本身"显现出来。所以，诗不是某种任意的道说，而是让万物敞开的道说。也就是说，"诗"是存在之澄明的"道说"（Sage），是跟随着"道说"（Sage）的语言，是"世界和大地的道说（Sage），世界和大地之争执的领地的道说。因而也是诸神的所有远远近近的场所的道说。诗乃是存在者之无蔽状态的道说"[①]。于是，我们自然就被带到了一个新的问题面前，即诗作为一种道说是如何道出存在的真理的。诗是一个持续保持打开的敞开空间，是让无蔽发生的敞开领域。诗不是矫揉造作，美化庸常的事物，也不是表达主观的感情，而是把一个崭新的世界带给我们。诗的目标在于，让具有多义性的词语在显和隐之间向我们打开一片新的天地，让存在者以不同寻常的面貌向我们展现。诗以这种向世界的开放性展现存在的真理之所在。"诗"就是"创造"，诗的语言本质上是多义的，它以其独特的方式进行多样化的道说，总是由此而指向彼，超越在场而指向不在场，在这里，存在者的内在多重性显现出来。一切都在诗的召唤中出场现身，但又不是成为具体的固定的在场之物，在诗之召唤中到场的物是一种隐入不在场中的在场，是更高的支配着当前在场的在场。因此，诗创建的是既显又隐的存在之真理。我们不能只在某种单一呆板的意义上理解诗的道说，否则就听不到它的真正声音。

从上述可知，诗的"真理之创建"的本质不仅在古希腊词 ποίησις（poiesis，即有所创造地"带上前来"，后来被翻译为"诗"即 Poesie、poetry）中有所道说，也在现代德语中的词 Dichtung（创造，也被称作"诗"）中有所保留。含有上述意义的作为 Dichtung 的诗，不是从 Poesie 出发所理解的通常表达情感的作为语言作品的诗歌，其含义比诗歌更深，也更宽广。可以这么说，诗不仅仅是艺术形式之一，它是一切艺术的本质。从存在之真理方面来规定的广义的诗，涵括诗歌、绘画、建筑、音乐等各艺术门类，而作为艺术门类之一的诗歌（Poesie）只是存在之真理进行筹划的方式之一，因

---

① ［德］海德格尔：《林中路》，孙周兴译，上海译文出版社 2004 年版，第 61 页。

而只是广义的"作诗"（Dichten）的方式之一。而且，在海德格尔看来，诗（Dichtung）具有超越性，超越于作为特殊的艺术门类的诗歌（Poesie），它先于一切诗歌，是诗歌之所以可能的渊源与根据，是一切艺术作品的本源所在，因此，可以说，诗（Dichtung）和诗歌（Poesie）是"源"和"流"的关系。海德格尔说："语言是诗，不是因为语言是原始诗歌（Urpoesie），不如说，诗歌在语言中发生，因为语言保存着诗的原始本质"①。当然，海德格尔也承认，作为语言作品的狭义的诗在整个艺术领域中有着突出的地位。因为"语言本身就是根本意义上的诗，但由于语言是存在者之为存在者对人来说向来首先在其中得以完全展开出来的那种生发，所以，诗歌，即狭义上的诗，才是根本意义上最原始的诗"②。在源始的意义上，诗与语言是同一的，而诗歌则是在作为诗的语言中发生的，诗"发生"之际，首先"生成"的就是诗歌。而别的艺术门类，如绘画和建筑等，始终只是发生在道说和命名的敞开之中，是在存在者的无蔽境界中的各具特色的诗意创作（Dichten），以存在者的无蔽在诗之语言中的发生为前提。正是诗和语言的切近关系决定了诗歌在艺术领域中的突出地位，因此才说，诗歌是最切近于诗的。

总之，在海德格尔看来，语言之"说"的最纯粹形态不是传统语言观的"陈述"，而是"诗"。真正的诗不是通常意义上的语言艺术，也不是诗人个人灵感和情感的宣发。"诗"是使存在直接显现的本真语言，是语言的首要形式，也是最纯粹的语言，它敞开了世界的意义，建立起存在的真理，让语言自身道说，是语言的保藏。真正的诗仅仅发生在对存在的支配被带入优先的不可触及的原初词语之中的地方，是很久以前就已经预言给人们而人们却一直没有领会的存在的语言。因此，诗的语言绝不是今天的语言，而总是处于已经存在和将来存在的方式之中。通过诗（Dichtung），一个新的开端产生了。在这里，诗消除了闲谈与逻辑判断，恢复了语言对存在的显现作用，使存在得以在语言中昭显。当今的诗人肯定能变得很有条理，但他们即便这

---

① ［德］海德格尔：《林中路》，孙周兴译，上海译文出版社 2004 年版，第 62 页。
② ［德］海德格尔：《林中路》，孙周兴译，上海译文出版社 2004 年版，第 62 页。

样也仍然是荒谬的无思想的人。在"诗"中，日常的语言和技术的语言都被排除，是诗的语言的对立面，在其中不再响有任何对存在的召唤。诗不是日常语言的高级形式，相反，这样的语言只是在扭曲、遗忘和耗尽中已经枯竭了的诗歌，因而是不纯粹的语言。在这里，语言的诗意本性隐而不见，我们听不到存在的召唤，只有日益工具化的技术信息的嘈杂之音，于是语言日益枯萎，面临死亡，它必须返回到其纯粹的本性即诗意的家园。"所以，诗从来不是把语言当作一种现成的材料来接受，相反，是诗本身才使语言成为可能。"①有了诗的原初命名和道说，人们才有可能在日常语言中谈论和处置所有显现的事物。

二、诗之艺术言说

我们之所以在这里谈到艺术，是因为，在海德格尔看来，艺术的本质是和语言及存在密切相关的。海德格尔的艺术之思是针对技术的本质以及人成为存在的主体而发出的，面对日益严重的技术威胁，他赋予艺术以拯救技术世界出于危险之中的重任，号召把艺术召唤到诗化的展现中，"把所有艺术都看作诗，揭示出艺术品是语言"②。这种艺术和通常理解的艺术完全不同，它服从于存在及其道说。

从传统形而上学的美学观点来看，艺术问题就是认识问题，而且只是从属于概念化理性认识的低级的感性认识问题。这一观点把艺术作品看作一种文化现象，认为艺术就是对事物的摹仿，是事物普遍本质的再现，是附加在物的底基上的审美价值及美感上层建筑，是被用来供人欣赏、陶情冶性的东西，甚至是供人消遣和娱乐的。总之，艺术作品的特征在于它的物质性及对象性，这样理解的艺术所看到的只是其实用性和工具性。

海德格尔提出了和上述看法相对的观点，即艺术对于事物的展现不是"知识概念"式的，而是非概念式的。科学家玻尔也曾说过："是不是有什么

---

① ［德］海德格尔：《荷尔德林诗的阐释》，孙周兴译，商务印书馆 2000 年版，第 47 页。

② ［德］伽达默尔：《哲学解释学》，夏镇平、宋建平译，上海译文出版社 2004 年版，第 227 页。

不同于科学真理的诗意的、精神的、文化的真理？……艺术所能给我们的滋养，起源于它使我们想到一些和谐性的能力；这些和谐性超出了系统分析的界限。文学、绘画和音乐，可以说形成了一系列的表达方式；在这种表达方式中，越来越广泛地放弃了作为科学交流之特征的定义，这就使想象力得到一种更自由的表现。"①在这里，玻尔明显超越了关于艺术的通常看法，但仍然局限于形而上学的范围之内，将其看作一种表达方式。海德格尔认为，艺术作品的特征在于，它不是主体反映的一个对象，它立足于自身之中。艺术作品确实也是一种物，但是，传统的物的概念从根本上错失了物的物性，更没有触及到作品的作品性。海德格尔认为，艺术作品始终都发生在道说与命名的敞开领域之中，也就是说，艺术作品是在语言所敞开的空间之内发生的，它们被这一敞开所贯穿和引导，从而始终是存在本身展现自己的本己道路和方式。也就是说，艺术作品是在存在者的无蔽领域中进行的独特的诗意创作，而存在者的无蔽是在语言中发生的，因此，艺术作品早已受到先行的语言道路的规定，是在语言的支配与引导下发生的。或者说，语言的先行状态是艺术作品的特殊标记，艺术作品站立于语言的敞开领域中，诗意地言说着。作品言说是在和"语言言说"同样的意义上而言的，是一种无言之言。作品存在于所有的作为表达和交流工具的语言之前，本质上处于无声的存在的敞开中，它显现着，而不需要以声音、文字之类符号为中介。因此，虽然一些艺术作品并不运用语言材料，但是，这并不能说明那些艺术作品在本质上缺乏语言。艺术作品运用了所有自身之外的每个物的物之存在，它运用颜色、石块、音响等，使存在本身显现出来。

在艺术作品中，一些特殊的存在者被展现出来，这些存在者被带进某一状态之中，放到显要位置上，存在者的是什么及存在者的如何在由此而被开启出来。就是说，某些具体的存在者在作品中进入了它的存在的光明中，并在其中得以持恒。所以，艺术作品以自己的方式开启了存在者的存在，存在者的真理在作品中"发生"了。或者说，存在的真理要将自身设置于由它所开启出来的存在者之中，一种根本的方式就是将自身设置入作品中。由此，

---

① ［丹麦］玻尔：《尼尔斯·玻尔哲学文选》，戈革译，商务印书馆1999年版，第195页。

艺术的本质就可以归结为："存在者的真理将自身设置到作品中"①。作品之为作品，就在于作品本身所开启出来的领域中，作品的作品存在正是在这种开启中成其本质的。艺术作品打破了人们日常的封闭，使人摆脱了惯常性而进入作品所开启出来的崭新境界之中，在这种由作品所带入的敞开领域中看到一切，想到一切，于是，许多平常视而不见的东西显现出来，置身于存在的真理之中。所有的艺术都是让存在者本身的真理到达而发生，所以，"一切艺术本质上都是诗"②。在海德格尔看来，Dichtung（诗）本身指的就是，艺术作品中使真理设置于某一个别存在者、并通过这一存在者而起作用的过程。也就是说，一切艺术，作为存在者真理的显现，本质上都是诗。"不光作品的创造是诗意的，作品的保存同样也是诗意的，只是有其独特的方式罢了。"③

在海德格尔看来，艺术创造本身就是一种"诗意创造"（Dichtung），就是"作诗"（Dichten），存在者的既去蔽又遮蔽的真理就是通过"诗意创造"而发生的。艺术作品离不开创作者的创造，因为作品和用具的创造一样，其实现所依靠的都是事先把存在者带到现存之中的那种"创造"。但是，被创造的艺术作品的存在和一切用具都有所不同，当艺术作品被创造出来的时候，它的存在就在创造中融入了它的被创造状态中。所以，艺术作品一旦被创造出来，就不再依靠它的创作者。艺术自立于其本身，独自开启并保持着自身的真理状态。在艺术中被创造出来的存在具有不可重复性，它先前并不曾存在，此后也不将再现，它以其独特的切合自身的方式进入到存在的无蔽领域中，让居于其中的存在之真理自行显现出来，这就是本真的创造（Dichtung）。在如此之创造中，艺术在存在者中间打开一种敞开之境，在其中，所有存在者都非同一般地存在着，展现出异乎寻常的面貌。在这里，从寻常的和现成的东西中是看不到存在的，一切寻常之物和过往之物都通过作品而失去了存在的能力，从而成为非存在者。"走近这个作品，我们就突然

---

① Heideggeer:*Off the Beaten Track*，Edited and Translated by Julian Young and Kenneth Haynes，Cambridge：Cambridge University Press，2002，p.19.

② [德] 海德格尔：《林中路》，孙周兴译，上海译文出版社 2004 年版，第 59 页。

③ [德] 海德格尔：《林中路》，孙周兴译，上海译文出版社 2004 年版，第 62 页。

进入了另一个天地，其况味全然不同于我们惯常的存在。"① 所以，从根本上而言，艺术的"创造"不是制造一个再现、表现和象征某一个现成之物的作品，而是创建一种先前不曾有的存在者的无蔽状态，通过把世界与大地的争执凸显在作品中而将存在者的无蔽带上前来，展现存在者的真理。存在者的真理通过作品而发生转变了。

当作品本身纯粹地进入到它自己所开启的无蔽领域中时，它也让人进入这种无蔽领域之中，并且让人离开他处身其中的惯常境域，从寻常和平庸中移出。这就要求人改变和存在本身的习以为常的联系，限制自己惯常的行为和认识，以便逗留于作品中发生的真理之境，让作品作为其所是的东西而存在，也就是"让作品成为作品"。海德格尔把这种"让作品成为作品"称作对作品的保存。如果没有创造，作品就不会生成，因而本质上需要创作者。同样地，如果没有保存者，作品也不能自行进入它的存在，作品由于其本质而需要保存者。艺术作品的保存不是把作品作为一个有价值的东西加以看护和收藏，也不是把作品当作研究和欣赏的客体对置于作为主体的研究者和欣赏者面前。作品的本真存在在于对存在者的无蔽状态的开启，所以，作品的保存就是把作品对存在者无蔽状态的开启保持在持续不断的开启状态，这种保持要求人站入到作品所开启的存在者的无蔽状态。因此，对作品的保存就意味着站立于发生在作品中的存在者的无蔽状态中，应合于作品中发生的真理。这种保护性的"站进去"是绽出地生存着的人进入到存在的无蔽中，并且顺从于存在的无蔽，在这里，人得以摆脱自身在存在者中所受的钳制，向着存在本身敞开。所以，艺术就是对作品中的存在的创造性保存，从而也就是真理的形成和发生。作为创造性的保存，艺术是使存在者的真理在作品中一跃而出的源泉，它使存在者出于它的本质之渊源而进入其存在。总之，保存作品就是把人带到和作品中发生的真理的交融中去，这同样是诗意的。

那么，作品是如何展现存在的呢？作品所展现的存在的无蔽状态（真理）是世界和大地在一起，正是二者的冲突导致了存在者的无蔽状态在作品中的发生。作品的"存在"意味着创建一个世界，使世界形成起来，让存在

① [德] 海德格尔：《林中路》，孙周兴译，上海译文出版社 2004 年版，第 20 页。

者在世界中展现出来。艺术作品所创建的世界具有开放性，不是在人之外的存在者整体的简单集合，不是上帝的创造物，也不是主体表象的对象，其存在有着超越人们日常认识的丰富内涵。世界是自行展现的敞开领域，它给予万物以意义，使物作为有丰富意义的存在者显现出来。例如，在梵高的画"农妇的鞋"中所展现的鞋，不是为了用于使用目的而被制成的用具，而是为了让某种东西的"存在"显现出来，确切地说，就是让人显现出来。这双鞋是属于农妇的，由她使用，而且"只"由她使用，它的本质丰富性使农妇生活的整个世界得以敞开并自持，这样，农妇就逗留于存在者的敞开领域中。只有在这里，鞋才成其所是。艺术作品立足于自身中，它不仅属于其敞开的特有世界，而且这一世界就在它里面，在这一世界中，以往不曾显现过的意义显现出来，某种崭新的东西进入了此之在。

作品在创建世界的同时确立着大地，在世界显现之处，大地作为庇护者现身。海德格尔所谓的大地不是天文学所说的宇宙的行星，即不是自然科学所描述的作为研究对象的存在者，而是万物由之涌出又向之回归的"神秘"之所。大地本身必然会被作为自行锁闭者加以生产和使用，但是，这里的生产和使用不是把大地作为堆积在那里的质料体进行消耗和滥用，而是把锁闭着的大地带入敞开领域之中，使大地成为其本身。从大地中显现的存在者因其只是单纯的质料，是还没有被赋予意义的东西，因而还没有本真地存在，只有当它被置入作品中，进入作品中世界的敞开领域，它自身才显现出来。但大地本身是神秘的，它在敞开的同时又拒绝对它本身的穿透，挣脱敞开领域而隐入遮蔽。也就是说，大地永远不会毫无保留地展现自身，不会来到作品的完全在场中。作为作品的神庙，它建立世界的同时，并没有像制造用具那样使得质料消失，反倒使质料显现在作品之世界的敞开领域中，它使岩石、金属、颜料作为它们本身显现出来。在这里，石头不能被放在天平上来把握重量，而是在作品中显示出它的负荷和硕大，色彩不能靠理性的方式来分析波长数据，而是在作品中闪烁着光芒。只有当它们保持其未被揭示和解释之际，它们才显现自身，这种显现拒绝任何纯粹计算式的强求。只有当大地作为本质上不可展开的东西被加以保持和保护时，才作为其本身显现出来。大地上的万物即大地整体本身，聚集于一种交响合奏之中。由于大地本质上的自行锁闭性，一切自行锁闭的物都有着相同的自不相识（Sich-nicht-Kennen）。但是，大地的自行锁闭并不是单一的僵固的遮蔽，而是自身展开到其质朴方式和形态的无限丰富性之中。作品确立大地，就是把大地带入自行锁闭的敞开中，让存在者从中获得自己的独特存在。

在艺术作品中，既创建了自行敞开的世界，又确立了自行锁闭的大地，作品中世界和大地的争执展现了存在本身的二重性之纯一性，是存在本身的运作，因而是存在本身之诗意道说。

三、诗之度量

在诗中，存在本身的真理展现出来，而人的生存（生存于天空之下、大地之上的之间的维度）是以存在为本的，由此，海德格尔把作诗当作一种别具一格的度量来思考，认为"作诗就是度量（Messen）"[①]，也就是通过诗来度量人的本质、人的生存。

当我们听到"度量"一词时，在我们头脑中首先想到的是和"数字"有关的东西，并把度量和数字都看作是某种数量上的东西。因为对于通常的日常观念来说，"度量"是一种纯粹科学的观念，是一个简单的几何学的概念，即借助于现成在手的东西如标尺和尺码，来检测某个未知之物，使之成为可知的，并将其限定在一个可以一目了然的数目与秩序中。这种度量可以随所用的（bestellten，可订造的）仪器的种类而发生变化。这样的度量总是和计算连在一起，和存在本身毫无关系。因此，度量不是运用科学的尺度去测度，不是科学方式上的测量，也不是测量科学意义上的自在的东西。

通常的观念还从另一种角度去思考度量。度量必定和尺度相关，那么，度量所用的尺度是什么？通常的观念和意见往往声称自己就是一切的尺度。在传统形而上学中，对存在的探讨是围绕着主体和客体的关系进行的，在这样一个框架中，人总是以自己为中心，以自己为尺度去理解和塑造存在。在这里，人被看作是和作为客体的存在者有着根本的决定关系的东西，但实际上，这些存在者只是存在向人所展现出来的无蔽的有限范围，而人却受制于

---

① ［德］海德格尔：《演讲与论文集》，孙周兴译，三联书店 2005 年版，第 205 页。

其一孔之见，把客体看作存在的基本特征，而客体则是围绕着人自己转的。这种取尺度的方式为形而上学史上所产生的方式——人总是尺度（不管是从人的感性出发，还是从人的理性出发）——奠定了基础。著名智者普罗泰戈拉宣称："人是万物的尺度，存在时万物存在，不存在时万物不存在"①，以自己的认识为标准去衡量万物，认为事物就是向人显现的那个样子。在此之前，神和万物的本原被看作是人存在的根据，普罗泰戈拉则表现出对神和作为世界始基的"一"的怀疑，坚持把人作为宇宙的中心，以人的存在作为一切的根据。虽然在普罗泰戈拉那里，凸显的只是人的感性，从而带有浓厚的主观色彩，把事物的冷热、好坏等性质看作人主观感觉的产物，但也凸显了人认识的主体性地位和作用，改变了人和存在的原本关系。在近代，笛卡尔提出"我思故我在"，由此进一步从理性的角度把人作为一切存在的主体和尺度，关于这一点，我们在前面已有论述。康德也在一定范围内使人成为存在的尺度。他提出"人的知性为自然立法"的观点，反对把人的认识过程看作对客观事物的反映的观点，认为认识是向客观事物强加规律的过程。在他看来，通过感性直观在人心中形成的感性对象是零散的，其间没有什么联系，只有当人运用心中先天具有的范畴去思维对象时，感性对象之间才有了联系，带上了规律性，从而形成现象。这样，康德便在知性范围内承认了人之作为尺度的存在，认为现象世界是人用自己的先验范畴构造而成的。

技术展现也是从这种尺度的建立中引出来的，在这里，人完全受着技术的座架的限制，被促逼着只去追求和从事在预定中得到展现的东西，仅仅从技术的角度出发，把所有存在者都预定为持存物，并且以技术这种唯一的尺度去衡量事物在技术上的有用性，把事物在技术中展现的无蔽状态当作唯一的并且穷尽一切的真理。于是，其他可能的取尺度的方式就被关闭了，技术似乎成了唯一真实的尺度。其实，技术只是去蔽的方式之一，并不能代表一切。在技术中，人在不断膨胀地满足其技术需要的无限制中采取尺度，这是希腊形而上学开端把理性作为唯一尺度的必然结果。通过无限制地取尺度方

---

① 苗力田主编：《古希腊哲学》，中国人民大学出版社 1995 年版，第 181 页。

式的极端化，取尺度的所有可能性就被耗尽了，于是，形而上学史上取尺度的方式在本质上就不能再上升了，从而使在开端中发源的东西走向终结或完成。

上述的尺度是人凭自己的理性而确立的尺度，因而是形而上学的，是非本真的，也是非适宜的。这是被阻碍和歪曲的尺度，它戕害了人和物的本质以及人的生存。按照这种尺度进行的度量实际上只能是强制性的"给予尺度"，是作为理性的思想对存在的设立，是作为主体的人对客体的设立。由于只是毫无节制地过度地执着于计算，因此，这样的尺度实际上就是无度。也就是说，计算性的度量不仅没有尺度，更不可能给予尺度，不可能也没有能力去执行度量，相反，它被置于无尺度之中。以这种尺度进行的度量只能是非诗意的，本真的尺度被深深地遮蔽着，隐而不见。所以，海德格尔借用荷尔德林的诗句说："大地上有没有尺度？绝对没有。"

但是，在无度面前，必有尺度的设置。真正的度量就是作诗，作诗使尺度之要求到达心灵那里，从而使得心灵转向尺度。因此，海德格尔说"作诗是度量"，而不是"作诗是度量"①，他强调的是，就本质渊源而言，一切度量都在作诗中发生，在作诗中，发生着使一切度量获得其本质基础的活动。这样的度量是要度量人的栖居，度量人所栖居的天地"之间"的那一"维度"，度量人在天地之间的逗留，度量栖居的诗意本质。这样的度量绝不是科学所能涵摄的。因为人是在经受天地"之间"的维度之际存在的，所以，人的本质必须始终得到尺度的测度。人只有通过这种方式测度他的栖居，他才能合乎本质地作为自身存在。人的栖居，就基于他仰望着去测度天地共属的那个维度。

接下来的问题是，人在作诗之际是采取什么样的尺度来度量自身，并测出自身存在的幅度呢？海德格尔借用荷尔德林的诗句说："神本是人的尺度"，"人……以神性来度量自身。神性乃是人借以度量他在大地之上、天空之下的栖居的'尺度'。"②神莫测而不可知，作为不可知者而存在，而且，

①　[德] 海德格尔：《演讲与论文集》，孙周兴译，三联书店 2005 年版，第 206 页。
②　[德] 海德格尔：《演讲与论文集》，孙周兴译，三联书店 2005 年版，第 205 页。

保持不可知的神必须通过显示自身为它所是的始终不可知的神显现出来。也就是说，神本身和神之显明（Offenbarkeit）都是神秘的。恰恰是这样，神才是人的尺度。尽管神是不可知的，但它却总会以暗示的方式显现出来，通过天空的彰显而显明出来，这种显明就是人据以度量自身的尺度。"神通过天空的显现乃在于一种揭露，它让我们看到自行遮蔽的东西；但这并不是由于它力求把遮蔽者从其遮蔽状态中撕扯出来，而只是由于它守护着在其自行遮蔽中的遮蔽者。所以，不可知的神作为不可知的东西通过天空之显明而显现出来。这种显现（Erscheinen）乃是人借以度量自身的尺度。"① 由此可见，尺度就是"有所遮蔽的显现"，这正是本质的存在，因而，我们理解，这里海德格尔借用的荷尔德林的"神"并非宗教的人格化的"上帝"之类的彼岸之物，而是指"存在本身"。"神本是人的尺度"，实际上说的是"存在本是人的尺度"。人以存在本身为自身存在的尺度，以存在本身来度量自身的本质和存在，同时也度量天地之间万物的本质和存在。存在本身即"神秘"，作为尺度，存在是"澄明"，但却并非纯然是光明，光明本身就是庇护万物的幽暗渊源。因此，这一尺度既不是绝对的光明，也不是绝对的黑暗，它自身敞开，同时又自身遮蔽，是无蔽之"林中空地"，万物就归于此而作为隐而不见者成其本质，从而受到保护。

这种奇特的尺度是一种别具一格的尺度，是人的理性所不能理解的一种尺度，它对于通常的观念，特别是对于科学理性至上的观念来说，的确不像一个现成的东西那样容易被掌握，因而是格格不入的。这一尺度受那种和它相应的态度的引导，它是在一种采取（Nehmen）中发生的，这种采取绝不是夺取自在的尺度，而是在保持倾听的专心觉知（Vernehmen）中取得尺度。这一特有的尺度的取得是在作诗中发生的，而且，作诗不是给予尺度，而是采取尺度。"度量"的基本行为首先就是采取尺度，然后把这一尺度用于所有的度量行为。"人一般地首先采取他当下借以进行度量活动的尺度。在作诗中发生着尺度之采取（Nehmen）。作诗乃是'采取尺度'（Maß-Nahmen）……通过'采取尺度'，人才为他的本质之幅度接受尺度。人作为

---

① ［德］海德格尔：《演讲与论文集》，孙周兴译，三联书店 2005 年版，第 207 页。

终有一死者成其本质。"①在诗中发生着对尺度的采取，或者说，作诗就是采取尺度。如果人能够领悟"诗"的本质，那么，人对尺度的采取就完成了，从而获得了用来度量一切的尺度，即获得了生存活动的根据。人逗留于天地万物之间，天地万物的是什么和如何是，是根据人本身所采取的尺度去度量和构建出来的。人不仅度量和构建外在于自身的事物，也度量和构建自身内在的本质。在采取尺度中，人首次获得度量他的存在"维度"的尺度。通过"采取尺度"，人才为他的本质之幅度即他的存在"维度"接受尺度，由此也就实现了对他的本质存在的测度。通过这样的测度，人才首次测出了自己存在的深度，明白自己是终有一死的，领悟到自身的有限性。这一采取尺度的方式不在于某种把捉，不依赖某种抓取，不是死死抓住某个现成的标准不放，而是在一种接纳中把握它，而这就是一种对存在的倾听。当人不是在某种占有和抓取的意义上，而是在一种倾听与应合存在之道说的意义上来领会采取时，这个尺度才得以在人的生存中显现。也就是说，当人这样领会作诗的神性尺度时，这一尺度就已经处于道说中，并因此而把它当作测度的尺度加以采取。这种"采取尺度"才是本真的度量。作诗就是这种"采取尺度"，是为了人的栖居"采取尺度"。在"采取尺度"中，一切存在者都在其自行遮蔽中敞开，如其所是地显现出来，按自己的本质而存在。

四、诗之让栖居

作诗之度量是和人的栖居相关联的，而且是为了人的栖居而设的，既然以诗性的尺度来度量人的栖居，那么，栖居也就和诗意相互联系在一起。

这似乎和常识相悖，因为从通常的观点来看，栖居和诗并没有关系。谈到栖居，人们通常把它看作一种行为，看作人类在其他许多行为方式（如衣、食、行等）之外的一种，即住宿这一行为。这样理解的栖居总是相关于作为建筑物的住房，住房为人们提供住处，因而栖居意味着我们占用某个住房，人就居住在作为住房的建筑物中。而且，人们的栖居为住房短缺所困扰，到处都有人在证据确凿地谈论住房困难，同时，试图通过筹集资金促进

①　[德] 海德格尔：《演讲与论文集》，孙周兴译，三联书店 2005 年版，第 206 页。

房屋建设和规划整个建筑业来排除住房困难。因此，在今天住房困难的条件下，能够占用一个住宿地就已经令人满足了。当然，在住宅建筑这一住宿地中，人们的居所可以有良好的布局，空气清新，光照充足，价格宜人，便于管理。但即使这样，栖居始终也只是住所的占用而已，毫无诗意可言。因为即使有良好的住所，人们今天的栖居也由于劳作而备受折磨，由于追名逐利而不得安宁，由于娱乐和消遣活动而迷惑。如果说，在今天的栖居中，人们还能为诗意留下一些空间，省下一些时间的话，那么，最多也只是从事某种文艺活动，如小说、音乐、影视等文艺。这样的栖居和真正的诗意毫无关系。

这其中隐藏着某种至关重要的决定性的东西，那就是：按照上述观念所理解的栖居并不是从人的存在本身出发的，栖居并没有被经验为人的存在，特别是没有被思考为人之存在的基本特征。栖居绝不是指人的现实的住宿状况，栖居并不意味着占用住宅。因此，在海德格尔看来，仅仅住所并不能担保人的安居。无论住房短缺状况多么恶劣和急迫，栖居的真正困境并不在于住房的匮乏。并不是住房的短缺造成人的无家可归状态，"真正的栖居困境乃在于：终有一死的人总是重新去寻求栖居的本质，他们首先必须学会栖居"①。但是，人们还根本没有把真正的栖居困境当作困境来思考，这才是不幸之所在。

在海德格尔看来，栖居是以诗意为根基的，这样，我们就必须从本质上去思考作诗和栖居，从栖居方面去思考人的生存。而这样一来，我们就必须重新思考栖居之为栖居。当海德格尔谈到栖居时，他看到的是人类此在（Dasein）的基本特征，并从人与得到本质的理解的栖居的关系中看到了"诗意"，也就是认为人生存的基本特征就显现为诗意的，人的栖居建基于诗意上。但是，海德格尔所指的诗意绝不只是栖居的装饰品和附加物，栖居的诗意也不是说诗意以某种方式出现在所有的栖居中，而是说，只有"作诗"才首先让一种栖居成为栖居，让人的栖居进入其本质中，因此，作诗就是本真的源始的让栖居（Wohnenlassen）。但人又是如何达到这种栖居的

---

① ［德］海德格尔：《演讲与论文集》，孙周兴译，三联书店 2005 年版，第 170 页。

呢？是通过"筑造"（Bauen），无所筑造就无所栖居。"作诗，作为让栖居，乃是一种筑造。"①"作诗"是原初性的筑造，现实中所有的筑造活动，都必须从作诗中取得尺度。就此而言，要诗意地栖居，并不是说必须写诗，必须成为诗人，而是说，必须学习如何诗意地栖居。为此，"一方面，我们要根据栖居之本质来思人们所谓的人之生存；另一方面，我们又要把作诗的本质思为让栖居，一种筑造，甚至也许是这种突出的筑造。如果我们按这里的所指出的角度来寻求诗的本质，我们便可达到栖居之本质"②。

究竟什么是筑造？海德格尔又回到语言的源头中去寻找答案，他对"筑造"一词的词源作了考证，认为在古高地德语中，表示"筑造"（bauen）的词语是 buan，其意思就是"栖居"（Wohnen），即持留、逗留。由此来看，"筑造"源始地就意味着栖居。同时，筑造还道出了栖居的本质所及的范围。在古高地德语中，表示筑造的词语 buan，bhu，beo，实际上就是现代德语中的"在"（bin），如"我在（ich bin）"，"你在（du bist）"等。也就是说，"筑造"（bauen）中就含有"在"的意思。就此而言，"我在"、"你在"就意味着"我栖居"、"你栖居"。因此，"我在"和"你在"的方式，就是人在大地上存在（sind）的方式，就是栖居。所以，筑造的真正意义在于栖居。而人作为终有一死者在大地上存在，也就是人栖居在大地上，人就其本身栖居而言是存在（sei）的。因此，筑造、栖居、作诗和人的"在"即存在是一体的。人存在着，就是在作诗，就是进行筑造和栖居活动。

但是，筑造作为人的存在方式，通常以两种形式表现出来。一种是作为爱护和保养的筑造（拉丁语为 colere，cultura），如耕种田地，养植葡萄。在这种筑造中，人培育大地上自发地展开和生长的事物，保护在他周围成长的东西。另一种是作为建筑物的建立意义上的筑造（拉丁语为 aedificare），如船舶建筑。在这种筑造中，人建立的是那种不能通过生长而形成和持存的东西，这种意义上的筑造之物不仅包括建筑物，也包括手工的以及由人的劳作而得的一切作品。上述两种筑造方式被称为人的"劳绩"，也属于真正的

① ［德］海德格尔：《演讲与论文集》，孙周兴译，三联书店 2005 年版，第 198 页。
② ［德］海德格尔：《演讲与论文集》，孙周兴译，三联书店 2005 年版，第 198 页。

筑造即栖居，是栖居的本质结果，而不是栖居的原因或基础。但是，长期以来，人们依照日常经验，仅仅取上述两种意义来思考筑造，从把它们作为手段的角度来思考筑造的本质，并借此独占了筑造的事情，而筑造的真正意义，即栖居乃是人的生存方式却被遗忘了。实际上，种种筑造的劳绩中丝毫没有栖居的本质，它们仅只为单纯住宿的缘故而被追逐和赢获，从而在不断抽空和阻碍着栖居的本质。

终有一死的人只能根据栖居而筑造，在此之际，人把栖居带入其本质的丰富性中，这时，人才能够栖居。那么，栖居的本质是什么呢？海德格尔同样对其源始的语义进行了追溯，强调栖居作为"满足"、"和平"特别是"自由"和"保护"的真正内涵。栖居表示的意思是"持留"、"逗留"，这可以通过古萨克森语的 wuon 和哥特语的 wunian 看到，而"wunian"更清楚地告诉我们应该怎样经验这种持留。Wunian 的意思是"满足"、"被带向和平"、"在和平中持留"，而和平（Friede）这个词指的是自由，也就是 Frye，fry 的意思是"防止损害和危险"，其中含有"保护"的意思。因此，自由的真正意思就是保护，它和筑造具有的爱护和保养的意思相近。真正的保护（Schonen）不仅意味着我们没有损害所保护的东西，而且，它发生在人先行保留事物的本质的时候，在人特别地让事物隐回到其本真的存在之中的时候，也就是在人让事物自由（即 einfrieden）的时候。这样看来，栖居作为被带向和平，就意味着始终处于自由（das Frye）之中，把一切都保护在自身的本质之中。栖居的基本特征就是这样一种意义上的保护。

海德格尔说："栖居乃是终有一死的人在大地上存在的方式。"[①] 人之为人，正是通过栖居而获得自己存在的本质的。一旦我们考虑到，人的存在基于栖居，而且只能作为终有一死者栖居在大地上，这时候，栖居的整个领域就会向我们显示出来。人作为终有一死者逗留在大地上，而人在大地上也就是在天空下，这两者都在神的面前持留，同时又进入人的并存的归属中，而天、地、神、人这"四方"（die Vier）具有源始的统一性，从而归于一体，这就是四重整体（das Geviert）。人通过栖居在四重整体之中而存在着，并

---

①　[德] 海德格尔：《演讲与论文集》，孙周兴译，三联书店 2005 年版，第 156 页。

以栖居的方式把四重整体保护在其各自的本质之中，让四方依照其本质去存在和显现，存在本身在四重整体中被创建，而这在本质上就是作诗。或者说，诗性的语言使得世界得以从形而上学中解放出来，将其构建为天、地、神、人这四重整体的世界。在这里，人的栖居因为诗的存在之创建而获得根基，因此，人的存在在其本根处就是诗意的。这里需要说明的是，人之诗意的栖居，并不是把人从大地那里拉出来。诗意的栖居说到底乃是：栖居"在这片大地上"，任何终有一死的人都委身于大地，在大地上逗留。作诗并不是要飞越和超出大地，以便离弃大地，漂浮于大地之上。毋宁说，作诗首先把人带向大地，使人归属于大地，归属于"天、地、神、人"之四重整体，从而使人进入真正的栖居之中。诗意的栖居意味着人和存在之间的本真关联，它是源于存在并在存在的真理中展开的人的生存，人诗意的本真生存是人源始的本己的生存方式。人是因为"作诗"（创建、筑造）而栖居，栖居就基于作诗之诗意，人因此在作为绽出的生存和终有一死者中看护存在而成其本质。人之诗意的栖居，是人的一种生存状态，同时也是诗的存在状态，因而也是存在之道说的显现状态。

　　总之，诗是存在之真理的栖居之所，是一种"让栖居"，它把某些新的东西带进尚未被说出的领域中，向存在的新的可能性开放，展现出和存在的本真关系。"把现身情态的生存论上的可能性加以传达，也就是说，把生存开展，这本身可以成为'诗的'话语的目的。"①诗给人开拓出一条返回家园的道路，让人栖居于家中，而不是把存在的真理放逐。诗作为存在之道说的最高成就而让存在的本质丰富性显现出来，将人新的存在可能性带向开放，让人进入存在的敞开领域之中，诗意地栖居在大地上。诗发生和到场之际，栖居才发生。诗意的栖居并不是说千方百计地使得诗出现在所有的栖居里，而是说作诗首先让栖居成其为栖居，诗是那种能够让人本真地栖居的东西，让事物居于其自身的本质、特别是让事物隐匿于其本质处的东西，是让人保护事物之本质的东西。作为保护的栖居，始终是与万物同在的逗留，是把四

---

①　[德] 海德格尔：《存在与时间》，陈嘉映、王庆节译，三联书店 2006 年版，第 189—190 页。

重性保持在存在的本质中。这是一种回归自然和诗意生存的境界。

第二节 思的道说

海德格尔认为，比诗更为深层的是"思"。"如果我们深思的是语言之说，则语言的本质现身就已经趋迫我们思想了。"①海德格尔所说的"思"不是关于"什么"的思，即不是关于存在者或对象的思。真正的思是对存在的思，是对存在本身的纯粹之思，是存在之真理用以表现其自身的方式之一，它活动在涡流中，进入存在的敞开之澄明境界，返回到自己由之而来的最初渊源，真正应合于存在本身敞开的无蔽。进一步说，作为聚集着的逻各斯，语言发生在思之中，思是存在和此在的联合体，当存在把它自身显现给此在时，它处于聚集在一起的状态，思被存在所丰富，于是把存在表现在逻各斯之中。这种本质性的思没有现成的标准，也没有固定的概念能够表明它的特性。这种意义上的思的使命就是敞开存在本身的真理，这种思非但哲学和科学思想不得其解，而且从根本上排斥和拒绝哲学和科学的解读。

一、对逻辑理性之思的批判

自柏拉图以来，人们是如何看待思的基本特征的呢？海德格尔认为，"思"一直受传统形而上学的统治，被束缚在已经存在的东西那里，并被要求不能做超出存在者的探询。这样，本真的思隐入日常的规范当中，受到形而上学主导下的语言以及思者自身与存在关系的遮蔽，停留于惯常的存在者的显现状态，这样的思只是某种"理论"，缺少生动的显现机制。在科学中，存在者作为对象是客观地现成在手的，人们总是以确定的方式站在其对立面，而由此绝达不到对问题的洞见。因此，他说："思在拉丁文里叫 intellige-re。这是理智的事情。"②"以往思想的基本特征乃是觉知（Vernehmen）。"③"觉

---

① ［德］海德格尔：《在通向语言的途中》，孙周兴译，商务印书馆 2004 年版，第 7 页。
② ［德］海德格尔：《形而上学导论》，熊伟、王庆节译，商务印书馆 1996 年版，第 123 页。
③ ［德］海德格尔：《演讲与论文集》，孙周兴译，三联书店 2005 年版，第 148 页。

知乃是对希腊词语 voεîv（思想）的翻译，这个希腊词语意味着：发觉某个在场者，有所发觉之际预取之，并且把它当作在场者加以采纳。"① 也就是说，作为觉知的思想，它所觉知的东西，是在其当下存在中的存在者，思想就是从存在者那里取得它作为"觉知"的本质的。因此，思想是对当下的存在者的呈现（Präsentation），它把人设置到处于存在状态中的存在者那里，并且因此把它摆置到人面前，以便人能够站立于存在者面前。作为这样一种呈现，思想把存在者设置进和人的关系之中，把它置回到人这里。因此，呈现就是再现（Re-präsentation）。Repaesentatio（再现）这个词是表象的基础，是后来表示表象（Vor-stellen）的名称，而表象正是以往思想的基本特征，它让存在者如其站立和放置的那样站立和放置在人的面前。由此，传统形而上学认为："只要我们觉知着在其存在中的存在者，只要我们表象着在其对象性中的对象，那么，我们就已经在思想了。"②

因此，传统形而上学特别是近代哲学把思想看作理性之思、逻辑性之思、表象性之思，它把一切都看作对象。思历来都在形而上学的框架中扮演一种抽象的角色，它往往把最后的结论导向外在世界和内在意识的分裂之中，从而把原本作为一个整体的世界分裂为两个。按照这样的观点，思想是以主客分离为前提的，是主体对于客体所做的判断。因此，思想就被理解为一种把握对象的方式，即对对象的思考、反映或反思，它预设了存在者整体原本就是能够通过逻辑理性而达到的。这样的思想一方面指大脑活动的过程，也就是大脑通过概念、判断、推理等思维形式进行分析、综合、比较、抽象概括在人之外的客观事物的过程；另一方面，思想又指通过这些过程而得出的结论、观点等，也就是对外在客观世界间接的和抽象的反映。形而上学试图通过逻辑的根本结构和规则对思维的训练，使人能够知道自己的思考过程并保证其确定性和敏锐性，并由此和存在者打交道，把存在者表象出来而形成关于存在者的抽象的公式化的观念，即把存在者的表象和逻辑形式结合起来，这就是"思想"。在这里，思想就是理性，而人又自认为是理性的

① [德] 海德格尔：《演讲与论文集》，孙周兴译，三联书店 2005 年版，第 148 页。
② [德] 海德格尔：《演讲与论文集》，孙周兴译，三联书店 2005 年版，第 151 页。

动物，由此，人通常把思想看作自己的本质，看作自己的一种行为、一种能力。也就是说，在这里，思想是属于人的。在海德格尔那里，这样的思想是关于对象的主观性的思想。这个对我们表现为绝对有效的思想，产生于确定的经验，产生于一种存在者的确定概念，作为精神活动的原则声称要作为决定存在的最高的、权威的规则，去认识存在者的存在，支配处于语言事件中的世界。今天，我们仍然处于它的规则之下。

海德格尔认为，科学和作为科学之科学的哲学都不思，因为在这样的思维范围之内，一切都是对象性的，因而都不是真正的思想。科学的本质是研究，而研究的本质则在于：认识把自身作为程式建立在某个存在者领域（自然或历史）中。作为研究，科学揭示的是思想对存在者作出的解释，说明存在者怎样和在什么程度上能够被表象所支配。在这里，表象不是让存在自行去蔽而显现出来，不是对存在者之存在的直接领悟，而是对存在者的掌握。海德格尔认为，在表象中，存在者被设置于人的面前，并使之与人相关联，成为和人对立地摆置的东西，实际上就是被限定到主体面前的固定地站立着的对立物，即对象（object）。表象控制着存在者，使存在者只能在这种设置中显现自身，最终使之对象化（objectifying）。人通过表象活动把所有被纳入其视野的存在者对象化，存在者就在这一对象化中被确定。因此，以表象性思维为特征的科学和哲学是这样来看待存在者的：任何存在者都只能立于被描述与被反映的位置上，被理解为对象与客体，只有这样，它们才能进入人的视野，从而被看作是存在着的。当涉及存在问题时，这种思维也同样把存在置于现成的对象与客体的地位上。在这里，思想规定着存在是否显现和如何显现，取得了对存在的支配地位，成为存在主要的和决定性的基础，存在由此被看作是思想的产品。

这样的思想最终陷入"计算性思维"之中，在其中，计算始终起着主导作用。海德格尔认为，逻辑中的教授职位被数学家占据，数学家在这里自然仅仅处理他们的数学的因而是科学的问题，就理性（Rationalitat）的本源而言，其原意是计算（ratio）。在思想的计算中，人们权衡利弊，为了特定的目标，出于精打细算，把一切都作为可量化的东西处理，一切都以某种在计算上可设定的方式呈现。主体在表象存在者时，只有通过计算才能使存在者的存在真正得以确定，只有预先计算出存在者的过去、现在和将来的所有状态，才能使存在者成为真正可靠的对象。科学的研究既能事先计算存在者将来的状况，也能事后计算存在者过去的状况，由此来支配存在者。在计算中，一切存在包括自然和历史都受到摆置，成为说明性表象的对象，只有这样，存在才被看作是存在着的，从而使得计算的人能够对其予以精确化。所以，理性的本质就是计算，主体的表象方式就是去计算对象，表象活动的对象化过程就是计算的过程。因此，海德格尔说："有一种几千年来养成的偏见，认为思想乃是理性（raito）的事情，也即广义的计算（Rechnen）的事情。"① 在形而上学达乎"终结"的现时代，正是计算性思维最猖獗的时候，"计算性思维把自身逼入一种强制性中，要根据它的探究的合逻辑性来掌握一切"②。

这种思想又被海德格尔称作"算计"的思想。"算计"一词在德文中是Rechnen，这一词语不能被倒过来理解为"计算"，因为"计算"只意味着和数目打交道，而"算计"则进一步意味着有所图谋。对于这一点，海德格尔给予明确的说明，他认为，我们不能在数字运算的狭隘意义上来理解"计算"这个名称，广义的、本质意义上的计算指的是：预计到某物，也就是考虑到某物，指望某物，期待某物。形而上学的"理性"思想就表现为算计的功能，人总是把理性作为工具性的东西去谋算存在，尽其所能向存在进行索取，因而是对存在进行征服的强力意志。把思想看作对象性之思、算计之思，这就使得人对存在的看法陷入片面性之中。这种对象性之思、算计之思没有认识到存在的本质丰富性，没有认识到客体性和对象性只是存在的方式之一，此外还有许多别的方式，没有认识到存在不是被算计的东西，而是有自身的本己性存在，这就扼杀了存在本身的丰富本质。③

这样的思想和存在本身是相冲突、相对立的，表现出对在场形而上学的依赖。在作为逻辑理性的思想中，存在本身不仅未被思及，而且一切都失去

① ［德］海德格尔：《在通向语言的途中》，孙周兴译，商务印书馆2004年版，第163页。
② ［德］海德格尔：《路标》，孙周兴译，商务印书馆2001年版，第360页。
③ 参见宋祖良：《拯救地球和人类未来——海德格尔的后期思想》，中国社会科学出版社1993年版。

了其本真存在，存在本身因此被遗忘了。逻辑理性本身在它自己的知识领域具有真理性，但对于思而言，逻辑是多余的，甚至是一种阻碍，锁闭了存在本身，远离了源始意义上的思想。把思想看作逻辑理性之思，不仅没有切中思想的源始性，而且堵塞了源始的思想显现自身的道路。因此，形而上学的逻辑理性之思不是本真的思想，它所堆积的只是种种远离存在本身的形式，处于思之本质的赤贫状态，因而是一种无思的状态。海德格尔说："存在者之存在的本质渊源是未经思想的。本真地有待思想的东西还被扣留着。它尚未对我们来说成为值得思想的。因此，我们的思想尚未特别地进入到它的要素（Ereignis）之中。我们尚未本真地思想。"① 逻辑理性之思不仅无关于思想之本性，而且还有害于思想本身。

是否能够有一种思想的语言，这种思想的语言能够说出语言的单朴，以至于它恰恰显明着形而上学语言的界限呢？"惟当我们已经体会到，千百年来被人们颂扬不绝的理性乃是思想最顽冥的敌人，这时候，思想才能启程。"② 所以，有必要从开端、从基础上撼动逻辑理性，但不能简单地认为逻辑理性的反面处于优势，不能简单地站在逻辑理性的对立面，但是，这种撼动不是出于人的意愿，而是出于命运的必然性，出于存在的必然性。

按照海德格尔，λόγος 和存在二者是源始地统一的，但后来，这二者被从思维与存在的对立方面来讨论，即把存在看作是被呈现在思维面前，从而作为一个对象与思维对立的东西。海德格尔由此而发出诘问："1. 到底凭什么 λόγος 竟能从在者的在分离出来；2. 为什么这个 λόγος 就是一定要规定思之本质而且一定要把思摆到在的对立面上。"③ 在他看来，逻辑本身是没有为人的历史此在所理解的东西，它原不是人所生产的东西，不是一项干瘪的学科课题，并不奠基于现成事物的存在论，它和语言的本质相关，应该以原初的方式掌握并根据语言本质的原初概念予以理解，因为逻辑涉及 λόγος 而 λόγος 意味着谈及语言，其任务是详细阐述此在话语的先天结构、解释的可

---

① ［德］海德格尔：《演讲与论文集》，孙周兴译，三联书店 2005 年版，第 151 页。
② ［德］海德格尔：《林中路》，孙周兴译，上海译文出版社 2004 年版，第 280 页。
③ ［德］海德格尔：《形而上学导论》，熊伟、王庆节译，商务印书馆 1996 年版，第 124 页。

能性和样式以及产生于解释的概念的阶段的形式，因而是关于话语即 λóγος 的现象学。话语具有在相互共处中对某物进行详细讨论的突出功能，而这经常采用理论辩论的形式，因此，话语和 λóγος 对希腊人而言就承担着理论讨论的功能，λóγος 因而获得了将所谈论的东西展现在其来源和原因中的意义，展现某物的根据，表现为合理的东西。通过这一派生的途径，语言的本质被草率地砍平、肤浅化以致错误解释，λóγος 趋于狭窄，成为关于形式的原理和思维的规律，失去原初的意义，获得了理性的意义，仅仅服务于科学的、思维的领域，变成对学院派哲学家而言的被引入的一门基本研究的课程。

源初地说，作为 λóγος 的语言是逻辑理性之思的根据和源泉。思不是狭隘的服务于形而上学思维的逻辑理性，而是对逻辑理性的超越，不是对思维方式的训练，而是对离开存在深渊的追问，不是提炼出永恒的思维规律，而是人类存在的价值即人类的伟大的处所，是在存在的指引下，走上一条新的道路，为即将到来的时代做准备，寻求在一切科学之前或超越一切科学的知悉，召唤对事物本质的原初的知悉这一力量。所以，处理语言这一主题的方式恰恰不是原理，而是本质性的追问，而"追问乃思之虔诚"①。

二、思之应合存在

在海德格尔看来，真正的思与存在本身相关联，思就是对存在的思，是为存在的语言服务的。思存在，绝不仅仅是在头脑中反映某种实在之物，然后把被反映物作为确定无疑的东西陈述出来。思之所思首先不是存在者，而是存在。真正的思是让存在显现其本身的本源性的展示过程，是发生的存在之显现，是对存在的应合。海德格尔强调纯粹的思，就是让思摆脱存在者而返回存在。因此，思从属于存在，存在才使思发生，存在是思的基本要素。"当思偏离其要素的时候，思想便完结了。思想的要素就是能够使思想成为一种思想的那个东西。"②只有存在才是使思成为思的东西，它接纳思并使思归属于其本质中。简言之，思作为存在之思有其双重意义：第一，思由存在

---

① ［德］海德格尔：《演讲与论文集》，孙周兴译，三联书店 2005 年版，第 37 页。

② ［德］海德格尔：《路标》，孙周兴译，商务印书馆 2001 年版，第 369—370 页。

而发生，思归属于存在。第二，作为属于存在的东西，思听从存在，是让存在自行道说。作为倾听着归属于存在的东西，思就是按其本质来历而存在的东西。思存在就是说，存在向来已经合乎天命地赋予思想以本质。"这种思想的真理是任何'逻辑'都不能把握的。这种思想的成果不仅不是计算，而且根本上是从存在者以外的东西那里被规定的；这种思想就是本质性的思想。这种思想不是用存在者来计算存在者，而是在存在中为存在之真理耗尽自己。"①

　　要本真地经验思，更好地切近思的本性，就要返回到形而上学前的思，触及、追思思想在其早期所显现出来的原初本质，让思进入存在本身之中，并使进入存在本身的思开放为语言，这是拯救本真的思的根本之途。因此，海德格尔摈弃思想的现成状况，回溯到了前苏格拉底的思想，去寻求思之源头。他分析了巴门尼德残篇中的一句话：τὸ γὰρ αὐτὸ νοεῖν ἐστίν τε καὶ εἶναι，意思是"但思与在是同一的。"人们一般在一种通常的人与存在的关系的模式下理解这句话，思是主观的，是主体，而在是客观的，是客体，思对在的关系是主体对客体的关系，思和在的同一就是主体和客体的同一。海德格尔认为，这是对巴门尼德的误解和歪曲，这样的解释从根本上错失了思想的源始意义。

　　νοεῖν（不定式）的原初意思是理解（apprehend），其名词 νοῦς 的意思是领悟（apprehension），而且是在一种双重相属的意义之下的领悟，"根本上，νοῦς[奴斯、心灵] 给出视野，给出一个某物，给出一个'此'（Da）"②。而 νοεῖν 之理解首先指的是：接受，等候指教，也就是等候展示自身者的指教。理解还指：听取见证者，尊重见证者而同时又接纳事实情况，依照事实现状及其情景去判定事实情况。领悟在此双重意义之下说的是：等候指教，但绝不是单纯的接受，而是面对展示者采取一种接纳态度。领悟对什么采取这一态度？是对存在。关于存在（φύσις）的原初意义，我们已经在前文中

---

①　Heideggeer: Pathmarks, Edited by William McNeill, Cambridge；New York：Cambridge University Press，1998, p.236.

②　[德] 海德格尔：《形式显示的现象学》，孙周兴编译，同济大学出版社 2004 年版，第 107—108 页。

作了阐述。它意味着涌现，起作用，处于澄明中，进入无蔽境界。在存在起作用即发生之处，领悟也同时起作用和发生，即伴有归属于存在的事的发生和起作用。"领悟就是接纳性地带到常住于自身而又展示自身者的站立中。"①存在（φύσις）自行发生和展开，在存在的发生中也有了领悟的发生。因此，巴门尼德所谓"思与在是同一的"实际上说的是，"思属于存在"。

巴门尼德还有一句更深刻的话说明了上述观点：ταὐτὸν δ᾽ἐστὶ νοεῖν τε καὶ οὔνεκει ἔστι νόημα，意思是，"领悟和领悟为之而出现的事是同一的"。领悟是因为存在之故而出现的，只有当存在展现自身，当存在之无蔽境界出现时，领悟才发生。领悟归属于存在（φύσις），存在起作用就是领悟一同起作用，正因为存在起作用，而且只有当存在起作用而显现时，才必然有领悟这回事一同出现。存在者在领悟中即在听取的尊重中作为这样一个存在者被展现出来，并如此显露于无蔽状态中去，领悟是为存在者之显现出来采取一种接纳态度。因此，"巴门尼德的说法确切地并不是说，这个在应该在领悟的基础上被理解，也就是仅仅作为被领悟的东西，而是说，领悟是为了存在。领悟应该这样来公开存在者，即把存在者放回到它的存在中去，以便领悟就存在者展现它们自己和展现作什么来接受存在者"②。在这里，领悟因契合 λόγος 而是起公开作用的采集，作为这样的采集，领悟居于存在的敞开中。

经过这一番考证，海德格尔认为，思在巴门尼德那里实际上就是对存在之显现的领悟，当存在显现而进入无蔽领域时，一同带入的便有思。源始的思不是作为主体的人的一种能力，不是人将其作为特性而占有的行动方式，相反，思是占有着人的那种发生事件，不是人拥有思，而是思拥有人，思绝不是对某个现成事物的表象，更不是主体的单纯活动，思远在主—客区分之前而起作用。因此，巴门尼德说的"但思与在是同一的"这句话首先不是说主体之思的，而是在说存在的运作，伴随着存在的显现才有思的发生。海德

---

① Heidegger: *An Introduction to Metaphysics*, Translated by Gregory Fried and Richard Polt, New Haven & Lodon : Yale University Press, 2000, p.146.

② Heidegger: *An Introduction to Metaphysics*, Translated by Gregory Fried and Richard Polt, New Haven & Lodon : Yale University Press, 2000, p.195.

格尔认为，在古希腊人那里，思受到存在的统摄，意味着接受作为存在的 λόγος，也就是在聚集过程中自然生成的对存在的领悟。思实际上就是"让存在到来"，思不断地领会存在的显现，并根据存在的显现和隐失而调整自身。在思发生之际，并没有直接"取"得某个具体的东西，而是"接纳"自行显现者即存在，这种"接纳"把显现者带向自身的位置，思就是有所接纳地把显现者带出来。因此，"思与在是同一的"，意思就是说，思与存在是共属一体的。也就是说，只要有存在发生之处，就必定伴有思的发生，而思自始至终都只能依存在之在而在，应存在之变而变，根据存在的显和隐而相应地发生显和隐。因此，思的本质就在于存在，思在根本上属于存在的真理即无蔽状态的敞开，即存在既去蔽又遮蔽的二重性运作。

在古希腊人那里，这样一种思就是对存在的热爱。在阐述思时，海德格尔对"哲学"（φιλοσοφία）一词作了词源学的考证，他认为，哲学原本就是出于存在的召唤，并追求与之相契合的一种活动。在希腊语中，φιλοσοφία源出于 φιλόσοφος，而古希腊语中原本并没有 φιλόσοφος 这一形容词，它是由赫拉克利特用 φιλία（热爱的）和 σοφόν（与逻各斯相关）合成的，这就从侧面反映了一个事实，即在古希腊早期还没有 φιλοσοφία（哲学）。在赫拉克利特那里，φιλόσοφος 的意思是"热爱 σοφόν"，热爱 σοφόν 就是和 σοφόν 相应合、相协调（ὁρμονία）。海德格尔考察说，σοφόν 在赫拉克利特那里指的是"一（是）一切"。"一切"指的是存在者整体，而"一"指的是"独一"、"统一一切者"，即作为 λόγος 的存在。而"热爱"（φιλεῖν）指的是以 λόγος 的方式说话，是对 λόγος 的应合（ὁμολογεῖν）。因此，"热爱" σοφόν，就是应合于把存在者聚集起来的存在，是对进入存在本身的东西的理解，是契合于 λόγος，契合于"存在者在存在中"这回事情。契合 λόγος 就具有智慧，这种作为协调和契合的"热爱"就是"思"，是原始的存在之思。

海德格尔强调思必须和存在保持和谐，而不能分离冲突。思和存在是源始同一的，处于主客不分的万物一体的境界，即使有"区分"，也是"亲密的区分"，即在共属一体意义上的区分。但是后来，思由与智慧和存在的源始协调和契合变成了对知识刻意的思慕和追求，这就包含有把存在作为对象来看待的倾向，λόγος 随之也由原来的"聚集"、"说话"、"语言"变成了逻辑理性，源始的思就成为逻辑理性思维。于是，思就变成了对什么是在其"存在"中的存在者的追问，成了主观的思想，并随着思想与思想对象的区分又进一步分出了主体与客体。于是，最初的思就变成了哲学，沦为形而上学，存在的遗忘开始了，及至技术时代，存在被彻底遗忘，这一原本与思合一的东西被作为思的对立面分离开来而未被思及。

所以，海德格尔又将存在称作有待思的东西，或叫作激发思的"养料"，思正是接受了赠给它的这种养料才发生为思。"存在乃是从其本质而来惟一地给予这种有待思的本质的东西。它（Es）（即存在）给予思想以养料（zu denken gibt），而且不是偶尔地在某个角度，而是始终按照每一个角度，因为本质上，它（即存在）把思想交付给它的本质，——这乃是存在本身的一个特征。……存在作为给予思想以养料（即有待思的东西）的东西，也是惟一者（das Einzige），后者从自身而来并且为自身提出要求，要求成为有待思的东西；它作为这种东西'是'这个要求（Anspruch）本身。"①然而，"对我们这个激发思的时代来说，最激发思的是我们尚未思"②。思之为思就在于去思那些必须被思及但还尚未被思及的东西，而这尚未被思的东西本身有着必须被思的要求，于是，它便召唤思，思因之而发生为思。思在根本上归属于存在的敞开状态，"为有待思的东西开放并且保持这种开放，以便从有待思的东西而来去获得对它的规定"③。换句话说，思在归属于存在之际才从存在获得其规定性。

思在根本上是源于存在且归于存在的，它没有固定的概念，不能现成化为具体的存在者，它甚至没有固定的标志来标明其本身，能标明它的只有存在无蔽状态的敞开。海德格尔认为，这种相关于存在的思是最本真的、最源始、最基本的思，它是任何逻辑都不能把握的，相反，在它之中隐藏着包括逻辑理性思想在内的一切思想的本质渊源，逻辑理性是在思中展开自身的，

---

① ［德］海德格尔：《尼采》（下卷），孙周兴译，商务印书馆 2003 年版，第 1004 页。

② ［德］海德格尔：《海德格尔选集》，孙周兴选编，三联书店 1996 年版，第 1219 页。

③ ［德］海德格尔：《面向思的事情》，陈小文、孙周兴译，商务印书馆 1996 年版，第 36 页。

它只是思的一种后起的方式，只是一种特殊方式的思想，思比逻辑理性更为原初和根本。这种非概念性的思为人们打开了理解本己的存在和人的新的更为本源的视野，唯有在这样的思中，才有不可计算之物，物才在其自身性的无蔽状态中可以有更本源和自由的显现，被保存于其真理之中。

海德格尔认为，思不仅是一种接受过程，而且是主动地来到人的面前。人将某物纳入其视野之中，但不是伸手去取它，也不是向它发动进攻，而是依然保持其本来的面貌，让人的所作所为顺应作为本质向人显现的任何东西，让某种在人面前的东西走进人。任何存在者的根源都是存在的运作，真正的思保持着存在的基本要素，因此，"如果我们要沉思语言之本质，语言必须首先允诺给我们，甚至已经允诺给我们了"①。"在这里，思所能做的就依赖于它是否和如何倾听那种允诺着的说——在其中，语言存在作为存在的语言而说话。"② 就此而言，我们才能说，思就是对存在应合着的思。显然，这样的一种"思"，完全不同于形而上学的思想。

三、思之泰然任之和虚怀敞开

以存在为本质要素的思是一种沉思之思（das besinnliche Nachdenken），它与单纯的理性的计算性思维（das rechnende Denken）相区别。被计算性思维支配的技术世界使当今人们的"根基持存性"（Bodenständigkeit）受到了致命的威胁，处于这一危险中的人们不仅没有意识到危险，而且还掩盖危险，逃避真正的思想。因此，人已经被技术从存在的家园驱逐出去，在无根的状态中流浪。沉思之思是这样一种思想，"它比理性化过程之势不可挡的狂乱和控制论的摄人心魄的魔力要清醒些。……它比科学技术更要清醒些，更清醒些因而也能作清醒的旁观，它没有什么效果，却依然有自身的必然性"③。它要求人们不要片面地系挚于形而上学的表象，不要在一种表象向度

---

① [德] 海德格尔：《在通向语言的途中》，孙周兴译，商务印书馆 2004 年版，第 171 页。
② Heidegger：*On the Way to Language*，Translated by Peter D.Hertz，New York:Harper & Row Publisher，1972，pp.79—80.
③ [德] 海德格尔：《面向思的事情》，陈小文、孙周兴译，商务印书馆 1996 年版，第 75 页。

上单轨行进，而要克服这一形而上学的思维方式。形而上学的科学表象性思维总是关涉某种固定的存在者，任意地去设定存在者，而沉思之思直接关涉的是存在，而不是存在者，它洞见到技术时代隐藏的深刻危险，唤醒被骄傲狂躁的计算性思维遗忘的存在本身，认识到存在的去蔽和遮蔽、敞开和隐匿都是存在历史的天命，思考真正关涉我们根基的东西，也就是思考此时此地关系到我们每个个体的东西——我们当前的这块故土。在海德格尔看来，面对危险，要实现计算性思维到沉思之思的转向，迎接思想的另一个开端，开启存在本身，以使人类重获自身的"根基持存性"，让人类重返本真的"栖居"，正确的态度应该是"对于物的泰然任之（die Gelassenheit zu den Dingen）"和"对于神秘的虚怀敞开（die Offenheit für das Geheimnis）"。

　　海德格尔说："沉思乃是对于值得追问的东西的泰然任之。"[①]所谓"泰然任之"（Gelassenheit），简单地说，就是"让—存在"（Sein-lassen），就是让事物作为其本身如其所是地自由存在，让事物自立、自足地安于自身，而不是把事物作为对象乃至持存物，去粗暴地主宰、控制、支配和利用。因此，"泰然任之"就是一种"让"（lassen）的态度，就是让物成为它自己。"一次对话听任真正的意思之不确定，甚至把真正的意思隐藏到不可确定的东西中……思想家之间任何成功的对话都有这个特点。它能自然而然地引起我们注意：那不可确定的东西不但没有脱落，倒是在对话过程中愈来愈明亮地展开它的聚集力量。"[②]和"让"相对的是"限定"（stellen），它将物设定为对象或持存物，使得物成为由人任意主宰的东西，而失去了其本身的存在。而"泰然任之"既不像形而上学那样把物设定为对象，也不像技术那样把物设定为持存物，而是让物自由存在。在这里，"泰然任之"绝不是作为主体的积极主动的行为，不是一种从自身出发能够去意愿或是被意愿的东西，它排除了意志的形态和表象的方式；同时，"泰然任之"也不是一种消极被动、漠不关心的行为，相反，它是一种更高意义上的积极行为，它要恢复物的本来面貌，让物作为天、地、神、人四重整体展现出来，是对存在本身

---

　①　[德]海德格尔：《演讲与论文集》，孙周兴译，三联书店2005年版，第64页。
　②　[德]海德格尔：《在通向语言的途中》，孙周兴译，商务印书馆2004年版，第98页。

的应合。海德格尔针对技术时代中到处充斥的对物的控制，用"对于物的泰然任之"来标识一种对技术世界的态度，他说："我们让技术对象进入我们的日常世界，同时又让它出去，就是说，让它们作为物而栖息于自身之中"①。这种对技术世界既肯定也否定的态度，就是"对于物的泰然任之"。在这样的思中，物（技术）不是必须被消灭和铲除的有害东西，而是被召唤到敞开之境中。当我们对物采取泰然任之的态度时，存在本身才接近我们。

思的另一种态度是"对于神秘的虚怀敞开"。"神秘"是在"显现自己的同时又隐匿自己的东西"，它是尚未确定的东西，还没有显露出确定的面孔，可以成为这样的，也可以成为那样的，形成一个自由的空间，让某种东西在它之中发生，或进入，或退出，这其实就是存在本身。"虚怀敞开"就是一种对存在之神秘敞开和接纳的态度。现代技术一味地探寻，不断地促逼和强求着物，企图穷尽世界的秘密，使一切都一览无余地暴露在光明之下而不再神秘，于是，物失去神秘而被认为已经完全向人类显现出来。而实际上，物最终被锁闭在持存物中，失去其别的可能性，失去其物性，因此而走向终结。人就在这条路上越走越远，他们并没有认识到，由于物本身只被片面地从单一的功利和效用方面去看，神秘本身已经从技术中悄然隐退，物的自身存在被深深地遮蔽着，而且，这些被遮蔽的神秘东西比已经在人的作用下显现出来的东西更为重要，神秘的被遮蔽并不意味着自身的消失，它在更大程度上显示着自己的威力。为了洞悉那个隐而不显但又无时无刻不触动着我们的东西，就要求人们认真思考技术世界中隐蔽的意义，对在技术世界中隐蔽的意义保持开放的态度，保持物自身隐蔽的神秘性，让神秘自由地显露。"虚怀敞开"的思始终保持一种谦逊的态度，它不是傲慢地把一切事物都看作自己的构造物，把它们固定在客体和对象的绝对位置上，而是注意到事物与我们的一种不同的关系，它也不独断地朝向并停留于某一个个别的东西，而是进入一个更广阔的敞开领域之中，进入最终的本源即存在之中，让

---

① ［德］海德格尔:《海德格尔选集》（下），孙周兴选编，三联书店 1996 年版，第1239 页。

人看到其因囿于理性模式而未能发现的其他各种领域与可能性。它虔诚地思入原初存在的敞开之境之中，努力唤起一种久违的对神秘的期待和敬畏的心情，它敞开胸怀，"虚己待物"，为某个尚未到来但必将到来的东西做着准备，静静地等候存在之神秘的开放。"虚怀敞开"并不是一种单纯接受性和被动性的态度，它开启了通向本己存在的道路，参与到存在本身的敞开之境中去，进入这种存在的敞开之境，并认真地倾听并应合存在的召唤，让存在在它面前展现出来。只有这种思，才能真正接近本真的存在，从而庇护存在的意义。

"对于物的泰然任之与对于神秘的虚怀敞开是共属一体的。它们允诺给我们以一种可能性，让我们以一种完全不同的方式逗留于世界上。它们允诺我们一个全新的基础和根基，让我们能够赖以在技术世界范围内——并且不受技术世界的危害——立身和持存。"① 在"泰然任之"和"虚怀敞开"中，一切都自然地存在，技术世界所要求的唯一性和绝对性受到限制，而和它得以可能的基础联系起来，为存在本身展现新的可能性做好准备。当思的这两种态度在我们身上苏醒时，我们就会归属和顺应存在本身，走上一条寻求本真的栖居的道路。但是，"对于物的泰然任之与对于神秘的虚怀敞开从来不会自动落入我们手中。它们不是什么偶然的东西。两者唯从一种不懈的热烈的思中成长起来"② 。"泰然任之"和"虚怀敞开"是思想和存在之敞开之境的一种关涉方式，思想不能否定和抛弃最本己的东西，要时刻保持足够的冷静和清醒，从作为主体意志之能力的计算性思维的宰制中解脱出来，戒除表象的成见，在计算性思维统治人的一切思的方式的时候，顽强地以毫不起眼的方式运行而显示着自己，参与到存在之敞开领域中，展现出存在的各种可能性，让存在本身能够在人的本质方面把人重新纳入一种原初的关联之中，栖留于存在之切近处而去慎思这最切近的东西，使存在展现为汇集一切的领域和生发一切的根基，并使之得以成其自身。

---

① ［德］海德格尔：《海德格尔选集》，孙周兴选编，三联书店 1996 年版，第 1240 页。

② ［德］海德格尔：《海德格尔选集》，孙周兴选编，三联书店 1996 年版，第 1241 页。

四、思之回忆、思念和感谢

真正的沉思是对本真存在的回溯，它要求我们实行返回步伐，先行于存在之道说而聆听，因此，沉思之思又是"回忆之思"。形而上学和科学技术的逻辑理性思想总是在不断地追问存在，就存在者的存在，去探索存在的根据即"为什么"，这一思想具有强制性，它要求表象性的思维给出回答，这种回答又会立即提出新问题，而新问题又需要回答，这样就把为什么一直推到无限。它不是应合于存在的语言，而是凌驾于存在的语言之上，作为框架甚至尺度来任意地宰制存在。思与此不同，思归属于存在，存在本身是思的源泉，思只能从存在的源泉中汲取养分。存在自行显现，自行消隐，思便依从存在本身而应合。因此，追问不是思的本真姿态，本真的思必然受存在之召唤的指引，是对一切追问所及东西的允诺的倾听，是对存在的到场作出应答，是倾听存在之召唤。因此，思首先是一种倾听，是与存在本身的一致和契合。

这种作为应合存在的思就是"回忆之思"。由于形而上学的思想专注于存在者，而遗忘了存在本身，遗忘只能靠回忆来唤回，因此，"回忆之思"是贫困时代中思的本真样式。显然，回忆"在此不同于那种心理学上所说的把过去掌握在表象中的能力。回忆思念已被思想过的东西。但作为缪斯之母，'回忆'（Gedächtnis）并不是任意地思念随便哪种可思想的东西。回忆在此乃是思想之聚集，这种思想聚集于那种由于始终要先于一切获得思虑而先行已经被思想的东西"①。也就是说，回忆并不是心理学角度上的概念，不是那种把过去已有的东西在表象中再现出来并且牢牢地掌握，而是展现和保存存在的历史，回过头来思那早已被思考过的东西，回到存在的源头，倾听存在的源初声音。回忆实际上起着一种还原的作用，它告别尘嚣，撇开形而上学的逻辑理性思想，使哲学运思返回被形而上学遗忘了的存在之路，恢复和回归对存在的源初之思，归入存在的敞开领域。思首先要学习放弃，放弃对现存的终极存在的追问，返回到存在本身，倾听存在的召唤并作出回答。

---

① ［德］海德格尔：《演讲与论文集》，孙周兴译，三联书店 2005 年版，第 144 页。

"人对存在语言的回答不是完全被动的，它要么使现存的语言说它以前没有说过的事，显现它以前没有显现过的世界，要么回到已经说了的语言，通过回忆的恢复使在已说的东西中的未说的东西显现出来，这就是真正的思。"[①]这种存在之思，不是刚刚被发现的，而是失去后的期盼，也就是失而复归。

　　这样的思想也是思念（An-denken），因为存在本身在召唤思、把思激发出来的同时，它也在不断地隐退和离去，从而使思不可及。这种不断隐退、离去的事件甚至比任何现存的东西更让人却之不去。回忆其实也是一种返回步伐，即从一味的逻辑理性的计算性思维中返回，回到思念之思（das andenkende Denken）。回忆就是这种被聚集起来的对有待思想的东西即存在本身的思念，"回忆聚集对那种先于一切有待思虑的东西的思念。这种聚集在自身那里庇护、并且在自身中遮蔽着那种首先要思念的东西，寓于一切本质性地现身、并且作为本质之物和曾在之物允诺自身的东西"[②]。这种思想既不是理论的，也不是实践的，它发生在这种区别之前，只有借助一种有别于概念理智的思，人们才能触及到存在。"这种思想之为思想，就是对存在的思念（das Andenken），而不是别的什么。这种思想属于存在，因为它被存在抛入对存在之真理的保藏（Wahruis）中而且为此种保藏而被占用——这种思想思存在。这样一种思想是没有任何结果的。它没有任何作用。它由于存在着而满足于它的本质。但是，它是由于道说着它的实事而存在的。历史地看，思想之实事想来就包含着一种道说（Sage），即与其实事性相合的道说。这种道说的合乎实事的约束性，本质上比诸科学的有效性更高，因为这种约束性更为自由。因为道说让存在——去存在。"[③]思作为思念，经验着存在的被遮蔽、被遗忘之后重返存在本身的过程，与形而上学的克服相关。"如若我们在展开关于存在之真理的问题时谈到一种对形而上学的克服，那么，这意思就是说：思念存在本身。这样一种思念（Andenken）超出了以往那种哲学之树根的基础的不假思索（Nichtdenken）。"[④]更原初地看来，被带入本

---

　　① 张汝伦：《海德格尔与现代哲学》，复旦大学出版社 1995 年版，第 302 页。

　　② ［德］海德格尔：《演讲与论文集》，孙周兴译，三联书店 2005 年版，第 144 页。

　　③ ［德］海德格尔：《路标》，孙周兴译，商务印书馆 2001 年版，第 421—422 页。

　　④ ［德］海德格尔：《路标》，孙周兴译，商务印书馆 2001 年版，第 433 页。

质中的存在是历史性的，而思想就作为对这种历史的思念（Andengken）归属于存在的历史，存在被保存入思念（Andenken）中。西方思想从希腊人那里开始起，已经把所有关于存在的道说都保持在对那种约束着思想的、把存在规定为在场的规定性的思念之中。这种思念根本不同于那种对过去了的消逝这个意义上的历史的事后想象，而是在形而上学完成之际，使得存在之真理的困境以及真理之原始开端得以自行澄明，重新向人们昭显，使人们能够克服形而上学，实现道路的转向，从而重获存在的根基。

由此深入，海德格尔认为，思（德语为 Denken，英语为 think）就是"感谢"（德语为 Danken，英语为 thank），在一定意义上，海德格尔是从二者相近的词根得出这一结论的。让我们考察什么是感谢，并从感谢那里去探求什么是思。和感谢（英语为 gratitude，拉丁语为 grates）相关的是礼物、赠品（拉丁语为 gratia），存在是"允诺者"、"给予者"，语言则作为允诺成其本质，它们不断地将自身"赠予"人，与人以礼物，因有所馈赠而供人思，即供人应合。在应合中，人和一切存在者都解除了任何强制，自由地本己地存在着，使得存在的真理得到维护。感谢就是对存在的谢恩（Dank），"唯有这种谢恩赏识恩典（Huld）；而作为这种恩典，存在已经在思想中把自己转让给人之本质了，从而使人在与存在的关联中承担起存在之看护（Wächterschaft des Seins）。原初的思想乃是存在之恩宠（Gunst des Seins）的回响，在存在之恩宠中，唯一者自行澄明，并且让'存在者存在'这样一回事情发生出来"①。思存在，就是对思之所由来处满心感激的领悟，就是感谢或以崇敬的心情倾听那"赠予"我们的存在，就是感谢存在的"赠予"，就是归功（Verdank）于存在。感谢是一种盈溢现象，它不能容忍任何计算性思想，因为计算往往只根据存在者的有用或无用而谋划。而原初的思在存在者中找不到任何根据，它关注着不可计算的东西的缓慢迹象，并且在不可计算的东西中认识到了不可回避的东西的到达。它不是专横和独断的，不向存在进行无尽的逼索，不因某种回报而得以清偿，不是用在存在者意义上的礼物来表达谢意，而是真正地进入存在本身之中。这样的思是对构成人的思

---

① ［德］海德格尔：《路标》，孙周兴译，商务印书馆 2001 年版，第 361—362 页。

想内容的东西和人的整个存在进行专心和崇敬的沉思，因为人的存在归根到底是以存在为本的。真正的思是人之为人的一种最本真的生存方式，它表明了人与存在的真切关联。

总之，在海德格尔看来，思想和回忆、思念、感谢的意思相近，具有共同的本源。真正的思想就是以存在为根本的思想，它同时也是一种对存在的回忆、思念和感谢，人思存在，就是因思念而回忆本源的存在，感谢存在的给予，让存在和人同在。作为应合、回忆、思念和感谢的思意味着一种"聚集"，即聚集于"走向思的东西"，是对被遮蔽的东西的敞开，是对存在本身的期盼、等候和庇护，它将存在的曾在、当前和将在聚集在一起。

第三节 诗与思的对话

海德格尔说："对于哲学与诗歌的关系，人们大约有一些了解。但对于'切近地栖居在遥遥相隔的两座山上'的诗人与思想家的那种对话，我们却一无所知。"[①]在形而上学的历史中，诗与思作为艺术和哲学两个不同的领域被分隔并对立，二者互不关涉、互不触及，其本真关系被掩盖和歪曲了，把诗和思及其关系重新带回其源始的本质日益显得必要，而且迫切地凸显出来。为了重新唤起本真的诗与思，重解诗与思的关系，在诗与思的体验中克服形而上学，并找到人的本真居所，海德格尔探求诗和思的合一，把语言引向诗与思的对话。在海德格尔看来，"本真的对话不是'关于'语言的对话，而是从语言而来道说，因为它是被语言之本质所用的"[②]。"进入一种从语言而来的应合着的道说。这样一种道说着的应合（Entsprechen）只可能是一种对话。……这种对话始终原始地归本于道说之本质了。"[③]诗与思恰恰和语言之间具有这样一种突出的关系，这就为两者之间的对话提供了可能性，同时也说明两者对话的必要性。海德格尔说："思与诗的对话旨在把语言的本质

① ［德］海德格尔：《路标》，孙周兴译，商务印书馆 2001 年版，第 364 页。
② ［德］海德格尔：《在通向语言的途中》，孙周兴译，商务印书馆 2004 年版，第 143 页。
③ ［德］海德格尔：《在通向语言的途中》，孙周兴译，商务印书馆 2004 年版，第 142 页。

召唤出来，以便终有一死的人能重新学会在语言中栖居。"①他强调诗与思源于并植根于人与存在的语言道说的关联，认为诗和思不只是存在的也是人言的本真方式，二者作为近邻是既亲密又区分的关系，即"亲密的区分"，诗与思既是本真存在显现的方式，又是人返本归真的途径。由此，海德格尔希求把语言引回到最初的存在之路上去。

一、不同的道说方式

"由于相同的东西仅仅作为有区别的东西才是相同的，而作诗与运思在对话语的谨慎方面来看是最纯粹地相同的，所以，两者在它们的本质中也最遥远地分离开来。"②虽然诗与思具有同一的语言经验，但是这种经验却是各不相同的。"只有当诗与思明确地保持在它们的本质的区分之中，诗与思才相遇而同一。同一（das seibe）决不等于相同（das gleiche），也不等于纯粹同一性的空洞一体。相同总是转向无区别，致使一切都在其中达到一致。相反地，同一则是从区分的聚集而来，是有区别的东西的共属一体。"③那么，二者的区别何在呢？

在传统形而上学的历史中，诗与思始终都被分隔开来，两者之间有着深刻的断裂，分属于两个完全不同的甚至是对立的领域，被看作是人的迥然不同的两种文化活动。或者说，诗和思是两种不同的语言，这两种语言之间有着不可调和的紧张关系。思和逻辑学相关联，是理性科学的一部分，具有理性化的功能，运用抽象概念把握整个世界；而诗则和美学相关，被划归于感性的领域，具有形象化的功能，借助富于感情色彩的想象语言描绘世界。而且，诗和思被置于不同的等级中，占有不同的地位。诗在传统语言中是没有地位的，一直遭到贬低，被降为理性之思的仆役，必须由理性来加以控制和引导，最多只能为人的理性提供佐证。

这一点可以追溯到柏拉图。柏拉图把作为人灵魂组成部分的理性和激

---

① ［德］海德格尔：《在通向语言的途中》，孙周兴译，商务印书馆 2004 年版，第 31 页。
② ［德］海德格尔：《路标》，孙周兴译，商务印书馆 2001 年版，第 364 页。
③ ［德］海德格尔：《演讲与论文集》，孙周兴译，三联书店 2005 年版，第 202 页。

情、欲望对立起来，认为诗人只是满足人的激情，激发人的欲望，从而抬高哲学而贬低诗。柏拉图在《理想国》中，对诗提出了两项谴责。首先，诗所制作的是影像（images），而不是对事物原本的理解，因为，诗是对实际事物的摹仿，而实际事物本身是对理念的摹仿，本来就不真实，而影像又是对摹仿理念的事物的摹仿，这样被隔了两层，就更加不真实了。因此，诗由于以摹仿为表达自我的手段，因而具有虚幻性。换句话说，诗把假象伪装成了真实。其次，诗有道德或政治上的缺陷，因为它激起并满足人的感性欲望。诗人迎合人灵魂中非理性的部分，使人损害理性，不能够克制感情。而作为哲学的思想思考的则是理念，即真实的存在，它提倡克制欲望，或将欲望转化，使之与理性的完满相协调。正是因为柏拉图对一系列根本问题的认识，形而上学的思想就在驱逐诗的基础上，转向纯粹的理性之思。思相信，只有纯粹的理性才是灵魂的真正功能，所以，就要把人的灵魂进行纯粹的过滤，把其中的诗性因素（包括情感、欲望等非理性因素）完全排除，还原成纯粹的理性。总之，在传统形而上学眼里，就本质而言，思是倾向于理性的、抽象的、推理的，而诗是近于感性的、想象的、直观的。形而上学对诗和思的分离导致了存在本身、存在的语言和人的诗意栖居的失落。

海德格尔的观点和上述形而上学的看法完全不同，他要从根本上超越把诗和思划归不同领域的形而上学的方式。海德格尔认为，在古希腊存在的源头，不但思是伟大的，而且诗也同样是伟大的。当然，诗与思两者确实是不能等同的，是有区别的，但却不是上述意义上的区别，而是在作用方式和道说方式上的区别。诗与思的区别从根本上来说，应该从存在去考虑。存在本身具有显现、去蔽和隐藏、遮蔽的二重性，所以作为存在的语言的道说也同样具有二重性，它的两种突出方式即诗与思正是在对二重性的应合中发挥作用的，诗与思是存在显现的不同方式，二者各有所重，各有所司，因而二者道说的东西是不同的。既然诗与思各有所司，它们的区别在哪里呢？

比较而言，"诗"之道说更重"显"的一面。诗是展示、创造，着眼于存在的显现，凸显存在之运作的显的维度。诗之道说更具开端性和创建性，诗的"道说"和"命名"直接迎听、响应"神圣"即源始的存在的召唤，展现存在之澄明的闪现。诗人们道说闪现者（das Scheinende）的外观或形象，闪现者通过存在以丰富的样貌显现出来。存在之语言的言说作为寂静之音是前符号的，而且是不可言说的，而诗则把存在的寂静之音形诸于言语，使被意会的东西得以传达而显现出来。已被用滥的传统形而上学语言的陈腐符号难以给首次显现的事物命名，计算性和谋划性的技术化语言不但无法言说存在的澄明，反而会使之遮蔽，诗的"命名"则"令"物和世界到来，"令"存在者存在，从而有了存在的原始命名，因此，诗最先照亮并公开出一个独一无二的新世界，展现出存在本身的丰富多样性。"命名"就是"解蔽"，通过"命名"，诗人创建"持存"，道说"神圣者"。诗就是存在之无蔽的道说，就是从存在的真理的本质显现方面对存在进行思考，诗使得存在的运作由"隐"进入"显"，这是诗的"解蔽性"。这样，"诗"就是上升的、超拔的、驱动的。

　　而思是掩蔽、保护，着眼于大道的隐匿，凸显大道之运作的隐的维度。"思想之词语疏于形象，没有什么吸引力。思想之词语安于对它所道说的东西的清醒冷静姿态。可是，思想改变着世界。思想把世界改变入一个谜的总是越来越幽暗的源泉深处，这个源泉深处将变得愈加幽暗，才呈现对一种更高光亮的允诺。"①"思"所道说的是存在本身的自行隐匿，它更为隐蔽，更有保持性，思从曾在中、从存在的源头中、从存在之为历史中解构历史，使本源重新作为本源照亮存在者，向存在的本真处聚集，向自行在本质中允诺的东西靠拢，它解释和守护道说，汲取存在的音讯并以此建立法度。思要求我们把已有的东西尽行抛弃以便进入敞开的新境界，使某物保持其本真。思者沉思本质现身者（das Wesende）的不可见性，本质现身者通过存在而达乎不同的词语，把有声之词和存在的启示引回存在的寂静之处，聚集在存在的最基本处，唤起原初的存在本身，让存在进入说，让说的涌现和绽放聚集成语言，复归于意义的了悟。通过"思"，一切不同的个别之物的纷争都结成一体，聚集到一种在场状态之中从而促成万物的显现，思具有统一作用，把一切显现者摄入自身中。思就是对存在之真理的保护，我们把保护理解为解构、溯源、还原其真理的原始作用，思守候着存在的发生，努力使世界在

---

　　① 　[德]海德格尔：《演讲与论文集》，孙周兴译，三联书店 2005 年版，第 247—248 页。

语言的原初意义上重返真实，走向澄明，思保存着存在之真理的运作。思使得存在的运作由"显"进入"隐"，思之所思不是各种显现的存在者，而是"无"，它保存着存在之渊源。"思"就是下沉的、凝重的，趋静的。

总之，诗和思是道说的两种不同方式，诗显，思隐；诗解蔽，思聚集；诗揭示、命名、创建（创造）、开启，是动态的，思掩蔽、庇护（保护）、收敛、期待，是静态的。

二、相同的道说要素

上述对"诗"和"思"的分述有把两者分割开来的危险，实际上，在海德格尔看来，诗与思当然不是截然不同、互不相干的，诗与思原本是同一的，二者只是各有侧重而已，它们都是道说的原初方式，因而本根为一，具有同源性。因此，诗和思都是存在的语言，以不同的方式表达着相同的东西，二者只有相互依存，才能充分发挥其作用。

在海德格尔那里，诗与思必须从存在的角度去考察，二者都和存在紧密相连，都活动在存在的共同领域中，都是存在本身运作的方式。当我们从这样的视界来看的时候，存在就作为思与诗的共同本源呈现出来，存在召唤诗与思返回到它由之获得允诺的地方。存在本身具有丰富性，它变换着自己的意义和形象，从不同的意义和不同的形象而来，存在规定着诗和思的道说。思和诗都是存在的显现和产生，换言之，存在作为诗和思这两种语言向人展现自己，而思和诗都是对存在道说的召唤的应答，都作为存在的"打招呼"的应合而揭示存在，使得存在本身在澄明着和遮蔽着之际把世界端呈出来。也就是说，诗与思的共同基础是存在之语言的道说，诗与思必须在存在之语言的道说中来把握，两者都是一种别具一格的道说，海德格尔在许多地方都表达了这样的看法。他说："不论我们怎样来理解诗与思，总是已经有一个相同的要素接近于我们了——那就是：道说（Sagen），无论我们对此是否有专门的留心。"①"思想，顺从于存在之调音的思想，为存在寻求话语，寻求存在之真理由之而得以表达出来的那种话语……存在之思想守护着话语，并

————————
① ［德］海德格尔：《在通向语言的途中》，孙周兴译，商务印书馆2004年版，第180页。

且在这种细心照拂中实现着它的规定性。这就是为语言之使用而操心。从长期得到照管的无言状态（Sprachlosigkeit）中，从对在其中得到澄明的领域的小心廓清中，产生了思想家的道说。诗人的命名也具有同样的渊源。"① 又说："作诗（Dichten）意谓：跟随着道说（nach-sagen）"②，正是存在之道说引领我们进入本源的诗和思，存在之道说是诗和思的共同要素，是诗和思扎根于其中的原野，诗和思在语言之道说中活动并且让存在多维度的质朴性得以起支配作用，思亦然。因此，存在及其语言是诗和思的共同源头与共同目标，诗和思的语言总是小心翼翼地保存着存在及其语言的原初形态。

从另一个角度来看，诗和思对存在及其道说的应合与保护，实际上就是以各自的方式归属于栖居。在这里，栖居不是人的形态，而是存在的形态，栖居也就是存在。因此，栖居也是诗和思的本源，是诗和思源始的深远的渊源之敞开，它规定着诗和思。在诗和思中，人从存在者中超脱出来，使存在之无蔽状态敞开出来，天、地、神、人"四方"被聚集入相互面对之切近中而相互归属，得以彼此通达，这样，世界和物都居于本己之中，按其本性归属于存在本身允诺的本质空间，从而达到存在本身。也就是说，诗与思把天、地、神、人"四方"发放到被照亮的自由之境和可思的庇护之所，使之进入存在之源头处在场的语言，使人进入存在之家。诗和思都是一种筑造的过程，从事于存在之家的筑造，从而使人能诗意地栖居。关于诗意的筑造和栖居，我们已经在前文中有所阐述，在这里，我们只简单地来看思想与栖居的关系。海德格尔在《筑·居·思》中谈到，筑造的本质就是让栖居，筑造从栖居中获得本质并因此而归属于栖居，"思想本身在相同意义上就像筑造一样——只不过是以另一种方式——归属于栖居"③。当然，思想并不创造出存在之家，"思想把历史性的绽出之生存，亦即 homo humanus（人道的人）的 humanitas（人性、人道），带到美妙者之升起（Aufgang des heilen）的范围中去"④。在思中，人的本质被指定入存在之真理的栖居中。"思"语言，就

---

① ［德］海德格尔：《路标》，孙周兴译，商务印书馆 2001 年版，第 363 页。
② ［德］海德格尔：《在通向语言的途中》，孙周兴译，商务印书馆 2004 年版，第 59 页。
③ ［德］海德格尔：《演讲与论文集》，孙周兴译，三联书店 2005 年版，第 170 页。
④ ［德］海德格尔：《路标》，孙周兴译，商务印书馆 2001 年版，第 422 页。

是学会在其中栖居，取得居留之所。因此，诗和思都显现出存在与人的本质的关系，诗和思使得作为终有一死者的人能够成其本质，从而获得人的本真存在，由此而超脱于世而又能安居于世，在大地上构筑诗意的栖居。以往被标榜成科学成就的人造世界，是由技术座架提供给人的，因而是非本真的，诗和思向人指明一条转向的道路，使人从非本真的居住中摆脱出来，并通达"本真"和"自由"，因此，诗和思也是人借以通达存在从而获得栖居的道路，人们正是通过进入诗和思中而栖居于存在之家的。

"思"与"诗"是相一致的，两者都为"存在"提供语言表达的区域。由于诗和思处于这样的共同要素之中，因此，诗和思就处于一种近邻关系之中，这就是将要在下文中我们讨论的内容。

三、亲密的区分

思和诗这两者虽然有着本质的区分，但又不是各自独立的，而是互为条件，有着相互依存的相生性，二者相互同一而共属一体，思和诗两者相互需要，两者一向处于存在的同一领域中，海德格尔称这样一种既亲密又区分的关系为"近邻关系"。在海德格尔看来，存在的语言之所以容易被忽视，"其原因之一也许就在于，道说的两个突出方式——诗与思——没有合乎本己地被寻找出来，也即没有在它们的近邻关系中被寻找出来"①。

"近邻关系""这个词本身告诉我们，在他人之邻并与他人一起居住者，就是近邻。这个他人本身也由此成为一个人的邻居。所以。近邻关系之产生乃由于某人定居于另一个人的近处。近邻关系是某人面对另一个人居住这样一回事情的后果和结果。因此，关于诗与思之近邻关系的谈论就意味着，诗与思相互面对而居住，一方面对着另一方而居住，一方定居于另一方的近处。"② 诗和思的近邻关系就是相互面对（Das Gegen-einander-über），"近邻关系"发生在二者既同一又不等同的东西的相互作用之中，发生在二者的分离从本质上得到纯粹的和决定性的保持的场合。只有这样，诗和思才相遇合

---

① ［德］海德格尔：《在通向语言的途中》，孙周兴译，商务印书馆2004年版，第177页。

② ［德］海德格尔：《在通向语言的途中》，孙周兴译，商务印书馆2004年版，第178页。

一。但二者之所以能合一，也是由于二者有着切近之处，"近邻关系"是由切近（Nähe）规定的。切近并不是一种距离，可以通过计算间距的长短从而测出距离的大小，这一距离只是延展，包括时间和空间。对于计算性思维来说，时间和空间表现为用于测量作为距离状态的切近和遥远的参数。我们以上述方式不能经验到那种包含着近邻关系的切近，近邻之切近并不是以时空关系为根据的，相反，时空关系遮蔽了近邻之切近。切近实际上就是存在及其道说，存在及其道说是诗和思横贯其中的领域，这个领域容纳一种相互争执的生成，这种争执作为敞开的领域使诗和思得以贯通。海德格尔把诗和思的"近邻关系"比作两条平行线，它们平行地、相对地、以各自的方式超出自身，最后交汇于无限而相互归属。在这样的关系中，一切东西都在其自行遮蔽中向彼此敞开，一方面，一方向另一方展开自身，把自身承托于另一方，从而保持其本身；另一方面，一方胜过另一方，作为掩蔽者和照管者而守护另一方。

因此，诗和思两者互为根据，相互需要。一切诗的根源都是思，其本质寓于思之中，海德格尔说："一切诗歌皆源出于思念之虔诚。""回忆，即被聚集起来的对有待思想的东西的思念，乃是思的源泉。因此，诗的本质就居于思想中。传说（Mythos）即道说（Sage）告诉我们这一点。诗的道说乃是最古老的道说，不只是因为根据纪年它是最古老的，而是因为按其本质来看，它亘古以来始终是最值得思想的东西。"[①]如果没有思，在技术白昼的统治和诗意缺失的世界黑夜并存的贫困时代，诗如何开启自身呢？在存在本身被重重遮蔽的情况下，必须冷静地沉思，只有当思的先行来拨开迷雾，穿透存在的遮蔽，回复到对最源始的存在的思，倾听本源的诗意，诗才能保持自身诗意创造的活力，才能领悟神圣，把一切召唤入存在的澄明之中，使召唤的东西在本己之中呈现。当诗这样创造性地展现存在本身时，诗其实在根本上就是在运思，一切伟大的诗的崇高作诗都始终游动在一种思想中，也就是说，诗是在以更本源的方式来追问存在的思，它发现了不易被把握的若即若离的神秘，敞开了思之所思，让思之所思向人们道说。在海德格尔看来，

---

① ［德］海德格尔：《演讲与论文集》，孙周兴译，三联书店 2005 年版，第 144 页。

本真的诗创造了一种追问存在的语言，把值得思的东西即存在合乎本己地带进人们的视野，从而开启世界。

思反过来也需要诗，因为"我们不能认为，一种有关语言的运思经验将取代一种诗意经验，更能把我们引向光明，并且也许会揭开重重阴霾。在这里，一种思想之力所能及，乃取决于它是否以及如何倾听那种允诺——在此允诺中，语言之本质作为本质之语言而说话。可是，我们试图为一种有关语言的运思经验提供一个可能性，我们的尝试寻找着一种与诗的近邻关系"①。这样的"近邻关系"无所不在，贯穿于人们在大地上的栖居，因此，"我们试图在诗与思的'近邻关系'之名下来思索的东西，大相径庭于表象性联系的一种单纯持存物"②。长期以来，思被形而上学的所谓理性所束缚，思就是按照形而上学的方式思，这样的思不仅自身没有生命力，而且也扼杀着诗。而今天的思想是某种过度的思，它越来越坚定而专一地成为计算，而计算性思想则专注于存在者，而把存在之为存在抛弃掉了。思原本的诗意特性被遮蔽着，最后这一遮蔽本身也被完全遗忘了。在这一遗忘中，形而上学走向终结。而诗展现存在的澄明，滋养着思想的家园，并为现代无家可归的思想筑造起一条回家的道路。在形而上学终结之际，思唯有在存在之诗的召唤中才得以重生。思终归是在为诗意的栖居铺设道路的，它必须返回本己的诗性，才能担当思入本真存在的天命。"对思想的期备只能在某个特殊的方面来做。这种期备以各个不同的方式实行于其中也发生着一种思想和言说的诗歌、艺术等等之中。"③思是在存在本身的神秘中进行创造（dichten）的东西，思越深入存在，就越发向着汹涌的诗意而敞开，因为对于存在本身的运思不可能是逻辑理性之思，而只能是诗意的，在这一意义上，运思就是作诗，思本身就是诗意的，存在之思是作诗的源始方式，只有以诗的方式来思，才是本真的思，而人们离开这样的思已经太久了。只有诗意地去思存在的真理，才能

① [德] 海德格尔：《在通向语言的途中》，孙周兴译，商务印书馆 2004 年版，第 175—176 页。
② [德] 海德格尔：《在通向语言的途中》，孙周兴译，商务印书馆 2004 年版，第 181 页。
③ [德] 海德格尔：《面向思的事情》，陈小文、孙周兴译，商务印书馆 1996 年版，第 56 页。

保存存在之真理的运作。只有在诗的命名中，当诸神和物被带到存在的真理中从而如其所是地得到展现时，才能有存在之思。这样来看，诗是本源和原初的，正是诗才给予思以敞开和领悟世界的可能。因此，诗也是使思成为思的根据。

海德格尔说："一切凝神之思都是诗，而一切诗都是思。"[①]他倡导"诗—思合一"，"诗—思合一"的说法，并不是说两者是同一事情的两个不同名称，也不是说把两个不同的东西综合为一个混合物，也不是说两者是还没有区分为诗和思以前的那种未分化的原始状态，而是二重性的纯一性。存在本身就是在场者之在场，存在的真理表现为去蔽与遮蔽的二重性，它们转入神秘的同一，作为存在之道说的诗和思就在这二重性的同一中发挥作用。因此，可以说，诗和思的这种近邻关系是它们二者的本性，"我们既不需要去发现这种近邻关系，也不需要去寻找这种近邻关系了。我们已经栖身于这种近邻关系中了。我们就在这种近邻关系中活动"[②]。古希腊人就是通过诗—思（dichtend-denkend）而取得对存在的经验的，诗和思共同穿越存在的澄明之域，保护着存在之道说。诗和思的对话是人们重新领悟存在本身，领悟存在的语言，最终达到诗意的栖居。总之，"问题根本不在于提出一种新的语言观。重要的是学会在语言之说中栖居"[③]。

---

① ［德］海德格尔：《在通向语言的途中》，孙周兴译，商务印书馆 2004 年版，第 270 页。

② ［德］海德格尔：《在通向语言的途中》，孙周兴译，商务印书馆 2004 年版，第 178 页。

③ ［德］海德格尔：《在通向语言的途中》，孙周兴译，商务印书馆 2004 年版，第 27 页。

结 语

在 途 中

　　我们以问题"语言是什么？"开始，导出与之相关的一系列问题："人是什么？"——"存在是什么？"——"存在如何在？"——"语言如何在？"——"人如何成为人？"我们如何在此追问过程中达到"语言的本质存在"这一主题呢？关于这一点，海德格尔认为，我们一直在探寻的路上，而且追问的顺序在不断更新，以便重新到达开端。通过一系列的追问，海德格尔开辟了思考语言问题的新方向。

　　海德格尔把"语言的存在：存在的语言"看作是探讨语言之本质存在的一个引导词，这一引导词把人们引向存在的语言即语言本身。在海德格尔看来，他对语言之本质存在（Sprachwesen）进行探讨的意图是把人们带向一种语言的可能性，之所以说只是一种"可能性"，是因为这一探讨还只停留在一种尝试阶段，希望由此而让人们在语言上取得一种"经验"。"经验"并不是指获得某种单纯的知识，把语言解释为某种与科学相关的东西，"经验意味着 eundo assequi，即：在行进中、在途中通达某个东西，通过一条道路上的行进去获得某个东西"①。也就是说，在海德格尔那里，"'道路'一词是语言的原始词语，它向沉思的人道出自身"②。"语言之本质属于那使四个世界地带'相互面对'的开辟道路的运动的最本己的东西"③。

---

① ［德］海德格尔：《在通向语言的途中》，孙周兴译，商务印书馆 2004 年版，第 159 页。
② ［德］海德格尔：《在通向语言的途中》，孙周兴译，商务印书馆 2004 年版，第 191 页。
③ ［德］海德格尔：《在通向语言的途中》，孙周兴译，商务印书馆 2004 年版，第 211 页。

按照海德格尔，语言并不像人们通常认为的那样是人之为人的一种特性和能力，人总是已经在说着语言，因而人一直就处于语言之中，因此，完全没有必要谈论一条通向语言的道路，而且这也是不可能的。但是，他认为，人虽然已经在语言中，却在形而上学中误入歧途，"语言"只是形而上学视域内的工具性的语言，被通过技术性的方法之道路去整理和看待，着眼于其效力。因此，人们对本真的语言即道说无所思，从而离语言本身越来越远，直到最后遗忘了语言本身。这就需要人们去开辟道路，产生和创建一条通达语言本身的路，这是一条返回源始语言的路，沿着这条路行进，人们才能了解语言之为语言，从而达于语言本身，进入召唤着人的本真存在的东西之中。这条路也不像人们想的那样宽广而平坦，可以让人们轻易踏上，可以经由它毫不费力地通达语言本身。"语言的路途并没有朝向我们。相反，我们必须走得很远，去发现这个'附近'、这个我们有待于成为的'此'。最近的路途也是最长的路途。"①由于语言本身一度受形而上学语言霸权的禁锢和遮蔽，人们一时还很难从工具性语言中抽身出来返回语言的本源，而且返回的路歧路丛生而使人不知所向，因此，重新返回其本源不是一蹴而就的，通达语言本身的路充满障碍，获得语言本身并非易事。

这可溯源于存在本身，作为存在运作的语言本身归属于存在，而存在是二重性之纯一性，在敞开的同时归于隐匿之所，藏于神秘之渊源，它是有所开放的澄明，在其中被照明者与自行遮蔽者同时进入敞开的自由之中。海德格尔感叹："有待思想的东西的伟大处是太伟大了。也许我们能够修修一个过程的一段段狭窄而又到不了多远的小路也就疲惫不堪了。"②在他看来，人们只是试着来考察语言，只是对语言本身的远远一瞥而已，而不能自认为已经踏上了这条道路，但无论如何，人们必须"上路去经验"，去达到一种对于存在本身之神秘及其语言的洞见并去细心守护。人作为有限的终有一死者，只是在不断地经验而终不得到达，永远只能"在途中"。即使是诗人和

---

① 〔法〕马克·弗罗芒-默里斯：《海德格尔诗学》，上海译文出版社 2005 年版，第 52 页。

② 〔德〕海德格尔：《熊译海德格尔》，熊伟译，王炜编，同济大学出版社 2004 年版，第 295 页。

思者，他们也是终有一死者，也被限定在通向语言的途中，永远在此途中而不得到达。在语言上取得一种经验就是行进在一条通向语言的道路上，为了获得语言本身而正在通向它的途中，通向那关涉人们本身、伸向人们并与人们照面、要求人们的东西，因为语言使人们转变而达乎其本身。海德格尔甚至认为，这就是人的目标，他说："我们的目标是一种经验，一种在途中（Unterwegs-sein）。"①

海德格尔本人也始终认为他自己一直走在路上。笔者认为，海德格尔最终没有能走出和超越形而上学，其思想中依然残留着形而上学的痕迹，或者可以说进入了一种新的形而上学之中。如《在通向语言的途中》，他说："我还没有看出，我力图思之为语言之本质的那个东西，是否也适合于东亚语言的本质；我也还没有看出，最终（这最终同时也是开端），运思经验是否能够获得语言的某个本质（ein Wesen），这个本质将保证欧洲—西方的道说（Sagen）与东亚的道说以某种方式进入对话之中，而那源出于惟一源泉的东西就在这种对话中歌唱。"② 在这段话中，无论是"我力图思之为语言的本质的那个东西，是否也适合于东亚语言的本质"，还是"那源出于唯一的源泉的东西"，似乎都表明了这一点。另外，海德格尔把语言本体论化，这有其合理性，但由于他在绝对的意义上对此过分强调，又有失偏颇。所有这些都说明，对语言的探索之路确实还很漫长，需要不断地向前行进。

正如海德格尔在他的著作《林中路》扉页上的题词所言：

"林乃树林的古名。林中有路。这些路多半突然断绝在杳无人迹处。

这些路叫作林中路。

每人各奔前程，但却在同一林中。常常看来仿佛彼此相类，然而只是看来仿佛如此而已。

林业工和护林人识得这些路。他们懂得什么叫作在林中路上。"③

---

① [德] 海德格尔：《在通向语言的途中》，孙周兴译，商务印书馆 2004 年版，第 168 页。
② [德] 海德格尔：《在通向语言的途中》，孙周兴译，商务印书馆 2004 年版，第 93 页。
③ [德] 海德格尔：《林中路》，孙周兴译，上海译文出版社 2004 年版，扉页。

主要参考文献

[1] [德] 海德格尔:《在通向语言的途中》,孙周兴译,商务印书馆 2004 年版。

[2] Heidegger, *Logic as the Question Concerning the Essence of Language*, Translated by Wanda Torres Gregory and Yvonne Unna, State University of New York Press, 2009.

[3] Heidegger:*On the Way to Language*, Translated by Peter D.Hertz, New York：Harper & Row Publisher, 1972.

[4] [德] 海德格尔:《演讲与论文集》,孙周兴译,商务印书馆 2001 年版。

[5] [德] 海德格尔:《路标》,孙周兴译,商务印书馆 2001 年版。

[6] [古希腊] 亚里士多德:《范畴篇解释篇》,方书春译,商务印书馆 1986 年版。

[7] 徐友渔、周国平等:《语言与哲学——当代英美与德法传统比较研究》,三联书店 1996 年版。

[8] [德] 威廉·冯·洪堡特:《论人类语言结构的差异及其对人类精神发展的影响》,姚小平译,商务印书馆 1999 年版。

[9] [德]海德格尔:《形而上学导论》,熊伟、王庆节译,商务印书馆 1996 年版。

[10] 俞宣孟:《现代西方的超越思考——海德格尔的哲学》,上海人民出版社 1989 年版。

[11] [德] 海德格尔:《存在与时间》,陈嘉映、王庆节译,三联书店 2006 年版。

[12] [德] 海德格尔:《林中路》,孙周兴译,上海译文出版社 2004 年版。

[13] [古希腊] 亚里士多德:《亚里士多德全集》第一卷,苗力田主编,中国人民大学出版社 1990 年版。

[14] Heidegger.*Being and Time*, Translated by John Macquarrie & Edward Robinson. New York:Hagerstown, San Francisco, London：Harper & Row, Publishers, 1962.

[15] [德] 海德格尔:《时间概念史导论》,欧东明译,商务印书馆 2009 年版。

[16] [德] 海德格尔:《海德格尔选集》(上),孙周兴选编,三联书店 1996 年版。

[17] 刘敬鲁：《海德格尔人学思想研究》，中国人民大学出版社 2001 年版。

[18] 涂纪亮：《现代西方语言哲学比较研究》，中国社会科学出版社 1996 年版。

[19] 陈嘉映：《海德格尔哲学概论》，三联书店 1995 年版。

[20] ［德］海德格尔：《尼采》（上卷），孙周兴译，商务印书馆 2003 年版。

[21] 苗力田主编：《古希腊哲学》，中国人民大学出版社 1995 年版。

[22] ［德］海德格尔：《形式显示的现象学》，孙周兴编译，同济大学出版社 2004 年版。

[23] 黄裕生：《时间与永恒》，社会科学文献出版社 1997 年版。

[24] ［德］冈特·绍伊博尔德：《海德格尔分析新时代的科技》，宋祖良译，中国社会科学出版社 1993 年版。

[25] ［德］海德格尔：《尼采》（下卷），孙周兴译，商务印书馆 2003 年版。

[26] 余虹：《艺术与归家》，中国人民大学出版社 2005 年版。

[27] 张志伟、冯俊等：《西方哲学问题研究》，中国人民大学出版社 1999 年版。

[28] ［西德］海森伯：《物理学和哲学》，范岱年译，商务印书馆 1981 年版。

[29] 孙周兴：《形而上学问题》，《江苏社会科学》2003 年第 5 期。

[30] Heidegger：*An Introduction to Metaphysics,* Translated by Gregory Freid and Richard Polt, Yale University Press, New Haven & London,2000.

[31] ［日］今道友信：《存在主义美学》，崔相录、王生平译，辽宁人民出版社 1987 年版。

[32] ［德］海德格尔：《海德格尔选集》（下），孙周兴选编，三联书店 1996 年版。

[33] ［奥］马赫：《认识与谬误》，李醒民译，华夏出版社 2000 年版。

[34] ［美］卡尔纳普：《世界的逻辑构造》，陈启伟译，上海译文出版社 1999 年版。

[35] ［法］彭加勒：《科学的价值》，李醒民译，辽宁教育出版社 2000 年版。

[36] 李醒民：《论科学语言》，载《北京行政学院学报》2006 年第 2 期。

[37] ［丹麦］玻尔：《尼尔斯·玻尔哲学文选》，戈革译，商务印书馆 1999 年版。

[38] 苏新春：《汉语释义元语言的结构、词义、数量特征》，http://www.china-language.gov.cn/doc/hanyujiegou-su.doc。

[39] ［德］海德格尔：《荷尔德林诗的阐释》，孙周兴译，商务印书馆 2000 年版。

[40] 彭富春：《无之无化——论海德格尔思想道路的核心问题》，三联书店 2000 年版。

[41] 王贵友：《科学技术哲学导论》，人民出版社 2005 年版。

[42] ［古希腊］亚里士多德：《亚里士多德全集》（第八卷），苗力田主编，中国人民大学出版社 1991 年版。

[43] ［英］贝尔纳：《科学的社会功能》，陈体芳译，商务印书馆 1982 年版。

[44] [德] 海德格尔:《现象学之基本问题》，丁耘译，上海译文出版社 2008年版。

[45] [美] 爱因斯坦:《爱因斯坦文集》（第一卷），许良英、范岱年编译，商务印书馆 1976 年版。

[46] [古希腊] 亚里士多德:《亚里士多德全集》（第二卷），苗力田主编，中国人民大学出版社 1991 年版。

[47] Ilya Prigogine, *"The End of Certainty: Time", Chaos, and the New Laws of Nature*, New York : The Free Press, 1997.

[48] [德] 海德格尔:《面向思的事情》，陈小文、孙周兴译，商务印书馆 1996年版。

[49] 张祥龙:《海德格尔思想与中国天道——终极视域的开启与交融》，三联书店 1996 年版。

[50] Martin Heidegger:Identität und Differenz, Verlag Günther Neske Pfullingen,1978.

[51] [德] 海德格尔:《诗·语言·思》，彭富春译，文化艺术出版社 1990 年版。

[52] 孙周兴:《说不可说之神秘》，三联书店 1994 年版。

[53] [德] 伽达默尔:《哲学解释学》，夏镇平、宋建平译，上海译文出版社 2004 年版。

[54] 张汝伦:《海德格尔与现代哲学》，复旦大学出版社 1995 年版。

[55] [法] 马克·弗多芒·默里斯:《海德格尔诗学》，上海译文出版社 2005 年版。

[56] [德] 卡西尔:《人论》，上海译文出版社 1985 年版。

[57] [德] 海德格尔:《谢林论人类自由的本质》，薛华译，辽宁教育出版社 1999 年版。

[58] [德] 莱茵哈德·梅依:《海德格尔与东亚思想》，张志强译，中国社会科学出版社 2003 年版。

[59] Heideggeer:*Off the Beaten Track*，Edited and Translated by Julian Young and Kenneth Haynes，Cambridge : Cambridge University Press，2002.

[60] 宋祖良:《拯救地球和人类未来——海德格尔的后期思想》，中国社会科学出版社 1993 年版。

[61] Heideggeer: *Pathmarks*，Edited by William McNeill，Cambridge; New York : Cambridge University Press，1998.

索　引

关键词

A

B

后　记

　　此书在博士学位论文的基础上修改而成，书稿完成之际，仍感诸多不足，如存在论述尚显不够充分等问题，但鉴于时间关系，只能留待日后再做改进与深化。

　　在书稿修改的过程中，我也在海德格尔的思想道路上又行了一程，又"思"了一回。海德格尔说，"思"即感谢，因为存在本身是人自身存在的源泉，它给予了人许多东西，却不要求以某种回报去清偿。而我之所以能在海德格尔的思之途上行进，也是因为我先已被给予了太多的东西，让我感受其分量，我因之才得以上路，并因给予者的博大和予而不取让我得以不断充实。所以，当我回首，思来时的路，更多的也是感谢。

　　感谢我的博士研究生导师张志伟老师，在博士论文的写作中，张老师给我提供了许多研究资料，并给予我多方面的指导，包括最初论文标题的推敲、提纲的确定、内容的布局，及至后来论文初稿完成后修改中内容的取舍和细微处的字句，都凝聚着张老师的心血。

　　感谢我的硕士研究生导师宋炳延老师，是他引领我踏上海德格尔思想的道路，并在以后的日子里给予我深刻的影响，直到今天，他依然不倦地解答我的问题，给我以莫大的帮助。

　　感谢我的论文评审专家江怡老师，他对我的论文提出了许多建设性的意见，在此次修改中，我都予以采纳。

　　感谢熊伟、陈嘉映、王庆节、孙周兴、苗力田、叶秀山、张世英、张祥龙、宋祖良、俞宣孟、李醒民、刘敬鲁、黄裕生、余虹、靳希平、彭富春等各位学界前辈，从他们的著作中，我汲取了丰富的营养。

感谢我的师弟，也是本书的责任编辑段海宝，还有我的同学牟世晶，在本书的出版中，他们给予我许多帮助，同时也付出了许多劳动。

本书的部分内容是项目"技术的追问和栖居的沉思——海德格尔对存在家园的重建"（20102006）的阶段性成果，并得到了这一项目经费的资助，在此对相关人员予以感谢。

感谢其他所有给予我帮助的人。

"思"即感谢，我在追忆中思念着、感谢着所有无私的给予者。

2015 年 8 月 2 日

责任编辑：段海宝

图书在版编目（CIP）数据

海德格尔和语言的新形象 / 王颖斌 著 . – 北京：人民出版社，2015.11
ISBN 978 – 7 – 01 – 015383 – 4

I. ①海⋯　　II. ①王⋯　　III. ①海德格尔，M.（1889~1976）– 语言学 – 研
究　　IV. ① B516.54　②HO

中国版本图书馆 CIP 数据核字（2015）第 244592 号

海德格尔和语言的新形象
HAIDEGEER HE YUYAN DE XIN XINGXIANG

王颖斌　著

人民出版社 出版发行
（100706　北京市东城区隆福寺街 99 号）

北京中科印刷有限公司印刷　新华书店经销

2015 年 11 月第 1 版　2015 年 11 月北京第 1 次印刷
开本：710 毫米 × 1000 毫米 1/16　印张：18.25
字数：269 千字

ISBN 978 – 7 – 01 – 015383 – 4　定价：45.00 元

邮购地址 100706　北京市东城区隆福寺街 99 号
人民东方图书销售中心　电话：（010）65250042　65289539

版权所有·侵权必究
凡购买本社图书，如有印制质量问题，我社负责调换。
服务电话：（010）65250042